拉美劳动力流动与就业研究

Study on Labor Mobility and Employment in Latin America

张 勇 著

中国社会科学院
拉丁美洲研究所
INSTITUTO DE AMERICA LATINA
ACADEMIA DE CHINA DE CIENCIAS SOCIALES

当代世界出版社

图书在版编目（CIP）数据

拉美劳动力流动与就业研究／张勇著. — 北京：
当代世界出版社，2010.10
ISBN 978 - 7 - 5090 - 0680 - 1

Ⅰ.①拉　Ⅱ.①张…　Ⅲ.①劳动力流动—研究—拉丁美洲
②就业—研究—拉丁美洲　Ⅳ.①F249.730.1　②D773.082

中国版本图书馆 CIP 数据核字（2010）第 204028 号

书　　名：	拉美劳动力流动与就业研究	
出版发行：	当代世界出版社	
地　　址：	北京市复兴路 4 号（100860）	
网　　址：	http://www.worldpress.com.cn	
编务电话：	(010) 83908403	
发行电话：	(010) 83908410（传真）	
	(010) 83908408	
	(010) 83908409	
	(010) 83908423（邮购）	
经　　销：	新华书店	
印　　刷：	北京才智印刷厂	
开　　本：	880 毫米 × 1230 毫米　1/32	
印　　张：	11	
字　　数：	273 千字	
版　　次：	2010 年 10 月第 1 版	
印　　次：	2010 年 10 月第 1 次	
书　　号：	ISBN 978 - 7 - 5090 - 0680 - 1	
定　　价：	28.00 元	

《拉美研究丛书》总序

　　拉美和加勒比地区共有 33 个国家，总人口 5 亿多，经济总量高达 1.8 万亿美元，在世界政治和经济中发挥着越来越重要的作用。中国与拉美和加勒比地区虽然相距遥远，但友好交往源远流长，在政治、经济、文化等方面的交流与合作具有广阔的发展前景。拉美和加勒比地区是我国实施和平外交政策的重要对象，也是共同构筑和谐世界的重要伙伴。

　　我国历代领导人都十分重视发展与拉美和加勒比地区国家的关系。早在 1988 年，邓小平以其深邃的战略家的眼光，对世界发展的前景作出了这样的预言："人们常讲 21 世纪是太平洋时代……我坚信，那时也会出现一个拉美时代。我希望太平洋时代、大西洋时代和拉美时代同时出现。"他还指出："中国的政策是要同拉美国家建立和发展良好的关系，使中拉关系成为南南合作的范例。"2004 年，胡锦涛总书记提出了要从战略高度认识拉美的重要指示。2004 年 11 月 12 日，胡锦涛主席在巴西国会作演讲时指出，中拉关系在不远的将来能够实现如下发展目标：(1) 政治上相互支持，成为可信赖的全天候朋友；(2) 经济上优势互补，成为在新的起点上互利共赢的合作伙伴；(3) 文化上密切交流，成为不同文明积极对话的典范。

　　我国与拉丁美洲和加勒比地区国家在争取民族解放、捍卫国家独立、建设自己国家的事业中有着相似的经历，双方在许多重大国际问题上有着相同或相似的立场。我国高度重视拉美在维护世界和平、促进共同发展方面所发挥的积极作用；越来越多的拉美国家领导人也认识到中国的重要性，对与中国的交往及合作持积极态度。

作为中国—拉丁美洲友好协会的会长，我非常高兴地看到近年来中拉关系发展迅速。许多拉美国家的国家元首、政府首脑纷纷到中国来访问，中国国家领导人也曾多次访问拉美。特别是2004年11月胡锦涛主席访问了阿根廷、巴西、智利和古巴四国；2005年1月，曾庆红副主席又访问了墨西哥、秘鲁、委内瑞拉、特立尼达和多巴哥以及牙买加。至今中国与委内瑞拉建立了"共同发展的战略伙伴关系"，与巴西、墨西哥和阿根廷建立了"战略伙伴关系"，与智利建立了"全面合作伙伴关系"。我国全国人民代表大会与许多拉美国家的议会都保持着较密切的交往，中国现在已经成为美洲国家组织和拉美议会的观察员，和里约集团、安第斯共同体、加勒比共同体、南方共同市场都有联系。中国与拉美国家在经贸领域中的合作也已全面展开。在1993～2003年的十年中，中拉贸易额增长了近六倍。2005年，中拉贸易额首次超过500亿美元。

中国社会科学院拉丁美洲研究所是国内唯一专门从事拉丁美洲研究的科研机构，成立于1961年。长期以来，该所科研人员完成了大量科研成果，为党和国家的决策做出了一定的贡献。从2006年开始，他们在这些研究成果的基础上，出版一套《拉美研究丛书》，以满足我国外交部门、企业界、高等院校、科研机构、媒体以及公众对拉美知识的需求。我深愿这套丛书的出版能增进中国各界对拉美的了解，也将对促进中国与拉美和加勒比地区的友谊及合作作出应有的贡献。

成思危

2006年5月2日

序　言

　　张勇研究拉美劳动力流动与就业问题，多少跟我有一点关系。三年前，他在撰写博士学位论文时所选的题目就是《拉美劳动力流动研究》。我作为他的指导老师对这个选题当然是认可的。他在完成博士论文后感到意犹未尽，觉得还有许多问题值得做进一步的研究。他的这个想法自然也得到我的赞许。于是，他提出了一项对拉美劳动力流动与就业问题进行比较全面、系统研究的计划，并得到拉丁美洲研究所领导的支持和中国社会科学院的经费资助。这项研究任务原定三年完成，他用两年时间就完成了。可喜可贺！

　　就业是劳动力流动的归宿点，是民生之本，也是构建和谐社会的重要基石。处于社会转型过程的发展中国家都十分重视劳动力的转移和就业问题。拉美国家的现代化进程前后经历了三个发展阶段，或者说是"外向—内向—外向"三种"钟摆式"的发展模式，与此相对应，拉美劳动力流动与就业也呈阶段性的特征。其中，自20世纪60年代中期至70年代拉美多数国家人均GDP达到1000美元，即跨越罗斯托经济成长阶段理论意义上的"经济起飞"点。因此，从历史角度看，认真总结该时期以来拉美国家劳动力流动的经验教训，无疑对每一个面对农村剩余劳动力转移、正规就业与非正规就业等难题的发展中国家都有重要意义，自然也可以为解决我国大规模劳动力转移与就业问题提供借鉴。

　　本书所讨论的劳动力流动主要有三层含义：其一，经济发展过程中产业结构变动引起的劳动力流动，即产业转移；其二，由城市化以及国际移民引起的劳动力流动，即地域转移；其三，由职业阶层变动引起的劳动力流动，即社会流动。根据所建立的理论与分析框架，其逻辑起点是拉美国家普遍存在的双重二元经济。因为拉美国家的二元结构并不如刘易斯所预期的那样，通过农业剩余劳动力向城市工业的自发流动走向一元化，而是变成二元结构的次级分化。这种双重性不仅体现在分布于广大农村地区的农业与集中于城市地区的非农产业上面，而且体现在两者的内部，农业又包含农民农业与商品农业，而非农产业又划分为城市正规部门和非正规部门。换言之，拉美农村剩余劳动力的流动是在农民农业、商品农业、非正规部门和正规部门这个四元经济中进行的。

　　在这个基础上，作者通过产业转移、地域转移和社会流动三维视角全面总结了拉美国家劳动力流动和就业的特征。首先，自1970年至今拉美处于低龄人口相对减少又尚未进入老龄化的阶段，劳动年龄人口比重大，负担轻，虽然相应地就业压力较大，但总体来说对经济发展有利，即这一时期拉美正处于"人口红利"期。然而，这种人口优势在拉美的经济发展中发挥的作用有限，在某些阶段反而成为沉重的"包袱"。其次，劳动力产业转移与产业结构调整缺乏协调。进口替代工业化时期，产业转移表现为现代非农产业的"生产性吸纳"与"就业不足"并存。而债务危机之后的出口导向发展时期，"去工业化"和"第三产业化"趋势让劳动力市场分割状况暴露无遗。再次，拉美国家的城市化呈现出"超前"性。城市中劳动力供给远大于需求的总量矛盾以及劳动力技能与素质不适应市场需求的结构性矛盾，造成"贫民窟包围城市"的灰色风景。而国家之间的人均收入或者实际工资差别虽然刺激了拉美国际移民的冲动，但没有减轻

劳动力市场国际分割的程度。最后，社会流动已由 1950～1980
年的向上结构流动转向 90 年代因异质性增加而产生的阶层分化。
从代际社会流动看，来自家庭社会经济背景的先赋因素（如父
母受教育水平）而不是自致因素在决定下一代教育成就上起到
更大的作用，进而间接影响到子女的职业选择和收入水平。

　　针对上述问题，作者提出了相关政策建议。第一，保持经济
高速增长只是改善就业状况的必要非充分条件。第二，适时调整
经济发展方式，使其与人口（劳动力）变动趋势相适应。第三，
重视农村和农业发展，缓解农村剩余劳动力转移和城市化之间的
矛盾。第四，积极开拓城镇就业途径，通过制度创新规范城市非
正规就业。第五，培育动态比较优势，抵消贸易与投资自由化对
劳动力吸纳的不利影响。第六，探索城市化道路，防止劳动力
"不完全转移"导致的"隐性城市化"。第七，实现劳动力市场
双重目标，因地制宜处理灵活性和保障性关系。第八，发展教
育，促进人力资本投资和劳动力流动的良性互动。第九，完善劳
动力市场立法，从制度上保障劳动者权益。

　　以上是关于这本书的基本框架和主要内容的简要综述。联系
到张勇的这本书，我想谈谈另一个问题。我之所以赞成张勇对这
个课题作进一步深入的研究，还有另一层的思考。我认为，从事
拉美研究要注重"点"的突破。我们的研究对象是拉美、加勒
比这样一片辽阔的大陆。对这类大地区的研究最容易"泛"，而
不容易"专"。我历来主张研究工作要由"点"到"面"。"点"
可以有两类，一类是国别研究，一类是专题研究，都是强调要从
具体国家、具体问题做起。拉美地区有 30 多个国家，以往人们
普遍认为，拉美国家共性多是其不同于亚、非地区的一个突出特
点。但是，历史的发展恰恰表明，拉美国家之间的差异性在不断
地加大。只关注地区的共性而忽略各国的个性、差异性，显然是
不可取的。

关于专题研究，我想强调三个方面的问题。第一，专题研究要持续进行，不断深入。选择一个专题，由浅入深，由局部到全局，不断深化，形成系统研究，很有助于提高研究能力。其实，在研究过程中能够发现问题，提出问题，给自己提出进一步探索的目标，就是独立研究能力的一种重要体现。切忌今天写写这个专题，明天又写写那个专题，频繁地转移研究目标，文章数量可能比较多，但大多是蜻蜓点水，浅尝辄止。第二，持续地研究某个专题有助于系统地积累资料。学者系统地掌握某个特定研究领域的文献资料是一笔重要的财富，是长期研究的基础。这种财富的积累过程主要是靠持续的课题研究推动的。研究越是深入，对文献资料的要求也越高。第三，持续的专题研究能增强读书的针对性与系统性。这里说的读书，与单纯的收集资料有所不同，读书主要是了解某个研究领域的主要理论、观点，了解前人的研究成果及其研究方法，既对同一问题上的不同观点进行辨析，也使自己站在一个较高的起点上。在一段时间内集中阅读某一个领域的书籍，读与用结合得比较紧密，读书的效果往往是比较好的。

衷心希望年轻的学者们一步一个脚印地向前走，看准一个课题就扎扎实实地做出一点成绩来。

苏振兴
2010 年 8 月于拉丁美洲研究所

目 录
CONTENTS

导 言

作为发展中国家，拉美国家的现代化进程前后经历了三个发展阶段，或者说是"外向—内向—外向"三种"钟摆式"的发展模式，拉美劳动力流动与就业也因此呈现出阶段性的特征。其中，自 20 世纪 60 年代中期至 70 年代初拉美大多数国家人均 GDP 达到 1000 美元，即跨越罗斯托经济成长阶段理论意义上的"经济起飞"点，因此，从历史角度看该时点具有重要的研究价值。认真总结该时期以来拉美国家劳动力流动的经验教训，无疑对每一个面对农村剩余劳动力转移、正规就业与非正规就业等难题的发展中国家都有重要意义。

一、研究背景

劳动力流动理论是发展经济学理论体系的重要组成部分，是发展经济学中重要的研究课题。对于劳动力迁移和流动的理论解释，也有不同的分析方法和视角。其历史可以一直追溯至 19 世纪 80 年代英国统计学家拉文斯坦提出的著名的"迁移法则"（Ravenstein，1885 年）。而在经济学框架下，我们可以将相关理论划分为两个层次。从宏观方面来说，迁移被视为劳动力在地区间和产业间的流动；从微观方面来说，迁移被视为迁移者个人（或其家庭）对较好机会的一种回应，即迁移能够提高整个经济的效益和参与者的个人收益。因此，劳动力流动在国家的发展中扮演着一个重要的战略性角色。20 世纪后半期，拉美国家经历了进口替代工业化内向型发展时期，以及债务危机之后的经济结构改革的外向型发展时期。伴随着不同的发展模式，拉美国家的劳动力流动呈现出与发达国家不同的特征。同时，大部分理论模型所依据的假设与发展中国家所面临的现实也存在着很大的差距。因此，认真研究拉美国家劳动力流动问题，会丰富劳动力流动理论体系的解释含义，给发展经济学注入新的内容，为广大发展中国家制订相关政策提供参考，这正是作者选择此题的原因，并为之努力的方向。

从实践意义上说，处于经济体制转型的发展中国家也都十分重视劳动力的就业问题。目前我国经济处于高速增长的时期，每年的增长率保持在 10% 左右，但是，就业形势却不容乐观。首先，从供需总量衡量，根据《劳动和社会保障事业发展"十一五"规划纲要（2006～2010 年）》（以下简称《纲要》①）的数据，我国在未来五年甚至更长一个时期，劳动力供大于求的矛盾仍将存在。到 2010 年，我国劳动力总量将达到 8.3 亿人，城镇新增劳动力供给 5000 万人，而从需求情况看，劳动力就业岗位预计只能新增 4000 万个，劳动力供求缺口 1000 万左右。其次，从流动规模看，根据国家人口发展研究战略课题组发布的报告（2007 年 1 月 11 日），我国正在经历人类历史上规模最大的人口流动和迁移。目前农村剩余劳动力仍有 1.5 亿人至 1.7 亿人，大规模的劳动力流动将持续存在。按人口城镇化水平年均增长 1 个百分点测算，今后 20 年将有 3 亿农村人口陆续转化为城镇人口。因此，高度关注并深入研究劳动力流动与迁移问题，把引导人口有序流动和合理分布作为统筹城乡、区域发展的重大战略，实现

---

① 《纲要》指出："把扩大就业摆在经济社会发展更加突出的位置，继续实施积极的就业政策，在重点解决体制转轨遗留的下岗失业人员再就业问题的同时，努力做好城镇新增劳动力就业和农村富余劳动力转移就业工作，探索建立社会主义市场经济条件下促进就业的长效机制，积极推进城乡统筹就业，逐步建立城乡统一的劳动力市场和公平竞争的就业制度。广开就业门路，增加就业岗位，改善就业结构，提高就业质量。加强失业调控，保持就业形势稳定。'十一五'期间，全国城镇实现新增就业 4500 万人，城镇登记失业率控制在 5% 以内，转移农业劳动力 4500 万人。"

资源在城乡、区域间的有效配置，实现人口发展与经济振兴和社会进步的和谐统一就显得十分紧迫和必要。拉美国家在这方面的经验教训对我国具有一定的借鉴意义。

二、国内外研究评述

目前，劳动力流动的相关研究主要集中在如下几个方面：（1）劳动力迁出（迁入）对迁出地（迁入地）社会、经济调整的作用；（2）迁移作为一种劳动力平衡机制在经济发展中的作用；（3）潜在的迁移者对迁入地和迁出地各种社会、经济因素变化的回应；（4）作为一种人力资本投资的形式，迁移给个人及家庭带来的成本和收益；（5）迁移和其他经济现象或活动（如贸易、工业集聚、城市化等）的关系，等等。而国内有关拉美劳动力流动与就业问题的研究并不多见，相关的重要论述主要体现在研究现代化、工业化模式、城市化或者社会问题的专著的若干章节中，至今尚未形成全面系统的研究成果。

（一）劳动力流动模型的演进

在发展经济学的传统模型中，比较有影响的是英国经济学家拉文斯坦（E. G. Ravenstein）等人最早所提出的推力——拉力学说，舒尔茨（T. W. Schultz）的人口迁移学说，托达罗（M. P. Todaro）的城乡人口迁移理论，库兹涅茨（S. Kuznets）的人口迁移理论和刘易斯（W. A. Lewis）等人的二元经济发展模型，钱纳里——塞尔奎因多国模型以及乔根森模型等。

推力——拉力学说认为，劳动力由农村向城市迁移受农村内部推力和来自城市拉力两种力量同时作用的影响。农村偏低的所得水平、不合理的土地租佃制度、农产品不利的交易条件等均为推力因素；城市较高的收入水平、较佳的就业机会与生活条件等均为拉力因素。舒尔茨则从人力资本投资角度来解释劳动力迁移行为。他认为，劳动力迁移是人力资本投资的一种形式，由于人力资本投资要支付成本，因此，只有劳动力迁移的预期收益大于迁移成本时，其在产业间或地区间的转移才会发生。而斯加斯塔德（Sjaastad，1962 年）提出一种成本——收益理论，该理论将流动决策视为一种能在时间上给劳动者同时带来收益和成本的投资战略。Rothenberg（1977 年）区分了货币收益和非货币收益；Lopez 和 Schiff（1995 年）区分了货币成本和非货币成本。

托达罗则从城乡预期收入差异角度来解释劳动力转移行为。该模型认为，迁移决策取决于潜在的迁移者对预期收入的估计，这种估计同时依赖于当前城市工资水平和在城市现代部门就业的概率，后者假设由城市失业率所决定。托达罗认为，城乡收入差距构成了迁移动机的主要方面。这个差距越大，迁移倾向就越强。他的理论非常契合大部分发展中国家劳动力市场的现状，因此该模型为众多关于发展中国家的实证研究提供了理论框架（Agesa，1999 年；Levy 和 Wadycki，1974 年；Lucas，1985 年；Taylor，1987 年；Todaro，1976 年）。根据托达罗模型，农村收入的增长将抑制劳动力向城市流动的倾向，但有些学者认为，收入增长在短期内的边际作用却是不明朗的（Ghatak 等，1996 年）。一些乡村发展计划常常在实施的初期导致了更高的由农村向城市的迁移率，因为农村收入的提高消除了潜在迁移者的预算约束，提高了他们克服迁移成本的能力。1975 年，G. S. 菲尔茨（G. S. Fields）改进了托达罗模型，增加了除预期收益之外决定城市失业率的其他因素，如农村的潜在迁徙者通过亲戚朋友介绍到城市找到工作的概率，农村劳动力先在城市非正规部门临时就业或从事兼职工作，然后再找到在正规部门工作的机会，受过更高教育的劳动力受雇的较高概率等。菲尔茨证明，在考虑了上述因素之后算出的失业率比托达罗模型得出的失业率要低。库兹涅茨则在宏观方面把农业劳动力转移过程与经济成长过程联系起来，认为劳动力转移为经济成长的后果，经济成长为劳动力在产业间与地区间的转移提供了机会。在微观方面，他强调了人口因素对劳动力转移行为的重要影响，认为由于性别、年龄、种族、家庭情况、教育、健康以及其他社会人口特性的不同，劳动力转移具有选择性。

　　刘易斯模型（1954 年）的主要任务在于解释发展中国家的经济发展过程，但他却为农村劳动力转移提供了两条思路。第一种是劳动力的产业转移。刘易斯认为，在二元经济模型中，经济发展的关键是资本家将剩余价值再投资于生产过程，而不是消费。能够忠实地做到这一点的只有工业家阶级。这样，伴随着经济发展过程的不断进行，整个社会劳动力大部分地从传统的、自给农业部门流向现代化的工业部门。从这个意义上讲，刘易斯模型是将发展中国家的经济发展过程归结为工业化的过程。第二种是劳动力的地域转移。按照刘易斯的理解，传统的、自给性的农业部门都分布在农村地区，而先进的、现代化的资本主义部门都建立在城市。伴随着资本形成的不断扩张，农业剩余劳动力被不断地转移到现代工业部门，也就同时实现了乡村人口向城市迁移的问题。从这个意义上看，刘易斯把解决发展中国家的经济发展问题主要是看成一个乡村人口的城市化问题。当农村部门的剩余劳动力全部被城市部门吸收殆尽时，农业部门的工资上涨，劳动力无限供给状态随之消失，劳动力在农业及工业、农村与城市形成合理的配置，整个国家的经济发展在工业化及城市化达到了一个合理的、较高水平的基础上，开始一个具有现代化水平的新的历史发展阶段。拉尼斯和费景汉（Ranis 和 Fei，1961 年）发展了刘易斯模型。他们在接受无限劳动力供给这个假设的基础上，进一步细化了工业发展和农业发展之间的关系。他们认为，只有在农业生产率提高和劳动力转移速度超过人口增长的情况下，经济才有可能进入刘易斯模型的第二阶段（在该阶段所有的生产要素都是稀缺的）。如同刘易斯—拉尼斯—费景汉模型，乔根森也将发展中国家的经济部门划分为两个部门：以城市工业为代表的现代部门和以农业为代表的传统部门。但不同于前者的是，乔根森放弃了农业部门边际劳动生产率为零的假设，以及农业工资和工业工资均为固定的假设。乔根森认为，两个部门的工资都由技术进步率和资本积累率决定，所以工资水平一直是上升的。乔根森因此认为他的模型属于新古典经济体系（Guillaumont，1985 年）。

20 世纪 70 年代中期至 80 年代中期的 10 年间，对发展中国家劳动力流动的讨论远没有 50 ~ 60 年代那么热烈，但自 80 年代中期以来，国际发展经济学界再次掀起研究的高潮。尤其是随着区域经济一体化以及经济全球化的深入，劳动力流动的研究得到新兴理论的补充。不仅涵盖范围逐渐扩大，视角也逐渐更新。比较有影响的理论包括新劳动力迁移经济学、国际经济学模型以及新经济地理模型等。

新劳动力迁移经济学是由斯塔克（Stark，1991 年）提出并命名。在发展中国家存在一个矛盾现象：农村向城市迁移者通常不能进入具有高工资和稳定职业的城市正规部门就业，而只可能在非正规部门从事低收入的工作或加入城市失业大军，其收入甚至低于他们在农村的收入水平，尽管如此，从乡村向城市的迁移人数仍然有增无减。对此，托达罗给出了一个可能的解释：迁移者收入的暂时下降可以由较高的预期收入所补偿。而新劳动力迁移经济学认为，迁移者对预期收入的计算理应考虑收入多变性给个人效用带来的直接损失，以及这种多变性对未来农村和城市收入的影响（Stark 和 Levhari，1982 年）。斯塔克等人用相对贫困这个概念来解释转移问题，以弥补托达罗"预期收入假说"解释力的不足（Stark 和 Taylor，1991 年）。他们假设人们转移不仅受城乡收入差距的拉动，还受到农村户与户之间收入相对差距的影响，那些按照当地基本要求来看收入水平太低，因而许多感受到经济地位下降的农户会有转移动机。他们利用国际转移进行比较分析，并给出了一个经验证明，主要思路是：有些农户在村里感受到经济地位相对下降，便愿意转移出去。但他们遇到一个改变参照系的问题，即他们一旦转移到城市，他们用以对比的收入水平就不再是其村里的乡亲，而是城市的生活标准。然而，如果选择一个在文化、地理上都十分生疏的地区转移的话，他们可以把自己和当地社区隔绝开来，而不改变参照系。因此选择国际转移是一种避免改变参照系的农户策略。斯塔克等人通过观察农户对国内或国际转移的选择，检验了转移决定中的相对贫困假说。

近年来，贸易对迁移的作用在国际经济学研究中的地位日益重要（Neary，1995 年；Faini 等，1999 年；Razin 和 Sadka，1997 年；Taylor，1996 年），更准确地说，这些研究试图回答一个问题：贸易自由化和国际迁移究竟是替代关系还是互补关系？根据赫克歇尔—俄林（Heckscher - Orlin）的理论，贸易与迁移之间具有替代性。但也有学者认为，贸易与迁移之间并不一定是替代关系，无论通过贸易理论推演还是通过实际情况验证，都能得出贸易与迁移之间存在互补性的结论。而且对于不同的国家和不同的迁移群体，政策的效用也各不相同。

20 世纪 90 年代新经济地理学（New Economic Geography）理论的代表人物克鲁格曼打破了赫克谢尔—俄林模型中要素价格均等和要素禀赋对贸易基本作用的传统推理，他从生产的集聚和规模经济的观点出发，分析了贸易和迁移的动机（Krugman，1991 年）。克鲁格曼以规模报酬递增、不完全竞争的市场结构为假设前提，在迪克西特—斯蒂格利茨（Dixit—Stiglitz）垄断竞争模型基础上加入劳动力流动与要素报酬之间的累积因果关系——即劳动力越集中的地方由于垄断竞争的特性，其要素报酬也越高，从而越吸引劳动力的集中——如此便可以解释产业集群的形成。他提出了一个"中心——边缘"模型，"中心"和"边缘"

分别以工业和农业为特征。对于一个"中心"地区来说,有两种力量:向心力和离心力。向心力支持"中心"的生存,如企业定位于大市场附近以获取更高的利润,劳动力流向经济繁荣地区以获取更高的工资等;离心力则促使"中心"解体,如"中心"地价上升,人口拥挤,企业迁往"边缘"地带以服务于农村地区等。集聚在总体上强化了劳动力向中心的流动。集聚过程一直持续到向心力和离心力达到平衡。因此,新经济地理学的核心思想是,报酬递增、运输成本与要素流动之间相互作用所产生的向心力导致两个起先完全相同的地区演变成一个核心与外围的产业集聚模式,其中的关键是保持对劳动力流动的高度弹性。

总之,劳动力流动模型的演进具有两个明显的特征。第一,诸如产业结构、区域发展等宏观因素和家庭决策甚至量化到个人的成本收益分析等微观因素相互补充,共同推动劳动力流动理论的发展,两者相得益彰。而且随着理论视角的开拓,劳动力流动与经济增长、不平等、社会福利、人力资本积累等关系的内容逐渐纳入到分析框架之中。第二,随着研究方法从短期静态分析过渡到长期动态分析,传统流动模型苛刻的假设条件逐渐被放松或者修正,使得理论赖以存在的基础前提更加符合发展中国家的现实,其政策含义也更加具有针对性。

(二) 拉美劳动力流动的特殊性

1. 进口替代工业化对农业剩余劳动力的吸收能力低于预期

缘于拉美结构主义学派的进口替代工业化模式推动了拉美国家 1950~1980 年长达 30 年持续、稳定的经济增长。工业部门增长最快,以及工农业两大部门在国民经济中相对地位的变动,反映了劳动力流动的趋势,也是所有处于工业化过程中国家的普遍规律。从这个角度看,工业化过程对劳动力的吸纳印证了传统发展理论的观点,即失业或者就业不足是贫困的直接来源,因此,消除贫困就要求将大量适龄工作人口融入到现代的工业化就业之中（Myrdal，1957 年；Cardoso，1969 年）。但是，值得关注的是，拉美就业在数量上的增长却是以非正规部门的膨胀为代价的。进口替代工业化模式没有适时地作出调整，为后来近 20 年就业状况的不断恶化埋下了隐患。1973 年以后拉美国家普遍实行"负债增长"战略，用借债投资的方式维持了"非耐用消费品—耐用消费品—中间产品—资本品"逐级替代的跨越式发展路径。在这种背景下，投资会更多地倾向于资金密集型和技术密集型的行业，从而无益于对劳动力需求的增加。

对于工业发展与劳动力吸纳关系的解释，新古典经济学认为伴随着工业的发展劳动力直接转移到现代部门，而依附论学者则认为在一个由外国主导的工业飞地经济中由于就业停滞而引起城市不充分就业显著增加。Alejandro Portes 和 Lauren Benton（1984 年）认为上述两种理论解释都不充分。实际情况是，现代部门扮演着重要的劳动力吸纳的角色，但是这个过程是在与发达国家出现一个正规的工人阶级不同的条件下进行的。[1] 他们认为，现代工业部门吸纳劳动力能力有限不是源于边缘理论（marginality theory）所说的劳动力供给特征（如缺乏技能等），也不是源于国际劳工组织拉美就业规划处（PREALC）专家宣称的劳动力需求面临的资源约束（例如创造就业岗位的成本），而是源于工业化经济中劳动力吸纳和利用的两种不同方式。其一，工人通过签订合同被雇用，他们与雇主之间的交易受到国家机构的监管，这些交易记录是估计工业就业数量的基础；其二，工人的聘用和解雇是非正式的，他们和雇主之间的交易很少被记录下来，因此，无法反映在官方的估计数值中。

此外，就业通常受到经济增长和就业弹性系数两个因素的影

---

[1] Alejandro Portes, Lauren Benton, "Industrial Development and Labor Absorption: A Reinterpretation", *Population and Development Review*, Vol. 10, No. 4, p. 607.

响。根据 Barbara Stallings 和 Jürgen Weller 的研究（2001 年），除去 20 世纪 80 年代的非典型特征，90 年代与 1950～1980 年的弹性没有显著的差别。就 90 年代反映的改革效果来看，改革没有对 GDP 增长和就业创造之间的数量关系产生积极或消极的影响。确切的说，90 年代以来较低的增长率导致更加缓慢的就业创造速度，特别是对工薪收入者而言。

对进口替代工业化的批评来自两类：一类是"没有依据潜在比较优势无歧视性保护各类工业"的"市场批评"；另一类是"源于价格扭曲的劳动力吸纳能力低下"的"结构性批评"（Werner Baer）。国内学者认为，工业化采取了一种不利于扩大就业的模式（详见《拉美国家现代化进程研究》，2006 年）。社科院拉美所江时学研究员则认为，"由于拉美的进口替代工业化发展模式使劳动力资源的比较优势得不到发挥，就业机会的扩大是有限的。此外，由于劳动力无法充分就业，劳动者因工资水平受到抑制而无法分享经济增长的成果，收入分配不公的状况也得不到改善"（1996 年）。

2. 大规模、无序流动的农村剩余劳动力造成拉美的"超前"城市化

拉美国家的二元经济特征十分明显，不仅体现在农村与城市之间，而且还反映在农业内部，同时由于农村人口自然增长率偏高，农村劳动力大量过剩。于是，在农业现代化模式偏差形成的"离心力"和城市工业化水平形成的"向心力"的共同作用下，剩余劳动力先是在农村被商品农业部门排挤出来，继而由农村向城市流动，最终完成了与经济发展阶段不相适应的急剧城市化过程。虽然农村剩余劳动力转移是发展中国家存在的普遍规律，但是，拉美国家的这个过程无疑是过快、过猛了。而进入 20 世纪 80 年代，拉美地区城市化又出现了一些新特点，其中中等城市的扩张呈现加快的趋势。Alfredo Rodriguez 和 Vicente Espinoza 的

研究发现，在阿根廷、玻利维亚、智利、厄瓜多尔和乌拉圭，中等城市的增长率既快于全国平均增长率，也快于大城市的增长率。Schteingart 在研究中也发现，在哥伦比亚和墨西哥，同样出现中等城市的增长率快于大都市的现象。Licia Valladares 等人对委内瑞拉和巴西的研究也得出了相同的结论。此外，伴随着城市化，拉美的生产布局高度集中于少数地区和少数大城市，造成区域发展严重失衡和城乡发展严重对立。希施曼、缪尔达尔和弗里德曼的研究均涉及 20 世纪五六十年代拉美地区间发展差距问题。例如，希施曼认为，发达地区经济的增长对不发达地区也会产生影响，因为劳动力由经济不发达地区流入较发达地区可以增加不发达地区的边际劳动生产率，提高人均消费，发达地区也可以更多地购买不发达地区的产品，并在那里进行投资。这种"滴漏效应"可以通过政府的干预来推进，这种效应有助于推动地区差距的缩小。但缪尔达尔则提出了相对悲观的论点，认为"自由市场力量的作用不可避免地造成地区间不平等，这种不平等因资本、商品和服务的流动而加剧"。他认为"滴漏"机制虽然具有"扩散效应"，但其本身有不可克服的缺陷。缪尔达尔对资本和劳动力从不发达地区吸引到发达地区的"倒流效应"（backwash effects）给予特别关注，认为这种倒流效应在经济萧条时期比经济繁荣时期要强烈，因此经济发展周期对贫困地区的影响较严重，而对增长极和城市地区的影响要小得多。到了 80 年代，"两极分化逆转"理论和阿伦索的"五铃型发展"理论又为实证研究提供了新的解释。①

---

　　① 所谓两极分化逆转是指由区域差异扩大转变为区域发展趋同的临界点。按照世界银行的定义，临界点指"位于中心之外的中等城市的增长率超过首要城市中心的增长"。所谓"五铃"具体是指经济发展、社会不平等、地区发展不平衡、地域集中和人口变迁。阿伦索认为，五铃型发展是经济发展早期阶段不均衡增长的特点，随后将会出现社会、经济和地理逐步一体化的新阶段。

有关拉美城市化与劳动力流动关系的研究，国内学者的主要观点是，在拉美，农村地区由于土地资源被高度垄断和农业技术化进程加速将劳动力排挤出来，社会矛盾尖锐。而拉美国家的工业发展不仅长期受到国内市场的抑制，而且由于对外资的依赖程度过高，过早地呈现出资本密集与技术密集的特点，影响了提供就业的能力。与此同时，各国政府过分看重正规就业而轻视非正规就业，对城市各类经营活动规定的"门槛"过高，于是，大批无业可就的城市劳动力纷纷寻找各种"自谋生计"的出路，导致非正规就业急剧膨胀，最终造成"贫民窟包围城市"的超前城市化恶果。因此，中国社科院拉美所苏振兴研究员指出，拉美国家在城市化和扩大城市就业的指导思想上出现的偏差值得我们关注；努力扩大城镇就业是一项长期的、带根本性的措施（2006 年）。

3. 具有反周期特征的非正规就业成为提供新增就业的主体

20 世纪 80 年代以来，拉美地区的就业结构呈现出所谓"第三产业化"和"非正规化"的特点。那些找不到工作的人们，包括妇女和儿童，源源不断地涌向各式各样的商业和服务行业这些"城市非正规部门"，使之成为各种隐蔽性失业集中的场所。Jürgen Weller（2004 年）认为拉美地区第三产业部门就业的增长是基于劳动力吸纳和排斥同时进行的过程。前者反映出某些第三产业部门在体制竞争力和社会再生产中的作用上升，例如，那些生产率和质量相对较高的工作，而后者通常表现为在劳动力供给压力下所产生的生产率和质量很低的工作。在研究拉美和加勒比地区第三产业化时，有必要区分"欺骗性"和"真实性"的形式，以避免问题被过度简化而造成的误解，例如，把第三产业化等同于非正规性或者把它仅仅解释成后工业化的特征。从历史角度看，对于第三产业部门的异质性而言，与社会和生产性发展相关的经济活动往往根据经济增长的主要特征决定扩张的幅度，而低生产率形式的就业扮演着反周期的角色，尤其是在经济增长低迷时期这种类型的就业会显著增加。①

　　非正规部门存在的合理性是与其特征密切相连的，如很少使用资本、密集使用家庭劳动力、往往在法律框架之外开展业务。Sarah Hilbert 和 Victoria Lawson 详细比较了正规和非正规部门的特点。另据国际劳工组织的统计，1990～1998 年，拉美地区相关部门创造就业的能力发生了三个变化：第一、公共部门创造就业的能力下降，年就业增长率仅为 0.7%，比私人部门低得多；第二、在私人部门中，小型与微型企业提供就业的能力超过大、中型企业，其就业年增长率分别为 3.7% 和 2.3%；第三、非正规部门成为提供就业的主体，提供新增就业岗位的 61%。

　　对于非正规部门的政策存在三种观点。② 其一，国际劳工组织拉美就业规划处（PREALC）的经济学家认为非正规部门就业的问题直接来源于劳动力供给过剩。既然非正规就业者被现代就业排挤出去，那么就应该尽可能地创造就业岗位以吸纳更多的劳动力，其方式可以通过政府或者私人企业加速工业以及其他城市经济部门中的资本投资来进行（Garcia，1982 年；Infante 和 Klein，1991 年）。而秘鲁经济学家德索托把这种非正规经济的发展归因于政府对经济生活进行的不适当干预和法律制度的不健全。因此，对于即将步入新的发展"路径"的拉美经济来说，政府必须从经济中退出以便市场发挥更大的作用。这种观点倡导的消除干预和私有化政策与国际货币基金组织、世界银行和其他国际机构给拉美的建议不谋而合（Evans，1989 年；Bromley，1990 年）。第三种观点是具有结构主义视角的经济学家和社会学

---

①　JürgenWeller，"Tertiary sector employment in Latin America：between modernity and survival"，*CEPAL REVIEW* 84，December 2004，p. 172.

②　Alejandro Portes；Richard Schauffler，"Competing Perspectives on the Latin American Informal Sector"，*Population and Development Review*，Vol. 19，No. 1（Mar.，1993），pp. 54～55.

家在综合前两种观点的基础上提出的。一方面，他们认为，"临时的"自我就业以及其他"生存性"经济活动可以通过对现代工业和服务部门的资本投资来减少，但是，保护正规工人的这种严格、合法的规定往往会强力刺激企业避免扩大常规用工计划，并促使它们尽可能地使用临时用工和转包用工。在这种情况下，相对于增加的劳动力需求而言，非正规部门也许在膨胀而非缩减。另一方面，他们从同一经济体制中各个方面明确分析了正规和非正规经济之间的结构问题，承认非正规企业在支持资本主义积累中发挥了作用。他们与德索托等提出的政策建议取得部分共识，但是他们不赞同完全取消政府对劳动力市场的控制。他们认为应该保留诸如工资、工作条件、医疗和事故保险、失业补偿等方面的保护性规定，如果消除这些规定，滥用劳工、压低工资、阻碍职工培训与技术创新的现象就会发生，而最终的结果不是把工人纳入正规部门，而是使整个经济"非正规化"。

此外，根据一项对墨西哥非正规部门的研究（Roubaud，1992 年），正规部门并不总是劳动者所向往的去处，相当一部分劳动者从未离开过非正规部门，在他们的心目中，非正规部门的工作同样很理想，其社会、经济地位并不低。

4. 贸易与就业之间的关系面临外向发展模式的考验

20 世纪 90 年代拉美转向以消除贸易壁垒和开放资本市场为特征的出口导向增长模式，并随之迎来地区一体化的又一高峰，阿根廷、巴西、巴拉圭和乌拉圭建立了南方共同市场（Mercosur），而墨西哥通过北美自由贸易协定（NAFTA）加强了与美国和加拿大的联系。依照传统理论，在实行进口替代发展战略的国家中，汇率一般都是高估的，这会导致对进口资本品（如机器设备）的无形补贴。其结果是刺激本国企业更多地使用资本，而不是更多地使用劳动。然而，一旦采取了开放贸易战略，资本市场的扭曲程度会相应地降低，资本品的价格会接近国际价格，劳动力的价格会更加便宜，从而会刺激企业使用更多的劳动。其结果是劳动力的就业水平大幅提高（克鲁格）。

　　Ajit K. Ghose 在研究了贸易自由化和制造业就业之间关系后指出，随着与发展中国家制造业产品贸易的增长，工业化国家在非熟练劳动力密集型产业中的就业会受到某种负面影响。但是从日本和美国的情况看，这种影响很小，代表不了制造业就业的总体趋势。反而工业化国家之间的贸易似乎应该受到批评。在这些国家技术密集型（也是出口导向型）产业中的就业停滞或者下降表明，制造业就业密度的减少在总体上是受经济中很多因素的影响，不能归咎于与发展中国家的贸易。同时，与发展中国家贸易也不应为工业化国家中工资不平等的扩大而负责。对于发展中国家而言，与工业化国家进行制造业产品贸易会产生积极的、较大的就业效果。因为出口导向型产业相对于其他产业而言通常更具劳动力密集的特征，这种产业的增长从总体上将增加制造业的就业密度。同时，由于出口导向产业倾向于依赖劳动力市场中的非正规部门，因此，仅当出口导向产业（与其他产业一起）持续增长并消除了非正规部门中的非熟练劳动力过度供给后，非熟练劳动力的工资才开始迅速增长。在这个阶段来临之前，在正规部门就业的熟练劳动力能够获得更高的工资增长，进而两者的工资不平等程度趋于扩大。短期而言，贸易增长趋于增加制造业中工资不平等的程度，但是，如果长期内增长可持续，那么工资不平等的程度不仅在制造业中而且在整个经济中都会下降。因此，Ajit K. Ghose 得出结论：总体而言，"南北"之间的制造业产品贸易对就业和劳动力市场的积极效果是显著的。①

　　① AjitK. Ghose，"Trade liberalization and manufacturing employment"，Employment Paper，ILO. 上述有关贸易对发展中国家就业和工资影响的结论主要来源于对亚洲新兴经济体经验的分析。

　　然而，现实情况是，经济全面开放带来的贸易增长与就业变化掩盖了国家、部门间的差异性。一些对总体就业水平的估计总是具有误导性。Christoph Ernst（2005 年）在对阿根廷、巴西、墨西哥贸易自由化、出口导向和就业研究时发现，只有在 90 年代后半期的墨西哥制造业的出口和就业才经历了增长，这主要归功于客户工业的繁荣。但是，客户工业没有发展与其他经济部门的联系。而且，这个部门也没有形成真正的产品升级换代，进口成份在出口产品中的占比很高。尤其是，自 2000 年以来客户工业显著下降，这导致墨西哥正规就业急剧减少。而阿根廷和巴西的情况是，面向世界市场、具有活力的产品专业化生产下降，初级或半加工初级产品的专业化生产保持不变，这种专业分工具有产品价格极易波动、就业质量不高的特点，不利于两国未来的发展，也许会强化两国在世界市场中的边缘化趋势。而且，作为经济开放的结果，在阿根廷和巴西新设立的生产企业很少，对现存制造业企业进行存量重组的很多。这个过程显然没有发生"就业创造"，因为它没有关注具有较高劳动力密度的部门。但是，Christoph Ernst 认为，即使初期阶段经济开放没有对就业产生预期的效果，但是，出口导向战略依然具有创造高质量就业的潜力。因此，他提出建议。第一，三国保持汇率的竞争力会得到更多的收益。第二，三国的专业化优势仍然是附加值有限的初级产品或技术产品，但是，为了保证经济可持续和均衡发展，它们应该促进出口结构的多元化，并进一步发展生产高附加值产品和确保高质量就业的部门。第三，新的政策要保证国内国外公司在同一水平上竞争。融入世界经济固然重要，但是，国内市场也不可忽视，特别是在就业方面，它是保证可持续增长和公平发展的重要因素。[①]

---

　　① Christoph Ernst, "Trade liberalization, export orientation and employment in Argentina, Brazil and Mexico", *Employment Strategy Papers*, ILO, pp. 28～29.

此外，对于北美自由贸易协定（NAFTA）对劳动力就业的影响，尚未形成一致的结论。国际经济研究所（IIE）估计，对于美国工人而言将增加 17.5 万个就业岗位（1992 年）。而与此相反，Koechlin 和 Larudee（1992 年）预计美国丧失的工作岗位在 29 万到 49 万之间，墨西哥就业减少 160 万。根据他们的研究，尽管墨西哥制造业就业增加 40 万到 68 万之间，但是，由于农业部门的严重失业，墨西哥就业岗位的丧失状况依旧发生。Yunez－Naude（1991 年）预测，制造业就业的增加将足以弥补由农业部门完全自由化导致的农业就业的损失。但是，来自墨西哥国立自治大学的两名经济学家预测，NAFTA 将导致墨西哥制造业就业损失 30%（Avarez 和 Mendoza，1992 年）。① 因此，研究拉美国家贸易和就业之间的关系，首先要注重总体就业水平下的结构因素。其次是将被 NAFTA 排斥在外的"劳动力自由流动"因素纳入研究范围。劳工标准的执行固然重要，但是，也许更为重要的是以下共识：一个作用于发展程度不均衡的国家间（例如美国、加拿大和墨西哥）的自由贸易体制应该致力于促进各种条件满足最低的平均标准。

5. 拉美国际移民的流向和规模因不同时期和国别而异

随着资本和商品市场逐渐融入一个开放的全球经济和以金本位为基础的货币体系，国际移民在全球化的第一次高潮中（大约从 1870～1913 年）兴起。这种大规模的流动在全球化的瓦解期（从 1914 年到 20 世纪 40 年代中后期）结束，期间世界经历了两次世界大战、20 年代宏观经济的不稳定、30 年代经济大萧条以及周期性的政治动荡。这些历史事件造成国际移民的限制制

---

① Linda Wilcox Young, "Free Trade or Fair Trade?: NAFTA and Agricultural Labor", *Latin American Perspectives*, Vol. 22, No. 1 Labor and the Free Market in the Americas, (Winter, 1995), p. 49.

度趋于严厉。自从 20 世纪 70 年代以来，全球化高潮第二次兴起，鉴于苛刻的移民政策，国际劳动力市场呈现出分割的局面，特别是在发达国家，针对非熟练劳动力的歧视更加明显。然而，随着资本和商品市场全球化程度加深，具有更多技能和受过高等教育的人才在国际范围内流动性加大。美国著名经济学家巴格瓦蒂（J. N. Bhagwati）认为，在商品、资本和劳动力三者的国际流动中，劳动力的国际流动是最困难的，特别是大规模的劳动力流动，如移民，在现代条件下已经难以像大规模资本流动那样容易进行。

　　劳动力的国际流动是多种因素共同作用的结果，但主要还是经济因素。因而这种流动也随着经济状况的好坏而在流动方向上有所变化，其中政府政策越来越成为劳动力流动的调节力量。Andrés Solimano（2003 年）认为国际移民的程度和方向通常受到以下 7 种因素的影响。第一，移出国和移入国之间人均收入或者实际工资的差别；第二，移出国和移入国经济周期和经济前景之间的比较；第三，社会网络关系的成熟度；第四，移民政策；第五，移民成本（除搜寻工作成本外，还包括旅途成本、飞机票以及目的国的生活支出等）；第六，国家之间的文化差异（例如语言、传统、家庭关系等）；第七，地理距离或者毗邻状况（总体而言移入邻国或者附近国家的移民多于移入距离远的国家的移民）。①

　　近年来，拉美由于向外移民流动显著而成为向发达国家输出工人的"净出口"者，与此相应，移民的汇款数量也在增加，它已经成为低收入家庭收入和国家外汇的又一主要来源。1992年 Saskia Sassen 在《为什么移民》中认为，拉美向美国移民的

---

　　① Andrés Solimano，"Globalization and international migration: the Latin American experience"，*CEPAL REVIEW* 80，2003，p. 62.

主要原因是贫困、失业、经济停滞和人口过多。Andres Solimano（2002 年）则认为拉美国家国际移民的模式因时期和国别而异。墨西哥、中美洲和加勒比国家是向美国移民的主要国家，它反映出移出国和移入国两者之间在实际收入水平以及经济机遇方面存在显著的差异。而另一方面，拉美某些重要国家，例如阿根廷（在某种程度上的巴西）由于经济持续衰退以及政局不稳，已从20 世纪早期的劳动力流动接收国转变为 20 世纪后半期的劳动力净移出国。因此，有关劳动力国际流动的相关内容值得深入探讨。例如，国家之间收入水平的差异在国际移民中的驱动作用、与移民相连的社会网络关系的效果、移民政策以及全球劳动力市场的分割状况（通常体现为非熟练或贫困劳动力和专家、科学家或国际投资者移民之间的就业差异），等等。

三、研究方法及结构安排

拉美国家经济社会发展的特殊性，使得拉美的劳动力流动和就业既不同于经典理论的预言，又有别于其他发展中国家的情况。本书从"劳动力流动"这一角度，阐述其与工业化、城市化以及全球化等之间的关系，以期增强发展经济学的解释力。更为重要的是，通过总结拉美国家的经验教训，可以为解决我国农村剩余劳动力转移与就业问题提供借鉴。

本书坚持求实创新的研究方法。主要包括：（1）总量分析与结构分析相结合。在描述人口总量特征的基础上，分解性别、职业、教育等结构因素对劳动力流动的影响。特别是，着重考察产业结构变动与劳动力流动的关系，这也是贯穿全书的主线之一。（2）定性分析和定量分析相结合。以定性分析为主，注重拉美国家劳动力流动与就业的经验性研究。在解释诸如贸易、投资等变量与劳动力就业之间关系时，尝试运用统计等数量方法增强说服力。（3）比较分析和指标分析相结合。由于拉美国家之间以及内部经济社会发展存在较大差异，因此有必要做比较分析，同时适当选取系列指标有助于更全面地展示比较分析的结果。

本书试图建立一种理论与分析框架（如下图所示），其逻辑起点在于拉美国家经济存在二元特征，时间起点始于20世纪70年代，当时拉美国家正步入进口替代工业化的后期。第一章主要描述20世纪70年代以来拉美劳动力基本特征。包括拉美人口总量及其结构、劳动力就业的阶段性演变、流动含义等。第二章主要阐述进口替代工业化模式与劳动力流动的关系。第三章主要阐述外向型发展模式与劳动力流动的关系。第四章主要阐述城市化与劳动力城乡迁移之间的关系。第五章主要阐述国际移民与劳动力流动的关系。第六章主要阐述社会分层与社会流动之间的关系。鉴于2008～2009年美国次贷危机升级为全球金融危机，打断了拉美持续六年的增长周期（2003～2008年），进而恶化了已经逐渐改善的劳动力市场，因此，第七章在总结20世纪90年代以来拉美劳动力市场改革的基础上，分析当前国际金融危机对拉美就业的冲击及其应对政策。第八章是对拉美劳动力流动与就业的总结与政策思考。纵观全文，主要贯穿三条主线：其一是经济发展模式转换过程中因产业结构变动引起的劳动力产业转移；其二是由城市化以及国际移民引起的劳动力地域转移；其三是与前两个过程相伴而生并与人力资本投资（如教育、培训）密切相关的劳动力社会流动。

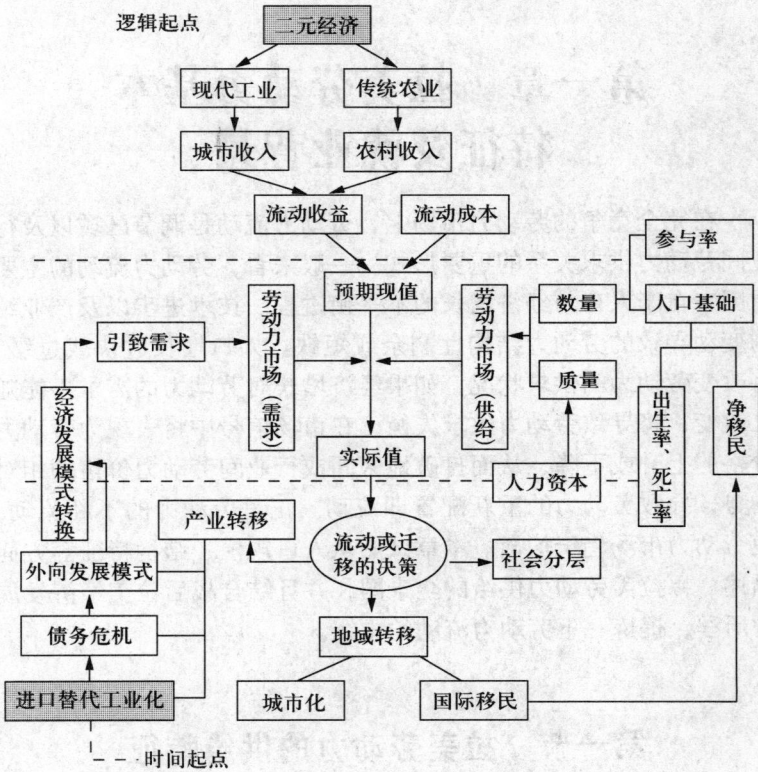

第一章 拉美劳动力基本
特征及就业背景

在完全竞争的劳动力市场上，劳动力流动是调节区域以及行业间劳动力供求关系的重要形式。一般来看，劳动力流动的主要原因来自于人口与经济增长的不平衡过程、技术进步以及产业结构变动导致的劳动力结构性剩余或短缺。人口增长过快或过缓，将改变劳动力的供求状况，如果经济增长对劳动力的需求不能随之改变，将导致劳动力供求失衡，在市场信号中将表现为劳动力价格的上升或下降，从而打破地区间或行业间劳动力价格的相对均势，导致劳动力的重新配置即流动。正是劳动力的不断流动，使劳动力市场趋于均衡。本章试图从人口规模、结构特征等方面描述一幅拉美劳动力供给的全景图，并且结合战后拉美经济发展的历程，提炼一下劳动力流动的主线。

第一节 拉美劳动力的供给特征

一般而言，社会所能得到的劳动总量取决于：（1）人口的规模和人口构成，两者又取决于出生率、死亡率和净移民；（2）劳动力市场参与率，即适龄工作人口中实际工作或正在寻找工作的人口的比例；（3）每周或每年的工作时间；（4）劳动力素质。本节重点考察劳动力的数量供给和质量供给。

一、拉美国家人口基础和结构

人口基础对劳动力供给很重要。按照人口过渡一般规律，人口过程通常相继经历三个阶段。第一个阶段的特征是高出生率、高死亡率，从而导致低自然增长率。随着经济发展和收入水平的提高，人口过程逐渐进入第二个阶段，以高出生率、低死亡率从而高自然增长率为特征。当人均收入水平进一步提高，才进入低出生率、低死亡率，从而低自然增长率的第三个人口过渡阶段。一般来说，较早进入发达国家行列的社会，第二阶段的特征并不明显。这是因为在这些国家的发展过程中，始终处于技术发明和创新的前沿，包括医疗卫生在内的科学技术水平是其经济发展每个阶段的结果。所以，死亡率的降低和生育率的降低之间没有一个十分明显的时间差。相对来说，发展中国家一般都有过这样的阶段，即当其经济发展水平尚未能够使人口出生率下降时，由于从发达国家引进医疗卫生技术，便使死亡率大大降低。这也是为什么发展中国家往往形成更为严重的人口问题的原因。

　　1930 年以前，拉美地区不仅人口基数小，而且人口自然增长率较低，外来移民是当时人口增长的一个重要因素。1930 年以后，拉美地区进入一个以自然增长率高为特征的人口加速增长阶段。特别是在 1950～1965 年，由于拉美经济、文化水平相对较高，人口死亡率很早就下降至较低的水平，1960～1965 年死亡率降至 12.5‰，而出生率仍然保持在 41‰的水平，因此，人口自然增长率在 1960～1965 年达到高峰值 28.6‰，如图 1-1 所示。从 1965～1970 年开始，出生率相对于死亡率迅速下降，加之自 1955 年之后拉美在整体上逆转为人口净迁出，最终导致人口增长率逐年降低。尽管 60 年代后期拉美已渡过人口出生的高峰期，但是由于新生人口逐步进入劳动年龄，劳动年龄人口（15～64 岁）的相对比重自 1970 年开始逐年增加，到 2005 年其占总人口的比重达到 64.5%，相对于 1970 年（53.4%）增加 11 个百分点，人口就业压力始终很严重（见图 1-2）。而从另一方面看，国际上一般认为 65 岁及以上老人的比重达到 7% 就进入

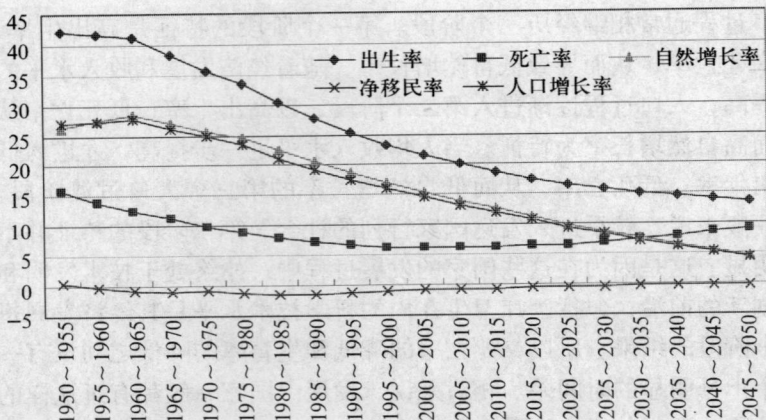

图 1-1　拉美ᵃ 人口增长统计指标（‰）

注：a 不包括加勒比国家。作者根据拉美经委会数据绘制。

数据来源："Latin America and Caribbean：population estimates and projec-
tions，1950－2050"，*Demographic Bulletin*，No. 69，Economic Commission
for Latin America and the Caribbean－Latin American and Caribbean Demo-
graphic Centre（ECLAC－CELADE），Population Division，Jan. 2002.

了老龄化社会。根据拉美经委会拉美及加勒比中心人口部的预
测，拉美将在 2015 年（7.2%）达到这一里程碑，此后老龄化
将趋于加速。从社会负担状况来看，1950～2050 年少年儿童扶
养比①经历了先上升后下降的趋势，老年人口扶养比②经历了逐

———————

　　① 少年儿童扶养比指某一人口中少年儿童人口数与劳动年龄人口数之比。通常
用百分比表示。以反映每 100 名劳动年龄人口要负担多少名少年儿童。计算公式为：
CDR＝P（0～14）/P（15～64）＊100%，其中：CDR 为少年儿童抚养比；P（0～
14）为 0～14 岁少年儿童人口数；P（15～64）为 15～64 岁劳动年龄人口数。

　　② 老年人口扶养比指某一人口中老年人口数与劳动年龄人口数之比。通常用百
分比表示。用以表明每 100 名劳动年龄人口要负担多少名老年人。它是从经济角度
反映人口老化社会后果的指标之一。计算公式为：ODR＝P65＋/P（15～64）＊
100%，其中：ODR 为老年人口抚养比；P65＋为 65 岁及以上老年人口数；P（15～
64）为 15～64 岁劳动年龄人口数。

渐上升的趋势，而社会总负担系数①则经历先上升后下降，而后由于老龄化加速而回升的趋势。因此，自1970年至今拉美处于低龄人口相对减少又尚未进入老龄化的阶段，劳动年龄人口比重大，负担轻，虽然相应地就业压力较大，但总体来说对经济发展是有利的。

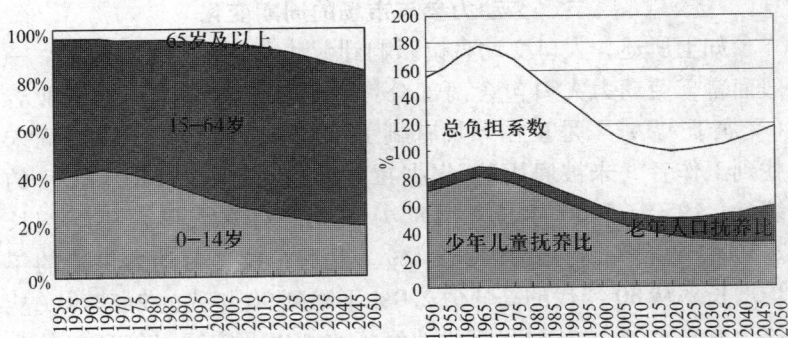

图1-2　拉美ᵃ人口年龄结构及负担状况

注：a 不包括加勒比国家。作者根据拉美经委会数据绘制。

数据来源："Latin America and Caribbean: population estimates and projections, 1950 – 2050", *Demographic Bulletin*, No. 69, Economic Commission for Latin America and the Caribbean – Latin American and Caribbean Demographic Centre (ECLAC – CELADE), Population Division, Jan. 2002.

　　此外，在一个国家内部，城市与乡村之间、发达地区与落后地区之间，在发展阶段上通常具有一个时间上的继起关系，因此两者在人口过渡的阶段也存在一个时间差。即城市地区或经济发达地区通常比农村或经济落后地区较早进入更高的人口过渡阶段。例如，当某些发达地区已经进入低出生率、低死亡率的人口

---

　　① 总负担系数，也叫依存比率（Dependency ratio），指人口总体中非劳动年龄人口数与劳动年龄人口数之比。用于从人口角度反映人口与经济发展的基本关系。计算公式为：GDR = [P (0~14) + P (65+)] /P (15~64) * 100%。

过程时，同一国家中的落后地区可能还处在低死亡率、高出生率的人口过程之中。正因为如此，城乡迁移或落后地区人口向发达地区迁移，不仅是由经济结构变化一个因素所推动，而且还由两类地区人口数量方面的差异所决定。

二、劳动力参与市场的周期变化

如上所述，人口变动直接影响到劳动力供给的绝对数量。一般而言，劳动力人口包含两部分：一是从事有酬工作的就业者（受雇于人），二是正在寻找有酬工作但在现行经济条件下尚未找到工作者（未被雇用）。根据拉美就业规划处（PREALC）的统计，1950～1980 年拉美劳动力（经济自立人口）年均增长2.5%，非农劳动力年均增长 4%。此后，拉美劳动力供给的年均增长率从 80 年代的高峰值 2.9% 下降到 90 年代的 2.5%[①]。从这个意义上讲，拉美 90 年代的经济改革以及宏观经济环境的改善总体上没有改变劳动力供给的长期趋势（既没有抑制供给也没有刺激供给）。根据拉美经委会 2001 年统计年鉴的数据，1980年拉美经济自立人口为 1.26 亿，2010 年预计达 2.69 亿。

此外，在研究劳动力供给问题时，还需要考虑市场总参与率这个因素。它特别易于围绕其长期趋势水平而波动，因为在商业周期变化过程中，它常常受到供给与需求因素改变的影响。这些变动主要包括在劳动力市场中不断流动的人们。其中大多数属于二级劳动力人口，即那些通常不提供家庭收入主要来源的家庭成员。在周期的扩张和收缩阶段，市场总参与率均围绕平均水平进行波动，但并不总是沿着同一方向变动。当经济扩张超过其长期趋势水平时，市场总参与率可能上升，因为较多的工作机会鼓励

---

① Jürgen Weller, Economic Reforms, Growth and Employment: Labour Markets in Latin America and the Caribbean, ECLAC, Chile, 2001, p. 35.

那些一般情况下不积极寻找工作的人参加工作。但是，如果周期的扩张阶段持续时间比较长，那么市场总参与率就可能下降，因为二级劳动力人口的工人将退出市场，继续他们的学习或利用其他机会。在周期的下降阶段（低于长期趋势水平），类似的情况也会发生。市场总参与率可能因为二级劳动力人口重新进入市场而上升；如果不利的经济情况持续下去，参与率也可能下降，因为人们对找到工作的前景失去了信心，从而退出劳动力市场。

如图 1-3 所示，战后拉美劳动年龄人口（WAP）增长率和总体参与率（TPR）呈现出此消彼长的趋势。一方面，随着人口过渡阶段演进，1950～2000 年劳动年龄人口的年增长率先上升后下降，在 70 年代初达到最高值。而另一方面，由于男、女性劳动力参与率在不同阶段发挥的作用不同，以 1970 年为分界点劳动力参与率①经历了先下降后上升的趋势。

从 1950 年到 1970 年，拉美整体劳动力参与率由 50.4% 下降到 44.9%，这主要是因为男性劳动力参与率显著下降，即在城市化背景下男性参与率从 1950 年的 81.3% 下降到 1970 年的 70.4%。其影响因素是教育体制的扩张推迟了青年人进入劳动力市场的时间，而城市化强化了这种趋势。城市地区的教育覆盖面较大，因此城市中的男性年轻人总体上进入劳动市场较晚。与此同时，农业中就业的男性劳动力尽管务农时间在缩短但仍然会做到年龄很大为止，而城市中提供给老年人的就业岗位很少，而且城市中社会保障覆盖面的扩大消除了更多人对劳动收入的需求。因此，年轻和年长的男性劳动力的参与率在规模巨大的城乡迁移中显著下降了。与此相对的是，女性参与率在 50 年代已下降到 19.4%，60 年代重新上升，到了 70 年代，达到 19.6%，略高于

---

① 劳动力参与率是指经济自立人口（包括正在从业和失业人口）占劳动年龄人口的比例。

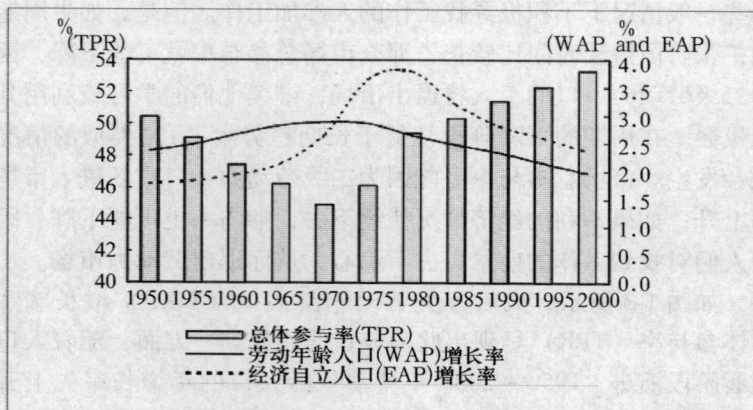

图 1-3 劳动力供给的变化 1950~2000[a]

注：[a] 是基于 20 个国家的加权平均数。资料来源：Jürgen Weller, Economic Reforms, Growth and Employment: Labour Markets in Latin America and the Caribbean, ECLAC, Chile, 2001, p. 35.

50 年代的水平。对于这种现象可以作如下解释：在一个工资关系处于初级阶段、劳动力的社会分工和性别分工差别不明显的经济中，妇女的参与率通常较高，因为妇女在获得收入方面扮演重要的角色。随着劳动力分工深化，妇女越来越局限在与家庭直接相关的工作中，而这种工作被视为缺少生产性，这些因素降低了她们在劳动力市场上的参与率。但是，70 年代城市化进程抑制了男性参与率，主要是因为城市地区入学率较高、老年人退休较早。与此相反，它却刺激了女性参与率的提高。因为至少在统计意义上女性在农业中的参与率较低而在其他部门较高，非农活动的增加为妇女进入劳动力市场提供了更大的机会。因此，不同于男性，女性参与率在城市地区高于农村地区。其结果是，从 1970 年到 1990 年，妇女的劳动参与率急剧增长，进而导致整体劳动力参与率从 44.9% 上升到 51.4%。①

20 世纪 90 年代拉美的劳动参与状况依然延续了自 70 年代以来的模式：男性参与率近乎停滞而女性参与率逐步增长。如表1-1 所示，1996 年到 2005 年男性劳动力参与率从 81.6% 微幅下降到 79.8%，而女性劳动力参与率从 46.1% 上升到 51.8%。这种劳动力的性别分工通过以下三种方式得到强化。首先，持续的城市化进程增强了妇女的劳动参与率，并促成城市地区妇女参与率高于农村地区的趋势。其次，受教育程度较高的妇女劳动参与率较高，因此，教育水平的提高将促使妇女更多地参与劳动力市场。最后，"典型女性"从事的经济活动的扩张（贸易、服务业）、传统意义上某些"典型男性"活动中女性就业的增加以及新增的面向妇女的工作机会（客户加工流水作业、出口型农业）都促使妇女融入劳动力市场。②

而从世界范围看，只有中东地区明显出现了这种男性参与率近乎停滞而女性参与率逐步增长的趋势，而其他发展中国家情况或者相反，或者这种趋势不明显。对于总体参与率而言，拉美地区与世界平均水平大体相当。这里需要强调的是，在判断劳动供给时，只有同时观察就业率、失业率和劳动参与率的变化趋势，才能较为全面地把握劳动力市场中存在的问题。如果在失业率攀升的同时，劳动参与率上升，这也许并不表明失业问题有多么严重，因为失业率的上升在很大程度上可能源于过去退出劳动力市场的人又重新回到劳动力市场上寻找工作。如果在失业率上升的

---

① Jürgen Weller, Economic Reforms, Growth and Employment: Labour Markets in Latin America and the Caribbean, ECLAC, Chile, 2001, p. 34.

② 世界银行认为，女性逐渐参与劳动市场的这种长期趋势是社会文化进程的一个结果，尽管在不同地区和国家该过程不会同步进行。男性劳动力参与模式在人均收入水平和社会文化背景不同的国家是非常相似的，但女性劳动力的情况就千差万别。

同时，劳动参与率保持不变，这就意味着劳动力供给的总量并没有发生大的变化，只是在愿意供给劳动的总体中，失去工作的人增加了，失业率的增加很可能是因暂时的经济波动或经济结构调整引起的。劳动供给中最为严峻的问题莫过于失业率上升的同时伴随着劳动参与率的下降。这意味着失去工作的人在不断增加，而且在失去工作的人中，由于长时间无法找到工作而沦为"遭受挫折的劳动者"的人数也可能在增加。

表 1-1　世界及各地区劳动力参与率比较（%）

地区	1996 年			2002 年			2005 年		
	总体	男性	女性	总体	男性	女性	总体	男性	女性
世界	66.7	80.5	53.0	66.0	79.4	52.6	65.7	79.0	52.5
发达经济体和欧盟	60.7	70.9	51.0	60.4	69.6	51.8	60.4	68.8	52.4
中欧、东南欧（非欧盟）及独联体国家	60.6	71.3	51.0	58.9	68.8	50.1	58.9	69.5	49.5
东亚	78.0	84.6	71.1	76.0	82.7	68.9	74.9	81.7	67.7
东南亚及亚太地区	70.1	83.0	57.6	70.4	83.1	58.1	70.6	82.8	58.6
南亚	61.2	84.0	36.9	60.3	82.7	36.5	59.9	82.3	36.1
拉美	63.4	81.6	46.1	65.1	80.9	50.0	65.5	79.8	51.8
北非	49.8	76.0	23.9	49.6	74.9	24.5	50.5	75.7	25.5
撒哈拉以南非洲	75.6	87.4	64.3	74.6	86.7	63.0	74.3	86.3	62.7
中东	52.6	77.5	24.9	54.7	77.9	29.1	56.0	78.1	31.7

资料来源：
http：//www. ilo. org/public/english/employment/strat/kilm/download/
kilm01. pdf

三、劳动力供给的质量

人力资本禀赋是从质量方面考察拉美劳动力供给的重要因素。在传统文献中，"人力资本"仅用于院校教育，而如今，为了适应于经济需求，人们对该概念的内涵进行了拓展。按照分类，人力资本包括两方面内容：其一是指"天生能力"，包括体力和智力，它们受到健康和营养状况的影响；其二是"可获得性能力"，它可通过一生中所获得的正规教育、非正规教育和累积性经验进行培养。通常情况下，教育又被用作衡量劳动力质量的重要因素。根据教育水平，劳动年龄人口的组成在90年代发生了显著变化。在90年代初期拉美的整体教育水平好于其他地区，特别是在初等教育和高等教育，然而，拉美国家的中等教育相对落后。这是因为孩子早早离开学校，特别是未完成中等教育，造成中等教育不足。到90年代中期，该地区几乎所有国家的初等教育入学率都接近100%。与此同时，其他更高阶段（中等和高等教育）的入学率也在提高。如表1-2所示，从1980年到2000年，无论从总体、还是从性别分组看，拉美国家15岁及以上人口中的文盲比例都在降低。但是，某些国家的文盲比例依然很高，例如玻利维亚、巴西、萨尔瓦多、危地马拉、海地、洪都拉斯、牙买加、尼加拉瓜、秘鲁、多米尼加。此外，女性的文盲比例虽然逐年在下降，但是普遍高于男性（个别国家除外）。

表1-2 拉美主要国家15岁及以上人口中的文盲比例（%）

国家	总体			男性			女性		
	1980	1990	2000	1980	1990	2000	1980	1990	2000
阿根廷	6	4.2	3.1	5.7	4.1	3.1	6.4	4.4	3.1
巴哈马	6.6	5	3.9	7.2	5.7	4.6	6.1	4.3	3.2

续表

国家	总体			男性			女性		
	1980	1990	2000	1980	1990	2000	1980	1990	2000
玻利维亚	30.9	21.6	14.4	19.9	12.9	7.9	41.3	29.9	20.6
巴西	25.4	18.3	14.7	23.7	17.9	14.9	27.2	18.8	14.6
智利	8.5	6	4.3	7.9	5.6	4.1	9.1	6.4	4.5
哥伦比亚	15.6	11.3	8.2	14.7	10.9	8.2	16.4	11.6	8.2
哥斯达黎加	8.3	6.1	4.4	8.1	6.1	4.5	8.4	6.1	4.3
古巴	7.9	5.2	3.6	8.1	5.2	3.5	7.8	5.2	3.6
厄瓜多尔	18.1	11.6	8.1	14.4	9.5	6.4	21.8	13.8	9.8
萨尔瓦多	33.8	27.4	21.3	29.1	23.7	18.4	38.4	30.7	23.9
危地马拉	46.2	38.5	31.3	38.1	30.7	23.8	54.3	46.3	38.9
圭亚那	5.4	2.8	1.5	3.7	2	1	7	3.7	1.9
海地	69.1	60.7	51.4	65.5	57.6	49	72.3	63.5	53.5
洪都拉斯	39	33	27.8	37.2	32	27.5	40.8	34	28
牙买加	22.5	17.3	13.3	26.8	21.7	17.5	18.5	13.1	9.3
墨西哥	17	12.3	9	13.8	9.6	6.9	20.2	15	10.9
尼加拉瓜	41.8	38.7	35.7	41.5	38.6	35.8	42.1	38.8	35.6
巴拿马	14.3	11.2	8.1	13.7	10.7	7.4	15.1	11.8	8.7
巴拉圭	14.1	9.7	6.7	10.6	7.7	5.6	17.5	11.7	7.8
秘鲁	20.2	14.3	10.1	11.7	7.9	5.3	28.8	20.6	14.6
多米尼加	26.2	20.5	16.2	25.2	20	16	27.3	21	16.3
苏里南	12.4	8.2	5.8	8.4	5.7	4.1	16.1	10.7	7.4
特立尼达和多巴哥	5	3.2	1.8	3.5	2	1	6.6	4.4	2.5

续表

国家	总体			男性			女性		
	1980	1990	2000	1980	1990	2000	1980	1990	2000
乌拉圭	5.3	3.4	2.2	5.7	3.9	2.6	4.8	3	1.8
委内瑞拉	15.1	9.9	7	13.3	9.1	6.7	16.9	10.8	7.3

资料来源：*Statistical yearbook for Latin America and The Caribbean* 2002，CE-PAL，2002.

　　提高劳动力的教育水平会产生两个结果。第一，正如前所述，它延缓了劳动参与率的增长趋势。第二，劳动力的组成结构发生变化。因为平均而言劳动力市场的新进入者受教育程度高于以前年龄组的水平。特别是，由于教育水平的"门槛"在上升，最年轻一组的劳动力的文盲率已降到很低水平。但是，拉美地区教育依然存在问题。第一，受教育机会存在较严重的不平等。尽管年轻一代比老一辈接受了更多的教育，但是，代内受教育程度依然存在由收入水平、社会等级和地域差异而导致的不平等。第二，初等、中等以及非大学的中学后教育（post – secondary education）回报率低，而大学教育的回报率很高。农村的教育回报率比城市低。第三，来自低收入家庭的学生获得的教育质量更低。他们中的大多数上的是公立学校，没有机会接受更高质量的教育。此外，受教育程度与就业水平之间的关系也十分复杂。如图 1-4 所示，第一，具有同等教育背景的男女性失业率不同，女性失业率一般高于男性，但是，随着受教育水平的提高两者之间的差距显著缩小；第二，在所有 15 岁及以上人口中受过 6～9 年学校教育的群体的公开失业率较高；第三，在个别国家，受教育程度越高，失业率越高。这些现象都与拉美国家劳动力市场的发育程度有关。

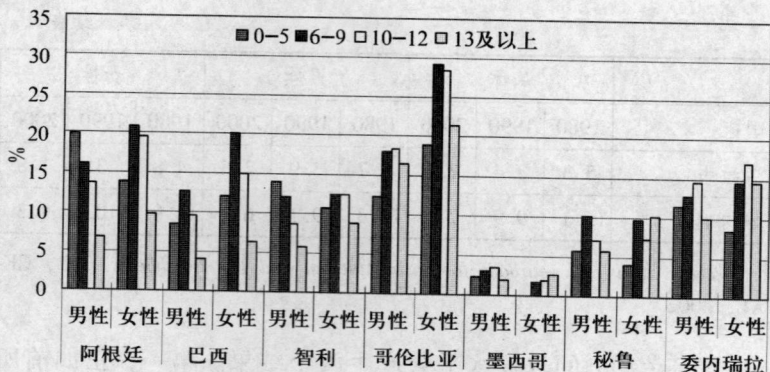

图 1-4　2000 年按性别和受教育年数区分的城市公开失业率

注：人口为 15 岁及以上人口。

资料来源：*Statistical yearbook for Latin America and The Caribbean* 2002，CE-PAL，2002.

第二节　拉美劳动力的需求背景

劳动力需求与社会经济发展历程密切相关。本节将简要回顾拉美自战后所经历的进口替代工业化进程、债务危机以及经济改革情况。这些将为下面章节分析经济发展模式对劳动力的吸纳能力奠定基础。

一、进口替代工业化初期进展较为顺利（20 世纪 50～60 年代）

经过 20 世纪 30 年代资本主义大萧条和第二次世界大战的冲击，一些拉美国家确立了进口替代工业化的发展模式，使工业化进程在 40 和 50 年代进入一个新的发展阶段。

结构学派认为，外围国家从以初级产品出口扩张为基础的外向发展转向以扩大工业生产为基础的内向发展具有必然性，并以拉美国家为例，提出了转变发展模式的两个基本条件。第一，当中心和外围两极都达到特定的平均生产率和收入水平时，经济力量的自由作用会自发地推动外围工业的扩张。其中特别是，因人口增长和技术进步所产生的劳动力过剩将导致外围国家的贸易条件在长期内不断恶化。因此，在劳动力缺乏国际流动的条件下，工业化就成为外围发展的必由之路。第二是时局因素。（1）两次世界大战使进口受阻而出口需求增加，刺激了拉美内部需求上升，形成当地工业发展的推动力。（2）大萧条引起初级产品出口量和出口价格暴跌，加上前期的负债，造成拉美国家外汇奇缺的局面，不得不限制进口或禁止进口，同样促成了制成品的替代进口生产。（3）世界经济中心由英国转移到美国。由于美国对初级产品进口需求少，保护主义严重，造成拉美国家的国际收支陷入持续失衡的境地，因而它们不得不走上进口替代工业化的道路。

由于进口替代在50～60年代进展较为顺利，因此，这一时期被视为进口替代工业化发展模式的"黄金时期"。在这一时期，拉美国家采取了保护国内市场、积极扶持"幼稚工业"、建立国有企业、完善基础设施、利用外国资本和开展区域经济一体化等措施，取得了显著的成效。1940～1968年，拉美经济的年均增长率高达4.5%。该地区的进口系数（进口相当于国内生产总值的比重）从1928～1929年的30%下降到1963～1964年的9%；制造业在国内生产总值中的比重则从同期的13%提高到23%。1936～1940年和1955～1960年，工业产值的年均增长率达6.2%。[①]

二、错失模式转换良机引发危机与调整（20世纪70～80年代）

20世纪60年代中期，拉美国家面临工业化战略的选择问题。

---

① 江时学：《拉美发展模式研究》，经济管理出版社1996年版，第53页。

当时，越来越多的拉美国家已经意识到，进口替代已由"简易阶段"转入"困难阶段"，有必要在发展战略上做出调整。一派意见认为，应当把耐用消费品生产作为工业发展的主导产业，这不但可以带动一些相关产业的发展，而且，工业化过程中的资本积累主要是受耐用消费品部门发展的推动；发展耐用消费品生产的主要困难在国内消费能力不足，因此主张应使国民收入分配更多地向中间阶层倾斜以创造需求。另一派意见则认为，重点发展耐用消费品生产投资大，提供就业少，进口要求高，跨国公司参与的比重大，可能加剧社会的不平等和对外依赖；主张把着重点放在改善收入分配，增加就业，扩大国内市场，以继续保持较高的经济增长速度。从表面上看，似乎这两种主张反映了两种截然不同的选择，事实上，两者都没有跳出"内向发展"的局限。拉美各国政府最终采纳了把耐用消费品生产作为继续推进工业化的"轴心部门"的主张。而同样在 60 年代中期前后，当时的亚洲"四小龙"几乎不约而同地由内向发展转入外向发展，把劳动密集型工业品推向国际市场，取得了与拉美国家截然不同的结果。

进口替代工业化的弊端与 70 年代末以后出现的一系列不利的外部因素结合在一起，终于使拉美在 80 年代陷入其发展史上最严重的一场经济危机。实际上，这是一场由债务问题引发的"结构性发展危机"。也就是说，这场危机早在 1973 年就已经出现了，只不过当时通过借外债而涌入的大量资金暂时把这场危机掩盖了。1982 年危机爆发后，拉美国家再也无法继续实行进口替代工业化模式了，不得不转向外向发展模式。

危机后的调整政策主要包括两类，一类是降低国内需求的政策；另一类是提高可进行国际交换的商品的相对价格的政策。前者主要包括财政政策、货币政策和收入政策，并力求通过三种机制来恢复外部平衡。后者主要包括调高汇率（即货币贬值）、提供补贴、促进出口、增加关税等，这些措施有助于提高可贸易商

品的相对价格，并与前者互为补充。这一套经济调整政策的社会
成本对大多数人来说是不利的，特别是穷人。其后果是，现代企
业对劳动力的需求大幅减少，公开失业率显著上升。非正规就业
的快速增长降低了平均生产率，导致收入恶化。作为调整政策的
关键工具之一实际工资开始下降，同时社会支出减少。① 伴随着
经济衰退，在某些国家通货膨胀率大幅上升。例如，到 1986 年
初，巴西的通货膨胀率为 400%，这是加速进入恶性通货膨胀时
期的前兆。萨尔内政府于 1986 年 2 月 28 日提出克鲁扎多计划。
该计划被称为"非正统"的反通货膨胀计划。因为它"除一般
保守的财政和货币政策外，还包括诸如冻结价格和工资的收入政
策、外汇钉住以及非指数化的措施"。同时，它"不是采取传统
的稳定措施进行的逐步调整"，而是采取"冲击疗法"。② 该计划
最终以失败而告终。

三、经济改革全面展开 (20 世纪 80 年代中期以来)

由新自由主义主导的经济改革经过 70 年代在智利等少数国
家的"试验"之后，于 80 年代中期在拉美地区全面展开。这场
改革最终使拉美国家由以往的内向发展模式转入了外向发展模

---

① 通常来讲，标准的一套政策既有紧缩性财政政策和货币政策，也有通过相对
工资而言的实际贬值将资源由非贸易部门向贸易部门转移的政策。根据这个模式，
实际工资不是必然会下降，因为政策要求只对贸易部门的价格产生作用，需求政策
引起的衰退至少可以被贬值的扩张效应弥补一部分。但是，为什么拉美地区的经济
出现过度收缩呢？主要有三个原因：其一，拉美地区的生产结构是无弹性的，因此，
对宏观经济政策的应对相对发达国家而言要慢而且效果不明显；第二，贬值的扩张
效应仅出现在衰退之后，通常滞后两年，如果拉美经济长期不稳定，这种效应就不
会出现。第三，这一整套政策是在宏观层面实施，相对于更具选择性的政策组合而
言，它必须在经济政策工具上实行更加明显的变化。参见 Foxley（1982）；Ffrench-
Davis（1983）；ECLAC（1984）；PREALC（1985）；Taylor（1987）；Meller and Soli-
mano（1987）.

② 张宝宇著：《巴西现代化研究》，世界知识出版社 2002 年版，第 102 页。

式，由原来的国家主导型经济转向了自由市场经济。

　　具体而言，拉美大多数国家在关税、税收、国内金融体系等方面展开了深刻的结构性改革，劳工政策的改革力度相对弱些。这些改革的共同特征是：（1）开放国内经济面对国外竞争；（2）减少政府对经济中资源配置和生产活动的干预；（3）减少税收体制对私人决策的扭曲性影响。根据 Samuel A. Morley、Roberto Machado 和 Stefano Pettinato 对拉美 17 个国家结构改革的一种量化分析，我们得到一幅描述自 1970 年以来改革进程的全景图。[①]需要说明的是，虽然指数衡量的是自由化程度或者免受政府干预或者扭曲的程度，但是它并不意味着指数高就必然"优于"指数较低的情况。也许某种政策变量的最优值并不出现在指数的最高值。例如，资本账户自由化测量的是政府对资本账户交易控制的程度，但是完全摒弃政府对资本流入和流出的控制也许并不最优。如图 1-5 所示，拉美地区的改革进程并不是同步的。在 70 年代首先开始的是贸易、金融自由化和税收改革，涉及的国家主要有阿根廷、智利、哥伦比亚和乌拉圭。这些国家推动了贸易和金融改革指数在 70 年代的上升趋势。该时期税收改革指数也在上升，说明相当多的国家已经开始实行增值税体制。鉴于阿根廷庇隆政府和秘鲁军政府的政策变化，70 年代初期资本账户管制显著收紧。但是，接下来在阿根廷和智利军政府统治下自由化程度明显加强。

　　1982 年以后，拉美债务危机不仅打断了改革进程，而且甚至使一些早期先行改革的国家改变了方向。智利、玻利维亚和阿

---

　　① 拉美的总体指数是 17 个国家指数的简单平均数。指数范围从 0 到 1，1 表示改革最彻底，或者无扭曲程度以及不受政府干预。详细计算过程参见 Samuel A. Morley、Roberto Machado, Stefano Pettinato, "Indexes of Structural Reform in Latin America", Reformas económicas series, No. 12（LC/L. 1166），Santiago, Chile, Economic Commission for Latin America and the Caribbean（ECLAC）（January 1999）.

根廷应对债务危机的措施是对资本账户交易施加临时管制。许多
国家，包括阿根廷、巴西、智利、哥伦比亚和秘鲁也提高关税和
增加对进口的非关税限制。这一时期金融自由化的进程或者改变
方向或者停顿下来，税收改革或者资本账户的开放也无进一步的
发展。

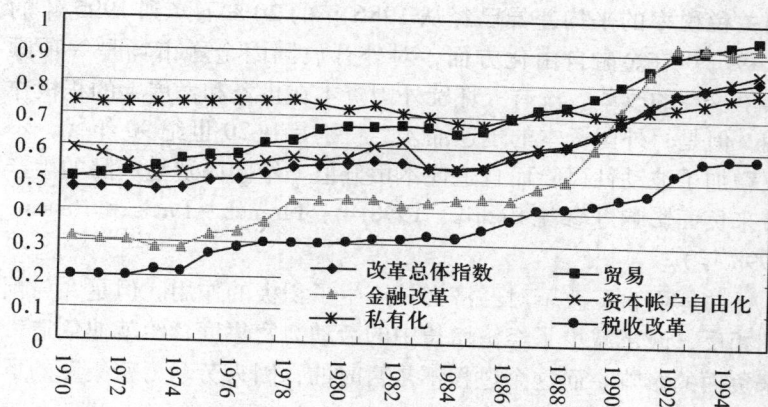

图1-5 1970～1995年改革指数

注：样本国家为17个，包括阿根廷、玻利维亚、巴西、智利、哥伦
比亚、哥斯达黎加、多米尼加、厄瓜多尔、萨尔瓦多、危地马拉、洪
都拉斯、牙买加、墨西哥、巴拉圭、秘鲁、乌拉圭、委内瑞拉。
资料来源：Samuel A. Morley, Roberto Machado and Stefano Pettinato,
"Indexes of Structural Reform in Latin America", Reformas económicas se-
ries, No. 12 (LC/L. 1166), Santiago, Chile, Economic Commission for
Latin America and the Caribbean (ECLAC) (January 1999).

　　1985年前后一系列广泛的结构性改革重新恢复，1990年
后改革进程明显加速。诸如阿根廷、智利、乌拉圭这样一些作
为第一阶段改革领导者的国家继续扩大改革的范围，采取的措
施主要有进一步减少关税、实施金融和资本账户自由化以及税
收改革。而其余大多数国家则通过降低关税、消除信贷和利率

管制以及改革税收体制来追随改革先行者的步伐。在贸易改革方面，该地区的平均关税从 1985 年的 46% 下降到 1995 年的 12%。到 1995 年，除巴西汽车工业以外，该地区再没有一个国家使用关税体制去保护国内产业或者促进特殊部门发展。多米尼加的平均关税税率最高，达 18%，而这些国家内部产品之间关税税率的平均差异已经从 1986 年的 20% 下降到 1995 年的 6.4%。[①] 在金融自由化方面，对外开放国内金融市场是一项颇具争议性的改革。没有人怀疑外国资本在投资和发展上的积极作用，但是，外国资本的迅速涌入，特别是在 20 世纪 90 年代，不仅增加了波动性风险而且迫使本币升值、给国内贸易产品的生产带来负面影响（参见 Rodrik，1998 年；Ffrench - Davis 和 Reisen，1998 年）。

　　总体而言，改革对经济增长产生了积极的作用。但是，与预期相反，改革减少了经济增长中的劳动力密集度，给就业创造带来负面的影响。而这个过程不是暂时的，因为劳动力密集度的下降在长期内还将持续存在。

第三节　就业趋势与流动层次

一、经济增长与就业

　　如前所述，20 世纪五六十年代是进口替代工业化发展的黄金时期，这两个十年年均经济增长率分别达到 5.1% 和 5.7%。尽管 70 年代拉美国家通过实施"负债增长"战略维持了 5.6% 的增长速度，但是，这十年结构性发展危机已经初露端倪，最终

---

① Samuel A. Morley, The Income Distribution Problem in Latin America and the Caribbean, CEPAL, 2001, p. 40.

以 1982 年债务危机的形式总爆发，导致拉美陷入"失去的十年"的痛苦中，经济增长率仅为 1.2%。随着 1990 年生产活动的恢复，通胀压力和不稳定因素逐渐消失，拉美经济终于从 80 年代危机的阴影中走出来，但是，经济增长率整体而言仍然大大低于债务危机前所曾达到的水平（图 1-6）。而 90 年代依然延续了劳动力供给以及就业总体水平的主要趋势。低速的经济增长和劳动力密集度的下降导致劳动力需求偏弱，明显的事实就是工薪就业增长偏弱。因此，就业创造呈现出两极化特征：一方面，大部分新增就业集中在生产率低下的部门；另一方面，职业升级过程又相伴而生。具体到每个国家，劳动力就业状况也不尽相同，其主要原因是经济增长存在差异以及由外向发展模式带来的体制变化不同。

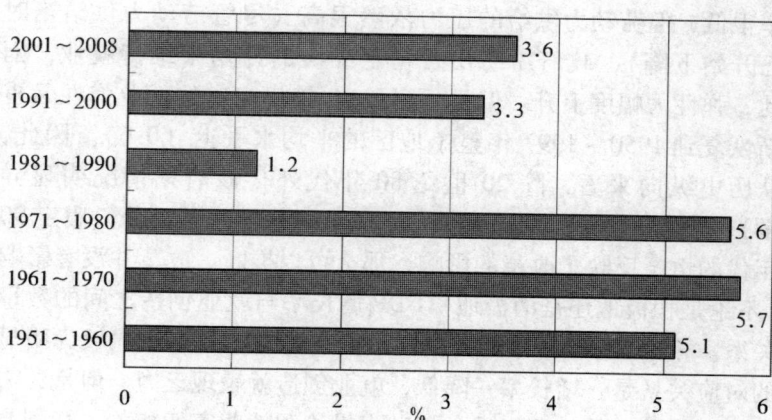

图 1-6 1951~2008 年拉丁美洲及加勒比地区经济增长状况

注：2001~2008 年数字为作者根据 Balance preliminar de las economías de América Latina y el Caribe 2009 计算而得，以 2000 年美元价格为基础。

资料来源：ECLAC, *The sustainability of development in Latin America and the Caribbean: challenges and opportunities*, July 2002.

进入 21 世纪，尤其是从 2003 年开始，得益于"金属和石油价格在先、食品价格在后"这种初级产品价格轮动上涨的大好形势，拉美国家经历了新一轮持续六年的增长周期（2003～2008 年）。这一时期年均经济增长率超过 5%，人均 GDP 超过 3%，在这种情况下，贫困和劳动力市场状况都有较大改善。然而，2009 年由美国次贷危机升级而来的国际金融危机打断了这种向好趋势，使该地区失业率又反弹至 8.3% 左右。

如表 1-3 所示，就业增长率的增加一直持续到 20 世纪 70 年代，之后开始下降，到了 90 年代降到 2.2%。由于 50 年代和 60 年代拉美经济增长率相对较高，因此，产出的就业弹性维持不变（0.4），到了 70 年代产出增长的势头弱于就业增长，产出就业弹性有所增加。而在 80 年代受到债务危机的冲击拉美经济增长率很低，但劳动力供给的压力依然很高（尽管劳动力供给当时已开始下降），政府纷纷出台稳定经济的计划来维持就业，因此，弹性大幅度上升。但是，到了 90 年代产出的就业弹性又重新恢复到 1950～1997 年整个地区的平均水平上（0.6）。因此，从历史纵向来看，除 20 世纪 80 年代外（该时期情况明显异常），90 年代的弹性与 1950～1980 年的差异并不显著。假定 90 年代的情况反映了改革的影响，那么可以推断，改革并没有影响（不论是积极地还是消极地）GDP 增长率与就业创造之间的数量关系。相反，表 1-3 中的数据显示，在过去的数十年中较为明显的对应关系是：增长率一降低，就业创造就表现乏力。但是，需要强调的是，从长期来看，劳动力供给和就业密切相关，特别是在缺乏对失业者保护机制的时候。而且，在长期中劳动力供给又受到社会文化进程的影响，例如，女性劳动参与率会因女性社会地位、家庭角色以及教育程度等因素而发生变化。因此，就业不能仅仅依靠经济变量来解释，如果把不同时期就业增长的多与少仅归因于经济增长的特质，特别是归因于劳动力密集使用的程度以及由此形成的劳动力需求，那么，误解就会产生，问题就会变得过度简化。

至于工薪就业方面，它的趋势与总体劳动力相似，但是，工薪就业更真实地反映了劳动力需求方面增长的特征。80 年代的高弹性表明，工薪就业也对供给的压力做出了反应，高比例的工薪就业集中在小企业和微型企业这一事实就证明了这一点。

表 1-3　1950～1997 年拉美和加勒比地区产出、就业以及弹性（加权平均值）

时期	产出增长率	就业增长率	产出的就业弹性	工薪就业的年增长率	产出的工薪就业弹性
50 年代	5.1	1.9	0.4	2.5	0.5
60 年代	5.7	2.3	0.4	2.7	0.5
70 年代	5.6	3.8	0.7	4.7	0.8
80 年代	1.2	2.9	2.6	2.4	2.0
90 年代[a]	3.8	2.2	0.6	2.2	0.6
1950～1997	4.3	2.7	0.6	3.0	0.7

注：a 指 1990 到 1997 年。
资料来源：Jürgen Weller, *Economic Reforms, Growth and Employment: Labour Markets in Latin America and The Caribbean*, CEPAL, 2001, p.46.

二、劳动力流动的三层涵义

行文至此，有必要对本书中劳动力流动的概念作一说明。在文献中，"mobility" 通常对应于 "流动性"，而 "migration"，通常对应于 "迁移"。在谈到农村劳动力从农村向城市转移过程时，"迁移" 和 "流动" 两个词经常交叉使用。在我国，这两个概念的语义差别和学术的不同涵义主要是从我国特有的体制渊源及转变特征出发加以区分的①。而在国外由于很少存在像我国计划经济体制下城乡分割的户籍管理制度，因此，劳动力流动的概念更加广泛。根据《新帕尔格雷夫经济学大辞典》的解释，"mobility"（流动性）这一词条要参见于"internal migration"（国内迁移）、"International migration"（国际移民）和"Labour markets"（劳动力市场），这说明劳动力"流动"的内涵与外延远比"迁移"丰富。联合国拉美经委会的文献中也有对流动性的解释：它是一种由"生产性劳动力吸纳"引起的流动。这种类型的流动有别于其他类型，例如，发生在社会地位转换中的纯属个人行为，导致某些人地位上升而另一些人下降；源自于生育率不同的人口流动，因为中等以上阶层的生育率不高，无法与自己的社会地位相匹配，而具有高生育率的底层的人更容易获得相应的地位；以及由迁移行为引起的流动。在拉美，所有这些流动类型都非常重要，而且它们经常以混合的形式出现。本书主要从三个层面来阐述拉美劳动力流动的含义。显然，"流动"是动态、表面的形式，它的归宿点依然是"就业"，因此，在研究流动与宏观经济现象（工业化、城市化、经济全球化等）之间关系的同时，发现就业规律以及提出促进就业的政策建议始终是本书的题中之义。

---

① 在城乡分割的户籍管理制度下，通过行政和计划部门的批准，而实现了居住地合法转移的人口在传统的统计口径上被定义为迁移人口。计划的城市化和劳动力调配，都可由这部分人口反映出来。在这种严格控制的迁移之外，一方面仍存在着临时性在区域间、城乡间往返的人口，即正常流动人口；另一方面也存在着不通过计划而进入劳动力黑市或灰市的劳动者及其家属，即所谓的"盲目流动人口"。这两部分即构成传统统计口径上的流动人口。然而，20世纪70年代末城乡开始全面改革，计划经济体制从各个方面被突破，劳动力市场开始发育，人口与劳动力跨区迁移的范围和规模都增大了。这种迁移一部分反映在户籍登记中，因而也反映为统计意义上的迁移，户籍管理之外迁移的一部分也逐渐以常住人口的形式在统计上被反映出来；而另一部分人口，尽管其中很大一部分已经很明显地表现出与通常描述的迁移无异，但在常规的统计中不能得到反映，被称为流动人口。

（一）产业转移："生产性劳动力吸纳"

在 20 世纪 40 年代末、50 年代初由普雷维什发展的传统的拉美经委会思想的核心是围绕着技术进步及其成果的扩张和分配展开的。在他所提出的"中心外围体系"分析框架中，技术进步是以一种"缓慢"和"失衡"的方式渗透到外围大多数国家中的："缓慢"是相对于这些国家经济增长和生产性吸纳需求而言；"失衡"则体现在技术进步仅能渗入极少数为中心生产廉价食品和原料的出口部门。这种缓慢、失衡的技术进步扩散过程造成了外围国家中生产结构的异质性。换言之，在外围经济处于出口食品、原料的所谓"外向发展"阶段时，外围的生产结构形成两个基本特点：专业化与混杂性，即大量的生产要素用于供出口的初级产品的专业化生产，而自身日益增加的商品与劳务需求主要靠进口来满足；与此同时，这些从事出口专业化生产因而劳动生产率也很高的部门与大量使用落后技术、劳动生产率低下的部门并存着，从而形成生产结构的混杂性。相对于外围国家内部而言，普雷维什对技术进步及其成果在国际经济体系中的分配关注得更多，而前者的情况由另一位学者 Pinto（1973 年）利用"结构异质"的概念进行了更加细致的研究。但是，两者都认为生产性劳动力吸纳的进程关键依赖于拉美国家与中心国家经济之间结成的关系类型。

在分析所谓"外向发展"时期技术进步及其成果未如所愿的那样快速、广泛地扩散到拉美国家的原因时，普雷维什强调了原料价格相对于工业制成品价格长期恶化的趋势。他认为这种趋势使得工业中心国家不仅保持了自己创造的生产率增加的"果实"，而且"窃取"了由外围国家创造的部分成果。总而言之，在 40 年代末他对大部分拉美国家中"生产性劳动力吸纳"的判断是：存在大量既不能迁移至工业中心国家也不能在本国提高生产率的"缺乏流动性"的劳动力供给，这要归咎于所采取的发展模式，在此模式中技术进步的渗透方式要比通过生产吸纳劳动力所要求的水平缓慢而且缺乏广度。此外，技术进步本身导致外围国家的人口由于死亡率下降而增长，而且在为中心国家出口的部门（其他部门程度有限）中技术进步倾向于使用劳动力节约型的生产技术。[1]

70 年代拉美经委会对 1950～1970 年生产性劳动力吸纳的研究主要有两项，其一为普雷维什（1970 年）所做，其二为 Pinto（1973 年）所做。普雷维什在考察完 1950～1970 年期间劳动力的变化后得出结论：这段时期尽管经济实现了增长，但是劳动力的结构发生"扭曲"，主要归因于工业集团（工业、建筑业和矿业）无法实现吸纳的任务以至于服务业超常规地增长起来。在这种情况下，主要目标就是通过把劳动力从农业和服务业向工业集团转移来纠正这种扭曲，这必然要求这三个部门的人均产出增加。在劳动力快速扩张的时期，把劳动力从低生产率部门转移到高生产率部门要求经济增长保持较高的速度。根据普雷维什的计算，假定人均产出没有增长，要实现上述目标年均经济增长率要达到 7%。Pinto 从"结构异质"的角度研究了 1950～1970 年拉美国家经济所表现出的吸纳能力。他认为自 1950 年后拉美国家的"异质结构"发生了变化，因为经济中出现了与出口部门具有相似生产率的非出口现代部门。因而在初级产品出口发展模式下形成的最初二元结构（与农业出口相关的联合体和其他经济部门）被三元结构所替代，即初级、中级和现代部门，每一层次都具有不同的生产率水平和收入。为了说明拉美国家的异质结构，他将其与中心国家做了对比。第一，中心国家结构的同质性远远高于拉美国家。第二，中心国家与拉美国家层次规模差异显著。拉美国家的

---

① Adolfo Gurrieri, Pedro Sainz, "Employment and structural mobility: Revisiting a Prebischian theme", *CEPAL Review* 80, Aug. 2003, p. 139.

初级层次规模很大，雇用的劳动力占到 35% ~ 40%，而现代部门很小，仅占劳动力的 13%。第三，1950 ~ 1970 年拉美国家的结构异质性程度在增加，而中心国家的情况相反。中心国家通过采取强化现代部门"引力"、有利于普及发展成果的经济和社会政策，创造了更加"同质"的经济、社会和地理结构。而拉美国家却没有增强现代部门对劳动力的吸纳能力。Pinto 坚持认为这些趋势在未来很可能持续下去，将导致更大的结构异质性。总而言之，普雷维什和 Pinto 具有共同的观点：他们对 1950 ~ 1970 年工业化的活力和方向感到失望，因为该时期的工业化在提高生产性劳动力吸纳或者促进生产结构同质性方面做得远远不够。

到了 80 年代初期，拉美经委会的其他研究表明 1950 ~ 1980 年由于强劲的经济增长，生产性的吸纳大量发生。这些研究指出，普雷维什和 Pinto 没有对劳动力生产率上升给劳动力结构带来的积极变化给予足够的重视。① 与此同时，国际劳工组织拉美就业规划处（PREALC）认为两方观点均有可取之处，因为这段时期是充满矛盾的年份，较高的吸纳能力伴随着持续的就业不足。本书试图通过研究不同发展模式中产业结构的调整来阐述生产性劳动力吸纳的问题。

（二）社会流动：职业分层

职业分层是社会结构的重要组成部分。通常来讲，划分职业层次的标准主要有以下六种：按生产的方式（最基本的分类）可分为雇主（因企业规模而有差异）、工薪收入者和自我雇用者；按工作的属性可分为体力和非体力劳动者；按资格条件可分为高、中、低三个水平；按在企业中权力行使的程度也可分为三个层次；按合同类型可分为服务型、中介型和工薪型劳动者；最

_____

① 需要说明一点，普雷维什和 Pinto 了解所发生的"生产性吸纳"，但他们强调的是这种吸纳能力不足以满足该地区的需求。

后是按经济活动划分的部门。不同的组织和机构根据不同的研究目的会选择不同的分类方法。根据拉美经委会出版的 1999～2000 年社会形势报告，职业分层被定义为如下九种类别。1、雇主：微型企业主（4 或 5 名以下雇员，因国家而异），小企业主（4 或 5 名雇员到 9 或 10 名雇员），中等和大型企业主（10 或 11 名雇员及以上）；2、高级官员、经理和主管人员；3、高级专业人员；4、中级专业人员、技师和管理员；5、行政或办公室雇员；6、商业工人；7、蓝领工人、技工、机器操控员和司机；8、个人服务和保安人员；9、农业劳动者。根据资产所有情况、权力或者受教育水平，第 1～3 类为高级层次，4～5 为中级层次，6～9 为低级层次。高级和中级层次只包含非体力活动，而低级层次既包括非体力活动也包括体力活动。

20 世纪 80 年代初，由菲格拉和赫内勒蒂（Filgueira 和 Geneletti，1981 年）做了一项关于生产性吸纳对社会分层和流动影响的研究，结论是从 1950～1970 年经济增长和人口活力引起劳动力组成的显著变化，导致一种明显的向上结构流动：从农业向非农活动流动，之后在非农活动中，从体力向非体力职业流动。该研究以拉美 13 个国家 1950～1970 年间的情况为基础，将就业按三大产业部门划分，每个产业部门又分为上下两个层次，非体力劳动者归属于上层，体力劳动者归属于下层。在上述 20 年间，第一产业中就业劳动力由占总数的 54.9% 降至 46.9%，即降低 8 个百分点，基本上是由该部门下层就业者减少所致；非农业（第二、三产业）部门劳动力的相应增长则主要是非体力劳动就业者的增加。因此，这 20 年间的确发生了重要的结构流动，但下层就业者所占的比重仅由 1950 年的 84.4% 降至 77.4%（见表 1-4）。此外，菲格拉和赫内

勒蒂发现，城市非体力劳动者①的下层尽管在社会地位与受教育
水平方面与中上层差别并不很大，但其收入水平却出现"无产
阶级化"趋势，即他们的收入水平与中上层相差悬殊，而与体
力劳动者相接近。然而，由于存在教育水平导致行为方式和生活
习惯更接近于中层的假设，他们最终被列入中等阶层。显然，由
此而推出的1950～1970年拉美"中等阶层有了巨大扩张"的结
论有夸大其辞的成分。

表1-4　1950～1970年拉丁美洲劳动力流动（%）

职业	1950（劳动力）		1970（劳动力）	
	农业	非农业	农业	非农业
上层（非体力劳动者）	2.9	12.7	2.6	20
下层（体力劳动者）	52	32.4	44.3	33.1

资料来源：Filgueira and Geneletti, 1981, 转引自 Adolfo Gurrieri, Pedro Sainz, "Employment and structural mobility: Revisiting a Prebischian theme", *CEPAL Review* 80, Aug. 2003, p. 149.

　　1989年，拉美经委会发表了一份研究报告，重点研究了
1960～1980年期间10个拉美国家的结构流动。该研究得出的结论
与70年代普雷维什和Pinto的不同，它认为从1950到1980年，
特别是从1960年到1980年的确发生了大规模的生产性吸纳和结
构流动，其背后的原因是该时期强劲的经济增长增加了生产率更
高部门中（例如制造业、服务业）工作岗位的供给，同时为大
量来自生产率低下部门的劳动力到此就业创造了条件。报告采用
了一种新的分类方法：一是劳动力由农业部门的体力劳动向非农
业部门的体力劳动转移，二是劳动力由非农业部门的体力劳动向
非体力劳动转移，再将这两种转移相加得出总的结构流动规模。

────────

　　①　城市（或非农业部门）的非体力劳动者又分为三个层次。上层包括雇主、
领导者、经理；中层主要是专业技术人员；下层包括低层管理人员、商业职工和自
营商业人员等。

从表1-5可以看出，除乌拉圭外，其余9国的总体结构流动规模都相当大，其中玻利维亚和洪都拉斯分别高达37.5%和41%。不过，该报告对结构流动过高估计的结论也受到学术界的批评。① 本书主要从职业分层角度考察社会流动，其中有三个主要变量值得关注：职业的声望、收入水平以及受教育程度。

表1-5　1960～1980年拉丁美洲（10国）的总体结构流动
（即职业现代化程度）

		非农业体力向非体力劳动转移（%）	农业体力向非农业体力劳动转移（%）	总体结构流动（%）
阿根廷	1960～80	3.3	5.9	9.2
乌拉圭	1963～75	-0.2	-0.9	-1.1
智利	1960～80	14	12.6	26.6
巴拿马	1960～80	16.7	18	34.7
哥斯达黎加	1960～82	7.5	19.1	26.6
巴西	1960～80	12.1	24	36.1
秘鲁	1960～81	13.2	9.6	22.8
厄瓜多尔	1962～82	13.3	19.9	33.2
洪都拉斯	1961～83	14.1	26.9	41
玻利维亚	1950～76	13.9	23.6	37.5

资料来源：拉美经委会，1989，转引自 Adolfo Gurrieri，Pedro Sainz，"Employment and structural mobility: Revisiting a Prebischian theme"，*CEPAL Review* 80，Aug. 2003，p. 151.

————————

① 第一，劳动力由农业部门体力劳动向非农业部门体力劳动转移，可能意味着在获取城市基础设施、教育、卫生等服务方面有所改善，但并不一定就意味着是由低生产率就业向较高生产率就业流动，即不一定就意味着一种上升型的就业结构流动。第二，作者关于该时期推动结构流动的主要因素是强劲的经济增长的观点，在一些国家与事实相背。第三，与 Filgueira 和 Geneletti 一样产生同样的偏差，把非农部门的非体力劳动者都列入了"中等就业阶层"。

（三）地域迁移：城市化与国际移民

人口和劳动力在地区间的流动，是劳动力市场在空间上从不均衡向均衡转变的过程。发展中国家在其经济发展过程中，伴随着工业化和城市化发展，大量农村人口和劳动力从农村流向城市，从低生产率的农业部门流向生产率较高的工业部门。刘易斯（Lewis，1954 年）认为，发展中国家存在着典型的二元经济结构，农村存在着大量剩余劳动力和隐蔽性失业，农业中劳动力的边际生产率几乎等于零或为负值，农村劳动力从农业部门流出不会对农业产出带来负面影响，反而使留在农业部门劳动力的边际产出不断提高；随着城市中劳动力数量不断增加，城市工资水平开始下降，直至城市部门的工资水平与农业部门的工资水平相等，农村劳动力向城市流动才会停止。在刘易斯的模型中，劳动力在城乡之间可以自由流动，不存在显著的制度性障碍。城市现代部门的较高工资水平和传统农业部门的低工资水平，是劳动力在城乡之间流动的驱动力量。

与第三世界其他国家一样，拉美国家的城市化归因于人口城乡迁移的加速过程。这个过程一方面受到农村贫困与土地压力增加产生的"推力"作用，另一方面受到高回报的工业就业与舒适的城市生活的"引力"作用。就整个地区而言，1950~2000年城乡迁移对城市化的影响作用在下降。20 世纪 50 年代，人口从农村向城市转移对城市扩张的贡献达 46.4%，而到了 90 年代城乡迁移的作用降为 38.4%（见表 1-6）。然而，这种迁移作用下降的过程并不是发生在所有国家。阿根廷、巴西、智利、墨西哥和秘鲁确实有下降趋势，但是，在一些农村人口仍占很大比重的国家，如玻利维亚和巴拉圭，却没有发生这种现象。而且，在某些国家城乡净移民的作用在不同时期波动较大（古巴、萨尔瓦多、危地马拉和委内瑞拉）。

表 1-6　1950~2000 年拉美城市扩张中城乡净移民的作用（%）

国家或地区 *	1950~1960	1960~1970	1970~1980	1980~1990	1990~2000
乌拉圭	27.8	9.0	-42.2	25.9	24.2
阿根廷	51.0	37.9	31.1	30.2	27.6
委内瑞拉	56.9	39.4	43.2	22.1	13.7
智利	41.3	33.6	30.2	11.8	16.3
巴西	49.7	51.6	49.9	42.8	34.5
古巴	39.2	16.7	43.9	45.7	-5.4
波多黎各	-85.1	52.2	47.6	21.2	36.3
墨西哥	40.9	36.1	32.1	21.6	-7.9
哥伦比亚	50.5	37.6	36.6	33.0	30.8
秘鲁	56.8	50.9	37.6	26.2	14.8
厄瓜多尔	48.2	39.0	46.7	48.3	50.5
多米尼加	50.2	53.3	51.5	41.9	35.3
玻利维亚	8.2	11.1	34.7	48.3	36.2
巴拿马	36.6	36.6	23.0	25.3	20.4
尼加拉瓜	31.5	39.8	17.7	1.0	10.3
牙买加	35.4	19.1	15.8	15.1	12.0
巴拉圭	-62.2	-14.4	37.0	45.7	42.2
洪都拉斯	53.3	48.3	44.1	45.5	51.7
哥斯达黎加	23.3	26.1	35.1	35.8	42.9
萨尔瓦多	10.2	13.0	1.2	-52.2	16.0
危地马拉	28.5	26.1	5.9	-10.9	8.8
海地	62.6	58.5	52.6	61.1	50.1
总计	46.4	45.8	42.3	41.6	38.4

* 按照 2000 年城市化水平的国家排名。
资料来源：Lattes，Rodriguez y Villa，2002.

由于城市经济存在着现代正规部门和非正规部门之分，农村劳动力向城市迁移首先进入非正规部门，然后才有可能进入正规部门就业。城市正规部门就业创造率越大，越有利于将更多的非正规部门劳动力转入正规部门；城乡收入差距越大，从农村流向城市非正规部门劳动力数量越多，城市非正规部门劳动力规模也越大。由于城市正规部门的就业创造率取决于工业产出增长率及该部门的劳动生产率增长率，因此，城市工业的快速增长将有利于提高正规部门的就业创造率，从而减少城市非正规部门的劳动力规模。但是，这个效应有可能被城市工资增长所诱发的大量新增农村劳动力流入所抵消。因此，城市正规部门的就业创造结果带来了城市失业率的上升。

在托达罗（Todaro，1969 年；Harris 和 Todaro，1970 年）两部门模型分析中，农村人口和劳动力的迁移取决于城市的工资水平和就业概率，当城市的预期收入水平和农村的工资水平相等时，劳动力在城乡之间分配和迁移都达到均衡。如果我们把托达罗的国内移民模型再进一步扩展，就可以得到一个合法国际移民的三部门模型"农村—城市—国际移民"，这便于分析国际劳动力流动对城市失业率的影响。

大约从 20 世纪 50 年代中期起，拉美在整体上逆转为人口净迁出，且净迁出率不断上升，到 1980～1985 年达到峰值，而人口净迁出的数量从 1980 到 1995 年都维持在较高的水平，年均超过 55 万人（见图 1-7）。可以说，拉美已成为国际人口迁移的主要来源之一。经验研究表明，确定移民决策的关键变量是获得就业机会的前景以及移出国和移入国之间的工资差别。乌尔加尔德（Ulgalde，1979 年）在对来自多米尼加共和国的移民进行的调查中发现，30% 的移民是由于失业所迫，30% 的移民是为了追求较高的工资。卡斯塔尼奥（Castano，1984 年）在对从哥伦比亚移民到委内瑞拉的劳工所做的现场研究中发现，36% 的移民是为了追求较高的工资，同时另外 26% 的移民把缺乏就业机会当作他们决定移民的主要缘由。在一项对从墨西哥移民到美国的移民调查中，科尼利厄斯（Cornelius，1978 年）发现，30% 的移民是由于缺乏就业机会，同时另外 31% 的移民是为了追求较高的工资。因此，本书将在拉美国际移民一章重点关注工资差别和就业机遇这两个方面。同时，验证另一种被忽略的可能性，即虽然劳动力移民国外可能有助于缓解总的国内失业状况，但是，这种有利的影响可能被人口城乡迁移而造成的城市失业增加的代价所抵消。

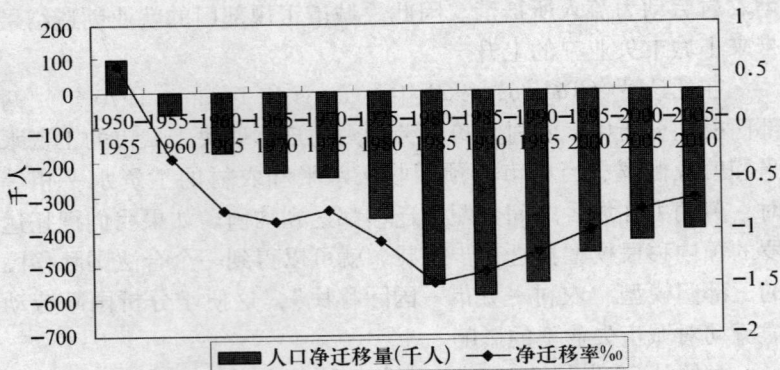

图 1-7 拉美ª 年均人口迁移量和迁移率

注：a 不包括加勒比国家。作者根据拉美经委会数据绘制，数据来源："Latin America and Caribbean: population estimates and projections, 1950 – 2050", *Demographic Bulletin*, No. 69, Economic Commission for Latin America and the Caribbean – Latin American and Caribbean Demographic Centre（ECLAC – CELADE）, Population Division, Jan. 2002.

本章小结

劳动力的供给来源于人口基础，因而有必要对人口增长趋势及结构进行分析。拉美（不含加勒比国家）的人口自然增长率在 1960~1965 年达到高峰值。从 1965~1970 年开始，出生率相对于死亡率迅速下降，加之自 1955 年之后拉美在整体上逆转为人口净迁出，最终导致人口增长率逐年降低。尽管 60 年代后期拉美已渡过人口出生的高峰期，但是由于新生人口逐步进入劳动年龄，劳动年龄人口（15~64 岁）的相对比重自 1970 年开始逐年增加，到 2005 年其占总人口的比重达到 64.5%，相对于 1970 年（53.4%）增加 11 个百分点。从社会负担状况来看，自 1970 年至今拉美处于低龄人口相对减少又尚未进入老龄化的阶段，劳动年龄人口比重大，负担轻，虽然相应地就业压力较大，但总体来说对经济发展有利，即这一时期拉美正处于"人口红利"期[1]。然而，这种人口优势在拉美的经济发展中发挥的作用有限，在某些阶段反而成为沉重的"包袱"，因此，有必要认真研究该时期劳动力流动与工业化、城市化以及贸易自由化等宏观经济现象的关系，找出其中的原因。

劳动力参与率是影响劳动力供给的又一重要因素。它是由实际劳动力与潜在劳动力的比值决定的。从 1950 到 2000 年，拉美国家总体参与率经历了先下降后上升的变化趋势。以 1970 年为分界点，之前，总体参与率的下降主要是由男性劳动力参与率下

---

[1] "人口红利"期是指随着生育率的下降和总人口中劳动适龄人口比重的上升，形成了一个劳动力资源相对丰富、人口抚养负担相对较轻的时期。虽然这个时期就业压力非常大，却是经济发展的黄金时期。

降所致，其中教育体制扩张是重要的因素，而城市化恰恰强化了这个过程。而在 1970 年以后一直到 90 年代，总体参与率迅速上升，这是由男性参与率近乎停滞而女性参与率逐步增长所致。其中的原因有城市化的作用，有教育的影响，也有工作性质的变化。这里需要强调的是，在研究劳动供给问题时，只有同时观察就业率、失业率和劳动参与率的变化趋势，才能较为全面地把握劳动力市场中存在的问题。此外，作为体现人力资本投资的教育因素始终是影响劳动力供给质量的重要方面。

拉美自战后经历了进口替代工业化、债务危机和经济改革的发展历程。20 世纪 50～60 年代由于进口替代工业化进展比较顺利，拉美劳动力需求较高。但是，拉美在 60 年代后期错失发展模式转换的良机，反而在 70 年代坚持"负债增长"战略，最终酿成其发展史上最为严重的一场经济危机。1982 年债务危机爆发后，拉美经过前期的"应急性"调整，转入推行结构改革阶段，主要涉及贸易自由化、金融自由化、私有化等方面。尽管改革时间有先有后，过程反复曲折，但是，总体方向还是适应了经济全球化的内在要求。整体而言，它们对经济增长产生了一定的积极作用。但是，与理论预期相反，改革减少了增长中的劳动力密集程度，给就业创造带来负面的影响。

本书所使用的劳动力流动概念是广泛意义上的，它既不同于被权威部门"认可"的居住地的迁移，也和所谓的"盲目"流动人口迥异。本书试图从三个层面阐释拉美的劳动力流动：产业结构调整所引起的"生产性劳动力吸纳"，即"产业转移"；职业分层形成的"社会流动"；由城市化进而扩展到国际移民的"地域迁移"。以下各章完全是围绕这三条主线展开的。

第二章 进口替代工业化与产业转移

阿瑟·刘易斯（Arthur Lewis）是被公认为建立古典人口流动模型的第一人。他的模型（1954年）在于解释发展中国家的经济发展过程，但他却为农村劳动力转移提供了两条思路。第一种是劳动力的产业转移。刘易斯认为，在二元经济模型中，经济发展的关键是资本家将剩余价值再投资于生产过程，而不是消费。能够忠实地做到这一点的只有工业家阶级。这样，伴随着经济发展过程的不断进行，整个社会劳动力大部分地从传统的、自给农业部门流向现代化的工业部门。从这个意义上讲，刘易斯模型是将发展中国家的经济发展过程归结为工业化的过程。第二种是劳动力的地域转移。按照刘易斯的理解，传统的、自给性的农业部门都分布在农村地区，而先进的、现代化的资本主义部门都建立在城市。伴随着资本形成的不断扩张，农业剩余劳动力被不断地转移到现代工业部门，也就同时实现了乡村人口向城市迁移的问题。从这个意义上看，刘易斯把解决发展中国家的经济发展问题主要是看成一个乡村人口的城市化问题。本章主要阐述进口替代工业化与劳动力产业转移之间的关系，而关于城市化的内容留待后面详述。

第一节 逻辑起点和时间起点

对于20世纪50年代和60年代的发展经济学家而言，经济增长是经济、社会和政治转变的综合过程。刘易斯的"二元经济"、舒尔茨的"人力资本"、罗斯托的"发展阶段理论"和普雷维什的"结构主义"都是从不同角度对这一命题的具体阐释。在这些理论启示下，本书尝试以二元经济结构为逻辑起点，并以步入"经济起飞"阶段的进口替代工业化时期为时间起点来阐述经济发展和劳动力流动之间的关系。

一、逻辑起点：拉美的双重二元经济

（一）刘易斯—拉尼斯—费景汉模型的含义

刘易斯模型将城乡人口迁移视为一种劳动力平衡机制，它能使劳动力过剩的部门向劳动力不足的部门转移，从而在这两个部门中实现工资或收入的均等。该模型的核心是一个二元经济：一端是存在大量边际生产率近于零的劳动力的传统农业；另一端是能实现充分就业的现代城市工业。刘易斯认为，经济的发展主要依赖于工业的扩张，而后者又依赖于农业能提供大量廉价的劳动力。

图 2-1 可以用来描述刘易斯模型的基本思想。[①] 在图中，D_1、D_2 和 D_3 为不同的劳动力需求，分别对应于不同水平的物质资本积累 K_1、K_2 和 K_3；SS' 为劳动力的供给；w_u 为城市工业部门工资的下限；w_a 为农业中生存水平的工资。无限劳动力供给是刘易斯模型的一个重要假设：城市工业部门能够以一个固定水平的工资从农业中获得任何数量的劳动力。刘易斯假设，在人口压力过大的发展中国家，传统农业缺乏资本投资，土地资源有限。由于快速的人口增长，劳动力资源日益丰富，而农业劳动边际生产率降至很低的水平。换言之，农业中存在着严重的隐性失业，

---

① 此处参见朱农著：《中国劳动力流动与"三农"问题》，武汉大学出版社 2005 年版，第 45 页。

农业劳动力的收入因此处于一个很低的水平，即 w_a，仅能维持基本生存。农业的这个工资水平决定了工业部门工资的下限 w_u。由于大多数发展中国家的经济以农业为主，农业中存在大量的剩余劳动力，其边际生产率趋近于零。在现行的城市工资水平 w_u 下，现代工业总是能从农业中雇用到它所需要的任何数量的劳动力，以扩大生产规模。按照刘易斯的定义，无限劳动力供给也包括城市非正规部门的劳动力，例如临时工、小商贩、家庭妇女等，但相对于农业剩余劳动力来说，这部分人的数量比较少。

刘易斯将发展中国家的经济发展分为两个阶段：第一阶段为劳动力无限供给阶段（如图 2-1）。在这一阶段，劳动力比较丰富，而资本则是稀缺的。在此情况下，资本积累是经济发展和劳动力转移的唯一动力。随着资本的扩张，对劳动力的需求不断上升，劳动力因此逐渐由农业向工业转移。当所有的农业剩余劳动力都转移到工业中时，经济发展进入第二阶段。在这一阶段，所有的生产要素都是稀缺的了，因此工业部门的工资不再固定，而是随劳动力市场上的供求而变化。

二元经济模型强调现代部门和传统部门之间的结构性差异。该模型在总结发达国家经验的基础上，将经济增长和劳动力流动有机地结合在一起。尽管当前发展中国家的状况与发达国家的历程不尽相同，但劳动力由农业向工业转移是经济发展的必然趋势。因此，该理论在发展经济学中占有重要的地位。然而，刘易斯模型也有不尽完善之处。其中最突出的是忽视了农业发展、工业化技术选择、人口增长和城市就业状况等宏观变量对农业劳动力转移过程的影响。著名发展经济学家托达罗指出，刘易斯二元经济模型有三个关键性的假定与发展中国家的现实是相违背的，这三个假定是：劳动力的转移速度与现代工业部门资本积累率是成正比例的；农业中存在剩余劳动力，而城市是充分就业；在农业剩余劳动力耗尽前，现代工业部门的工资实际是固定的。[①]

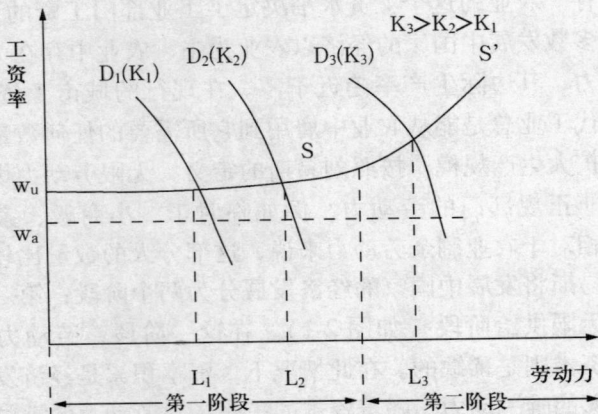

图 2-1　刘易斯模型的基本思想

资料来源：朱农，《中国劳动力流动与"三农"问题》，武汉大学出版社 2005 年版，第 44 页。

拉尼斯和费景汉发展了刘易斯模型（Ranis 和 Fei，1961年）。他们在接受无限劳动力供给这个假设的基础上，进一步细化了工业发展和农业发展之间的关系。他们认为，只有在农业生产率提高和劳动力转移速度超过人口增长的情况下，经济才有可能进入刘易斯模型的第二阶段。（1）刘易斯认为农业对经济发展的贡献仅在于提供廉价的劳动力，而农业发展本身在劳动力转移过程中并不太重要。但拉尼斯和费景汉则强调农业对工业扩张的作用不仅是提供劳动力，而且还提供农业剩余，即农业产出和农民自我消费量之间的差额。如果农业剩余所提供的农产品不能满足工业扩张的需要，劳动力的转移将会停滞。（2）刘易斯将资本积累视为城市工业扩张的惟一动力，而忽视了技术进步的作

① 托达罗：《第三世界的经济发展》，朗曼公司 1985 年第 3 版，第 70 页。

用，即生产要素之间的比率是固定的。而在现实中，大部分发展中国家引进的技术是资本密集型的，对就业机会的贡献非常有限。拉尼斯和费景汉弥补了刘易斯模型的这一缺陷，他们认为发展中国家在引进技术时应该充分考虑本国劳动力资源丰富这一特点。（3）虽然刘易斯在分析劳动力流动时也考虑了人口的增长，但他认为人口增长落后于资本积累，因此，人口增长并不会成为经济发展的羁绊。相反，拉尼斯和费景汉明确指出快速的人口增长会阻碍劳动力的转移。因此，他们一方面发展了刘易斯模型，另一方面也为发展中国家控制人口增长提供了理论依据。

（二）拉美的双重二元结构

拉美经济结构的二元特征是双重性的，这不仅体现在分布于广大农村地区的农业与集中于城市地区的非农产业上面，而且体现在两者的内部，前者又包含农民农业与商品农业，而后者又划分为城市正规部门和非正规部门。换言之，拉美农村剩余劳动力的流动是在农民农业、商品农业、非正规部门和正规部门这个四元经济中进行的（如图2-2）。因此，理解拉美经济结构中的这种双重二元结构是我们分析拉美国家劳动力流动的逻辑起点，也是我们解释拉美国家中普遍存在的就业不足的坚实基础。

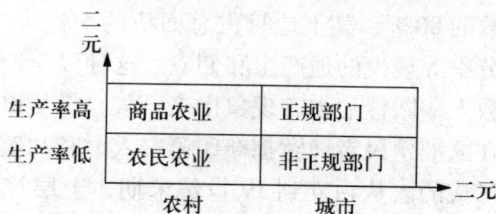

二元		
生产率高	商品农业	正规部门
生产率低	农民农业	非正规部门
	农村	城市　二元

图2-2　拉美国家的双重二元经济结构

1. 农民农业与商品农业的主要特征及历史根源

战后拉美农业部门的演变是以资本主义现代农业企业的较快

发展为标志的。因此，拉美的农村是资本主义农业企业与以一家一户的小生产为特点的"传统农民农业"并存的局面。这两种农业经济之间存在着很大的差别（见表 2-1）。现代农业是适应拉美国家工业化与现代化进程需要而发展起来的商品农业，既提供工业原料和城市居民的食品供应，又生产大宗出口农产品，在国民经济中占有重要地位。这类企业的特点一般都是生产规模大，机械化程度高，拥有肥沃的土地，交通便利，管理水平较高，与国内外销售市场和金融市场有广泛联系，应变能力强。它们往往在国内形成一个强大的压力集团，尽占政府在农产品价格、农业信贷、农用机械及农业投入的进口、农业技术支持等方方面面的政策优惠。而农民个体经营的小农业普遍存在如下特点：生产规模小、生产方式落后、劳动力不能充分就业、依旧处于相对封闭的落后状态。但是，这种小农业仍然是拉美国家大多数农村人口赖以生存的手段。

造成农业内部这种二元特征的根源是土地占有高度集中的不合理结构。一极是为数众多的小地产，另一极是以种植园、庄园和牧场形式存在的大地产。1960 年，全地区的大地产仅占农业生产单位总数的 5%，其土地却占总面积的 80%；小地产占农业生产单位总数的 80%，其土地只占总面积的 5%。[1] 在这两极之间还有一部分中等规模的地产主和佃农。这种以土地为代表的社会财富被少数人垄断性地占有现象由来已久，最早出现于殖民地时期。它是在欧洲殖民者肆意掠夺印第安人财富和殖民地奴隶制度的基础上形成的。从独立到 19 世纪末期，上层统治阶级又以两种方式进行以土地兼并为中心的财富扩张。其一，在 19 世纪中期以前，许多拉美国家的统治阶级借助国家政权的力量，对殖

---

① 苏振兴、袁东振：《发展模式与社会冲突——拉美国家社会问题透视》，当代世界出版社 2001 年 3 月版，第 113 页。

民地时期处于"边远"地区的印第安人进行征服,"收回"大片土地加以瓜分,如阿根廷对布宜诺斯艾利斯以南的广大地区的征服,智利对南方地区阿劳干人的征服,等等。又如,19世纪初葡萄牙王室逃亡到巴西后,王公贵族们就掀起了土地兼并的大浪潮。其二,19世纪中期以后的半个世纪内,拉美国家普遍进行了自由改革。这场改革的宗旨之一是建立"自由的"土地与劳动力市场。一方面,大量剥夺天主教会的地产,以削弱教会的政治地位;另一方面,广泛剥夺小农、特别是印第安人村社的土地,迫使他们进入劳动力市场。通过上述途径获得的大量土地主要被权势阶层廉价收购或无偿占有,从而进一步强化了大地产制度,加剧了社会的贫富分化。

1910年墨西哥大规模农民运动的爆发,第一次把拉美国家的农民土地问题提上了政治议事日程。遗憾的是,1910~1917年的墨西哥资产阶级民主革命被某些政治势力引上了改良主义道路。墨西哥的土地改革从那时起断断续续地进行了100多年,始终未能解决农民土地问题。在其他拉美国家,如玻利维亚、危地马拉、秘鲁、智利、尼加拉瓜等国,虽然从20世纪50年代起也先后发生了规模不同的革命或改革运动,但或因其取得的成果本来就有限,或因其取得的成果被新上台的右翼政府一笔勾销,都未能实现社会变革的目标。对更多的拉美国家而言,即便在古巴革命的强烈冲击之下,统治阶级也没有在社会变革领域迈出任何实质性的步伐。其主要原因在于,拉美国家的上层统治阶级奉行的是所谓"现代传统主义"。根据学术界的解释,现代传统主义"是一种精英意识形态。其宗旨是既要推动经济增长与现代化,又要避免在社会结构、价值观和权力分配等方面发生变革,或至少要将这类变革减少到最低限度"。

因此,在农村土地制度没有经历重大变革的情况下,以"技术变革"为特征的农业现代化使原来普遍存在的由土地占有高度集中所造成的大庄园与小农户并存的双重结构，逐步被现代农业企业与农民个体小农业的二元结构所取代①。随着大型现代农业企业的崛起，中、小农业企业的分化速度加快。在激烈的市场竞争中，农民个体小农业处于更加不利的境地；无地、少地的农民虽然逐步摆脱了过去对大土地所有者的某种人身依附关系，但随着现代农业企业劳动生产率的提高，他们的就业更加困难。结果，大批劳动力从农业部门被排斥出来，导致与经济发展阶段不相适应的急剧城市化过程。

表 2-1 农民农业和商品农业之间的比较

	农民农业	商品农业
1. 生产的目的	维持生产者和生产单位的"再生产"	最大化利润和资本积累比率
2. 劳动力的来源	基本来自家庭，偶尔与其它家庭互借；特殊情况少量使用工资型劳动力	完全使用工资型劳动力
3. 雇主对劳动力承担的义务	完全	不存在（除法律规定的以外）
4. 技术	劳动密集型程度较高；资本密度低，通过市场购买的投入品较少	资本密集型程度较高；通过市场购买的投入品在最终产品价值的形成中占比较高
5. 产品的去向及投入品的来源	部分通过市场	市场

---

① 现代农业企业产生于两个主要渠道：一是现代化过程中新出现的农业资本家；一是由传统的庄园主或种植园主演变而来的农业资本家。

续表

	农民农业	商品农业
6. 劳动强化的标准	最大化产品总量，即使是以平均产品数量下降为代价。局限：边际产品为零	边际生产率≥工资
7. 风险和不确定性	不以可能性作为评估的基础；遵循"维持生存法则"	以概率为基础将风险内部化，追求与风险相配的利润比率
8. 劳动力的属性	使用非转移的或边际意义上的劳动力	仅使用可转移的、具有技能基础的劳动力
9. 净收入或产品的组成	家庭产品或收入具有不可分割性，一部分以实物形式体现	工资、租金和利润，全部以货币方式体现

资料来源：Alexander Schejtman, "The Peasant Economy：Internal Logic, Articulation and Persistence", *CEPAL Review*, August 1980, p. 126.

2. 正规部门与非正规部门的主要特征及形成原因

拉美国家的二元结构并不如刘易斯所预期的那样，通过农业剩余劳动力向城市工业的自发流动走向一元化，而是变成二元结构的次级分化，在城市地区便体现在正规部门和非正规部门的划分上。两个部门之间存在着很大的差别（见表2-2）。

表 2-2　正规部门和非正规部门特点之比较

	正规部门	非正规部门
1. 进入门槛	难以进入	易于进入
2. 主要资源	主要依赖外国资源	依赖本土资源
3. 所有制结构	股份所有制或公有制	个体或集体所有制
4. 技术来源	先进的、进口的生产技术	落后的、本地的生产技术
5. 技术特性	多用资本、少用劳动	少用资本、多用劳动
6. 人力资源培训	使用通过正式教育或训练而获得的技能	通过非正式途径获得技能，如师徒或父子相传
7. 经营规模	大规模操作	小规模操作

资料来源：作者根据相关资料整理。

　　一方面，由农村流入城市的人口数量过于庞大，城市，特别是大城市对农村剩余劳动力的吸引力巨大。城市工业工资水平不像刘易斯估计的那样只高出农业劳动收入水平的 50%，在亚洲和拉丁美洲这个差距高达 300%～400%。这是因为公共部门和外资企业的高薪带动了工资的上升，而且城市部门和企业职工除工薪外，还享有社会福利和公共服务，并且有最低工资法的保护以及工会的作用。另一方面，城市吸纳农村剩余劳动力的能力受到种种限制，由于采取进口替代工业化的发展战略，城市工业部门的生产率不高，普遍状况是，在第一阶段生产率增长较快之后工业增长就开始放缓。生产的增长速度不足以吸纳流入城市的剩余劳动力，而且采取进口替代工业化的拉美国家一般执行低定利率、高估汇率的政策，从而使资本不能显示出真实的稀缺性，导致使用资本相对密集的生产技术比较有利。其结果是，农业剩余劳动力的供给大大地、而且在相当长时期内超过城市工业部门的劳动力需求。在这种情况下，流入城市的农村剩余劳动力因为找不到工作而沦为贫民窟的居住者。他们从事一切可能做的个体劳动，成为个体手工业者、小商小贩、搬运工、鞋匠以及保姆等等。

3. 经济自立人口在双重二元结构中的分布

表 2-3 列出的经济自立人口分布状况有助于理解拉美经济中存在的这种双重二元经济。20 世纪 80 年代前半期，国际劳工组织拉美就业规划处（PREALC）所做的研究表明：一方面，1950~1980 年现代经济部门对劳动力的吸纳速度比较高，另一方面，同期拉美地区"就业不足"也十分突出。所谓就业不足[①]，即指劳动力在生产率和收入水平都很低的部门就业。

如表所示，（1）就国别而言，在大多数国家，从事现代农业的劳动力所占比重下降幅度远远大于传统农业。例如，在阿根廷，现代农业劳动力比重下降 11.1 个百分点（从 1950 年的 19.9%下降到 1980 年的 8.8%），而传统农业劳动力比重同期仅下降 1.3 个百分点。这说明大量农业劳动力首先被农村现代农业排挤出来。（2）就整个地区而言，1950~1980 年城市正规部门和非正规部门[②]经济自立人口（即劳动力）所占比重都在增加，前者从 30.5%增加到 44.9%，后者从 13.7%增加到 19.4%。而同期农业劳动力的比重由 54.7%下降到 34.9%。这种农村剩余劳动力的大规模转移似乎支持了自由主义经济学家有关"劳动力无限供给条件下经济发展"的论述。但是，应该看到，以工业为主的正规部门吸纳劳动力的能力掩盖了拉美就业不足问题。从 1950 年到 1980 年，"就业不足"仅下降 4.4 个百分点（从

①　凡在城市非正规部门和传统农业部门就业者均属就业不足的范畴。
②　"非正规部门"包括家庭服务、非专业劳动者各种自谋生计的形式、以及 5 个劳动力以下（有时也将 10 个劳动力以下包括在内）的微型企业。

46.6%降到 42.2%）。这在某种程度上也为持有依附观点的理论家①有关"城市就业不足"的论证提供了依据。因此，我们有必要回答这样两个问题：第一，为什么现代工业及其相关部门无法吸纳更多的劳动力从而减少就业不足现象？第二，尽管正规部门吸纳能力不足，而且城市就业没有保障，为什么仍有大量后续的劳动力进入城市劳动力市场？这些都是下面章节主要阐述的内容。

表 2-3　1950~1980 年拉丁美洲经济自立人口（EAP）分布

| 国家 | 年份 | 占 EAP 的比重% | | | | | | |
| | | 城市 | | | 农业 | | | 矿业 |
		正规部门	非正规部门	总计	现代	传统	总计	
阿根廷	1950	56.8	15.2	72.0	19.9	7.6	27.5	0.5
	1980	65.0	19.4	84.4	8.8	6.3	15.1	0.5
玻利维亚	1950	9.1	15.0	24.1	19.0	53.7	72.7	3.2
	1980	17.9	23.2	41.1	5.2	50.9	56.1	2.8
巴西	1950	28.5	10.7	39.2	22.5	37.6	60.1	0.7
	1980	45.2	16.9	62.1	9.8	27.6	37.4	0.5
智利	1950	40.8	22.1	62.9	23.1	8.9	32.0	5.1
	1980	54.1	20.1	74.2	14.0	8.8	22.8	3.0
哥伦比亚	1950	23.9	15.3	39.2	26.2	33.0	59.2	1.6
	1980	42.6	22.3	64.9	15.8	18.7	34.5	0.6
哥斯达黎加	1950	29.7	12.3	42.0	37.3	20.4	57.7	0.3
	1980	52.9	12.4	65.3	19.6	14.8	34.4	0.3

---

①　他们认为，在跨国公司的庇护下，第三世界国家的工业化过程越发依赖于资本密集型的进口技术。因此，代替使用丰富的劳动力，依附型的工业化在节约劳动的基础上朝着相反的方向发展。这种形式的工业化对劳动力吸纳造成两种不利影响：其一，自动化倾向延缓了现代部门就业的增长速度；其二，现代工业化产品迫使与其竞争的手工产品退出市场，因此，增加了失业的人数。

国家	年份	占 EAP 的比重%						
		城市			农业			
		正规部门	非正规部门	总计	现代	传统	总计	矿业
厄瓜多尔	1950	21.5	11.7	33.2	27.4	39.0	66.4	0.4
	1980	22.7	25.4	48.1	13.7	37.9	51.6	0.3
萨尔瓦多	1950	18.5	13.7	32.2	32.5	35.0	67.5	0.3
	1980	28.6	18.9	47.5	22.3	30.1	52.4	0.1
危地马拉	1950	15.2	16.2	31.4	23.7	44.8	68.5	0.1
	1980	26.7	17.8	44.5	22.3	33.1	55.4	0.1
墨西哥	1950	21.6	12.9	34.5	20.4	44.0	64.4	1.1
	1980	39.5	22.0	61.5	19.2	18.4	37.6	0.9
巴拿马	1950	34.9	11.8	46.7	6.2	47.0	53.2	0.1
	1980	45.3	20.9	66.2	9.1	24.6	33.7	0.1
秘鲁	1950	19.1	16.9	36.0	21.9	39.4	61.3	2.7
	1980	35.0	23.8	58.8	8.0	32.0	40.0	1.2
乌拉圭	1950	63.3	14.5	77.8	17.2	4.8	22.0	0.2
	1980	63.3	19.0	82.3	9.5	8.0	17.5	0.2
委内瑞拉	1950	34.7	16.4	51.0	23.3	22.5	45.8	3.1
	1980	62.6	16.4	79.0	4.4	15.1	19.5	1.5
拉丁美洲[a]	1950	30.5	13.7	44.1	22.2	32.9	54.7	1.2
	1980	44.9	19.4	64.3	12.3	22.8	34.9	0.8

注：a14 个国家。

资料来源：拉美和加勒比就业规划处 PREALC（1981）。

二、时间起点：进口替代工业化

（一）三种工业化进程背后的动力

根据新古典经济理论，市场机制在完全自由运行的条件下能够以最有效的方式分配生产资源。任何由国家政策干预分配的行为都将导致效率的损失和经济增长率的下降。但是，现实中市场机制的运行会受到限制，而且市场机制的作用在国家发展的不同阶段存在差异。在启动工业化进程的历史过程中，发达国家都曾实施过政府积极干预和市场自由运行相结合的政策，而且形成了指导实践的相应理论。

第一种动力来自于亚历山大·汉密尔顿于 1791 年提出的美国工业化的思想。他认为，在建国初期政府对幼稚产业的扶持是有必要的，其目的是弥补本国在初期与强国竞争所处于的不平等。他在著名的《关于制造业的报告》中提出的发展制造业理论基本上贯穿了美国工业史的始终，尽管直到 19 世纪 60 年代的南北战争之前，美国还是一个不折不扣的农业国，但美国制造业并没有停止它前进的脚步。南北战争以后美国制造业以突飞猛进的速度迅速成为欧洲之外的又一个制造业中心。

第二种动力来自于李斯特在 19 世纪提出的具有相似、但更具广泛意义的德国工业化思想。他的建议比汉密尔顿的更加深远。他不仅指出这种保护政策会使国家的工业更加独立，而且认为在一个由农业占主导的国家中工业的发展对于整体发展而言具有更大的意义。它会刺激城市发展，对社会和政治发展、知识和文化进步以及创造力都具有积极的影响。他尤其强调工业和农业发展之间的相互作用，指出工业发展将刺激对农产品的需求，并使其多样化。与汉密尔顿和其他古典经济学家一样，李斯特认为促进和保护工业的政策必须有限制：保护和支持的程度不应该过度，应该保持在一段合理的时期内，并且应用到国家有可能具有竞争优势的产业中。关税的制定应该仅仅考虑为国家提供基础优势的那些部门的利益。

第三种动力就是来自于普雷维什和拉美经委会提出的旨在推动拉美国家工业化进程的"结构主义"、"发展主义"或"拉美经委会思想"。结构主义首先采用了"中心—外围"体系的分析框架。中心由那些生产技术率先进入的经济体组成,外围各经济体在生产技术与组织方面一开始就处于落后状态,这是两者的初始差异;在外向发展阶段,技术进步仅仅进入外围那些为中心生产低成本粮食与原料的部门。外围的生产结构具有两大特点:一是生产专门化,用大量资源生产和出口初级产品而自身不断增长的多样化的商品和服务需求要靠进口满足;二是结构的混杂性,高生产率部门与技术落后、生产率极低的部门并存,与中心多样化、同质性的生产结构形成反差。其次,结构主义采用"贸易条件恶化"的分析框架。中心的劳动生产率增长比外围快,但工业产品价格却因中心国家有能力控制市场而"制定"价格反而不断上升;外围的初级产品价格却因劳动力供给过剩而不断下跌,结果就出现外围的实际购买力不断下降的长期趋势。当外围用初级产品与中心的工业品相交换就等于将外围技术进步成果的一部分转移给了中心。这种不均衡的发展正是中心—外围体系运转的动力。

在上述两个分析框架的支撑下,结构学派提出了外围国家从以初级产品出口扩张为基础的外向发展转向以扩大工业生产为基础的内向发展的必然性。其逻辑推理是这样的:既然原来有进口,国内就存在着进口品的市场。如果对国内所需的国外生产的最终产品用限额或关税限制其进口,而在国内建立生产这类产品的工业,这些工业所需的原材料和中间产品可以自由地或低关税地进口,以促进对这些工业的刺激,那么,从部件组装以制成最终产品到中间产品就都可以在国内生产。

拉美结构主义学派认为，在外围工业化阶段，外围国家面临着三种具有共性的经济问题。第一，外部失衡的趋势。这与世界经济的主要中心发生变化（如美国取代英国）及其引起的世界经济体系运行的变动相关。或者说，由于这种变动引起外围进口需求的急剧增加和中心对初级产品需求的下降，外部失衡的趋势就成为外围工业化过程所固有的趋势。第二，贸易比价恶化的趋势。这种趋势与外围国家的失业问题持续存在相关。外围国家是在劳动力大量富余的情况下开始其工业化进程的，而与此同时，又不能不利用已在中心形成的资本密集型技术。于是，劳动力的需求总是落后于劳动力的供给，失业将长期存在。第三，在自身收入水平和储蓄能力都很低的情况下，不能不采用先进的、高资本密度的技术。一方面，这类技术要求实行规模化生产，而低收入水平则形成市场不足，使设备得不到充分利用。另一方面，储蓄能力不足阻碍着生产率水平的迅速提高，使生产体系的效益得不到发挥。

（二）进口替代工业化的不同阶段

1950～1980 年，拉美国家基本上就是在以结构主义理论为基础的进口替代工业化模式下推动其经济发展，并取得了长达30 年的持续、稳定的经济增长的。这个时期大体可以划分为三个不同的阶段。

第一阶段：1950～1965 年。这个阶段的基本特点是：（1）普遍实行高保护政策；（2）出口在经历朝鲜战争期间的短暂繁荣后即不断恶化，进口亦从 50 年代中期起持续下降；（3）为防止经济衰退，普遍采取膨胀性的财政政策，导致通货膨胀上升，不得不求助于国际货币基金组织的支持，并实施稳定化政策；（4）鉴于当时美国集中于援助西欧、日本的战后重建，拉美国家利用外资的规模很有限；（5）工业部门成为带动经济增长的主导部分，但工业发展呈现出不均衡的状态。

第二阶段：1965～1973 年。这个阶段的基本特点是随着西欧和日本的复兴，世界经济出现繁荣局面，国际贸易迅速增长，发达国家对外投资增加，生产国际化过程加快，跨国公司的作用日益突出起来。国际经济环境从总体上说对拉美国家有利。在此形势下，拉美国家的发展政策做出了若干调整：（1）部分国家逐步将工业发展的重心由非耐用消费品转向耐用消费品和资本品，如汽车、家用电器、钢铁、化工、机械等；（2）提出"促进出口"和"出口多样化"的方针，并对汇率、税收、关税等做出相应调整；（3）积极推动地区经济一体化；（4）对外资采取"双重政策"，即在能源、矿业等自然资源部门实行国有化政策，而在制造业部门则鼓励外国投资；（5）进行经济与社会改革，但效果不甚理想。

第三阶段：1974～1980 年。这个阶段的基本特点是 1973 年石油危机爆发以后西方发达国家出现经济停滞与通货膨胀并存的局面，进而减少了资金需求，而同期大量"欧洲美元"以及石油输出国的巨额贸易顺差导致国际资本市场上资金供应十分充裕。于是，追逐利润的大量资金涌入前景看好的拉美国家。因此，靠举债维持经济增长成为多数拉美国家这一时期发展的主要特征（尽管有的拉美国家在经济政策上有所不同）。这种没有适时调整政策反而举债发展的战略失误最终导致了 80 年代以债务危机为中心的严重经济危机。

对应于上述发展阶段，以当年价格计算，拉美（不含加勒比）人均 GDP 整体达到 1000 美元的年份是在 1973 年（1138.4 美元）[①]。而以 1970 年美元不变价格计算，如图 2-3 所示，拉美地区（不含加勒比）人均 GDP1950 年为 579.6 美元，到 1970 年达到 969.4 美元，1950～1960 年和 1960～1970 年年均经济增长

---

① http：//www. cepal. org/deype/cuaderno37/esp/index. htm

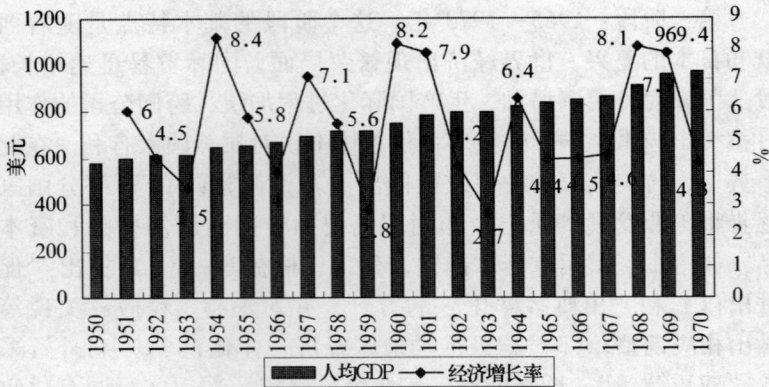

图 2-3　1950～1970 年拉美（不含加勒比）地区人均 GDP 和经济增长率
（以 1970 年美元不变价格计算）

资料来源：作者根据拉美经委会 1950～2008 年经济统计历史系列数据绘制。
http://www.cepal.org/deype/cuaderno37/esp/index.htm.

率分别达到 5.4% 和 5.5%。1970 年阿根廷、巴西、乌拉圭和委
内瑞拉的人均 GDP 都超过 1000 美元，分别为 1341 美元、
1344.2 美元、1077.3 美元和 1225.4 美元，而智利和墨西哥的人
均 GDP（分别为 946.1 美元和 906.3 美元）也接近 1000 美元。
按照国际经验，当人均 GDP 从 1000 美元向 3000 美元迈进时，
各国产业结构都发生显著的变化，因此，以 1970 年左右作为时
间起点研究拉美经济发展和劳动力流动的关系是比较恰当的。

第二节　进口替代中的结构变动与产业转移

利用第一节中的双重二元结构模型，我们可以很清楚地看到
拉美劳动力流动的趋势。总体而言，农村现代农业吸纳劳动力的

能力相对下降，导致农村传统农业滞留一部分农村劳动力，而大量农村剩余劳动力出于生存的目的转移到城市中，增加了城市经济自立人口的供给压力。受益于进口替代工业化政策而保持着历史上最高增长纪录的城市工业部门，尽管表现出很强的就业创造能力，却不足以完全吸纳一直在增长中的城市劳动力，结果，非正规部门就业的规模逐渐扩大。当然，拉美各国之间也存在着差异。简言之，进口替代工业化时期拉美劳动力流动的特征是：现代非农产业的生产性吸纳与就业不足①并存。

一、劳动力在部门之间的流动

1950 年到 1980 年，拉美地区劳动力从农业向非农产业转移的速度是很快的：农业劳动力在经济自立人口中的比例从54.7%下降到34.9%（表2-4），这种下降程度与处于 1870 年到 1910 年时期的美国相当。而这种就业结构的变动发生在非农产业劳动力快速增长的背景下。从 1950 年到 1980 年，在城乡移民、劳动力参与率以及城市自然增长率三因素的共同作用下，非农产业的劳动力以每年 3.7% 的高速度增长。现代非农产业（亦即 PREALC 意义上的城市正规部门）吸纳劳动力的速度很高，该部门创造的就业以每年 3.7% 的速度增长，与城市劳动力的增长速度相当。但是，在 1950 年城市正规部门中的就业只占城市劳动力的 69.2%。因此，即使两者的增长速度相当，在绝对增量上城市正规部门就业也低于城市劳动力的扩张。换言之，尽管城市正规部门创造就业的速度很高，但它依然无法完全吸纳增加的城市劳动力供给。这种吸纳的相对不足促使非正规部门增长，而非正规部门恰好集中了城市就业不足的最大部分。从 1950 年

---

① 根据拉美和加勒比就业规划处（PREALC）的定义，就业不足的范围包括城市非正规部门和农村传统农业中的就业。

到 1980 年，非正规部门劳动力占总劳动力的比例从 14% 上升到 19.7%。应该说，正是大量城乡迁移以及正规部门吸纳城市劳动力供给的相对弱势造成了非正规部门以及与此紧密相连的城市就业不足的同时增长。至于"就业不足"问题，1950 年到 1980 年拉美国家呈现出这样一种趋势：农村就业不足下降的幅度高于城市就业不足上升的幅度。如表 2-4 所示，拉美就业不足的范围从 1950 年的 46.1% 下降到 1980 年的 42%。到 1980 年"就业不足"中接近一半的比例集中在城市非正规部门，这说明"就业不足"问题也随同城乡迁移转移到城市中。

从国别看，拉美地区的劳动力结构流动也呈现多样性特征。García 和 Tokman 根据就业不足的特征以及各国在克服就业不足问题中所取得的进展程度将拉美 14 个国家分成三组。[1] 第一组包括墨西哥、巴拿马、哥斯达黎加、委内瑞拉、巴西和哥伦比亚，它们的经济增长率和投资率都高于拉美地区的平均水平，这使得现代非农产业吸纳劳动力的能力较高。如表 2-4 所示，哥斯达黎加和委内瑞拉的城市正规就业年增长率都超过 5%。但是这一时期这组国家也经历了城市劳动力最大的供给压力，因此，非正规部门劳动力在经济自立人口中的比例还是上升了。第二组包括厄瓜多尔、秘鲁、玻利维亚、萨尔瓦多和危地马拉，它们经济增长率和投资率的长期趋势低于第一组，农业和非农产业生产率之间的差异与第一组相似，而且同样没有显示出缩小的趋势。因此，这个组劳动力转移的过程较慢，到 1980 年除秘鲁以外，其余 4 国农业劳动力占经济自立人口的比例都超过 50%。值得一提的是，在这组国家中有很大一部分土著居民在以高原地区为特征的农业中就业，因此，组织形式及特殊性使

---

① 请参见 García 和 Tokman，"Changes in employment and the crisis"，*CEPAL Review*，N°24，Dec. 1984.

表 2-4　拉美国家人口及按部门划分的劳动力就业状况（%）

	拉美国家 1950	拉美国家 1980	墨西哥 1950	墨西哥 1980	巴拿马 1950	巴拿马 1980	哥斯达黎加 1950	哥斯达黎加 1980	委内瑞拉 1950	委内瑞拉 1980	巴西 1950	巴西 1980
就业不足/EAP	46.1	42.0	56.9	40.4	58.8	45.5	32.2	27.2	38.9	31.5	48.3	44.5
农村就业不足/就业不足总计	70.5	53.8	77.3	45.5	79.9	54.1	62.4	54.4	57.8	47.9	77.8	62.0
城市非正规就业/城市 EAP	30.8	30.2	37.4	35.8	25.3	31.6	29.3	19	32.1	20.8	27.3	27.3
传统农业/EAP	32.5	22.6	44.0	18.4	47.0	24.6	20.4	14.8	22.5	15.1	37.6	27.6
农业/EAP	54.7	34.9	64.4	37.6	53.2	33.7	57.7	34.4	45.8	19.5	60.1	37.4
传统农业/农业	59.4	64.8	68.3	49.0	88.4	73.0	35.4	43.0	49.1	77.4	62.6	73.8
农村人口比例	61.1	41.0	53.9	29.3	64.6	46.5	71.0	57.0	51.3	25.6	69.2	46.0
1950～1980 年增长率												
人口总计	2.9		3.4		2.8		3.8		3.7		2.9	
城市人口	4.3		4.9		4.2		5.2		5.2		4.9	
农村人口	1.5		1.4		1.7		3.1		1.3		1.5	
EAP 总计	2.4		2.5		2.7		3.2		3.1		2.8	
城市 EAP	3.7		4.5		3.9		4.8		4.6		4.4	
农村 EAP	0.9		0.7		1.2		1.5		0.02		1.2	
城市正规就业	3.7		4.6				5.2		5.1		4.4	
城市非正规就业	3.7		4.4				3.3		3.1		4.4	
现代农业就业	0.5		2.3		4.1		1.1		-2.7		0.1	
传统农业就业	1.2		-0.4		0.6		1.9		1.5		1.8	

续表 1

	哥伦比亚 1950	哥伦比亚 1980	秘鲁 1950	秘鲁 1980	厄瓜多尔 1950	厄瓜多尔 1980	玻利维亚 1950	玻利维亚 1980	萨尔瓦多 1950	萨尔瓦多 1980	危地马拉 1950	危地马拉 1980
就业不足/EAP	48.3	41.0	56.3	55.8	50.7	63.3	68.7	74.1	48.7	49.0	61.0	50.9
农村就业不足/就业不足总计	68.3	45.6	70.0	57.3	76.9	59.9	78.2	68.7	71.9	73.6	73.4	66.2
城市非正规/城市 EAP	39.0	34.4	47.0	40.5	35.3	52.8	62.3	56.5	42.6	39.3	51.6	40.0
传统农业/EAP	33.0	18.7	39.4	32.0	39.0	37.9	53.7	50.9	35.0	30.1	44.8	33.1
农业/EAP	59.2	34.5	61.3	40.0	66.4	51.6	72.7	56.1	67.5	52.4	68.5	55.4
传统农业/农业	55.3	54.2	64.3	80.0	58.8	73.5	73.9	90.8	51.9	57.4	65.4	59.8
农村人口比例	63.6	37.9	68.7	47.2	72.5	55.8	74.2	58.1	72.4	63.9	76.0	58.4

1950~1980 年增长率

	哥伦比亚	秘鲁	厄瓜多尔	玻利维亚	萨尔瓦多	危地马拉
人口总计	2.9	2.9	3.1	2.3	3.1	3.1
城市人口	4.8	4.7	4.8	4.0	4.1	5.0
农村人口	1.6	1.6	2.2	1.5	2.7	2.2
EAP 总计	2.4	2.1	2.7	1.5	2.7	2.5
城市 EAP	4.1	3.8	3.9	3.3	4.1	3.7
农村 EAP	0.5	0.7	1.8	0.6	1.8	1.8
城市正规就业	4.4	4.2	2.9	3.8	4.2	4.5
城市非正规就业	3.7	3.3	5.3	3.0	3.9	2.8
现代农业就业	0.6	-1.2	0.3	-2.8	1.4	2.3
传统农业就业	0.4	1.4	2.6	1.3	2.1	1.6

续表 2

	阿根廷		智利		乌拉圭		发达资本主义国家	
	1950	1980	1950	1980	1950	1980	1960	1980
城市就业不足/EAP	22.8	25.7	31.0	29.0	19.3	27.0		
农村就业不足/就业不足总计	33.3	24.5	28.7	30.4	24.9	29.6		
城市非正规就业/城市 EAP	21.0	23.0	35.1	27.1	18.6	23.1		
传统农业/EAP	7.6	6.3	8.9	8.8	4.8	8.0		
农业/EAP	27.5	15.1	32.0	22.8	22.0	17.5	18.0	6.0
传统农业/农业	27.7	41.7	27.8	38.6	21.8	45.7		
农村人口比例	35.8	28.3	45.2	24.6	21.0	15.0	32.0	22.0
1950~1980 年增长率								
人口总计	1.8		2.4		1.2		0.9	
城市人口	2.2		3.5		1.4		1.6	
农村人口	1.0		0.3					
EAP 总计	1.4		1.6		0.8		1.2	
城市 EAP	1.4		1.6		0.8		1.8	
农村 EAP	-0.6		0.5					
城市正规就业	1.3		2.6		0.8			
城市非正规就业	1.7		0.7		1.5			
现代农业就业	-1.3		-0.1		-1.2			
传统农业就业	0.7		1.6		2.5			

资料来源：发达资本主义国家数据来自世界银行（1982）；城市和农村总计人口数据来自 Alberto Couriel，"Poverty and underemployment in Latin America"，*CEPAL Review*，No. 24，Dec. 1984.其他数据来自美和加勒比就业规划处（PREALC，1980）。转引自拉美经委会（CEPAL，1982）；城市和农村总计人口数据来自

其转移过程有别于历史同期的其他国家。1950 年到 1980 年，这些国家就业不足水平较高，并且 30 年中变化不大（有的国家就业不足比例反而升高）。第三组包括阿根廷、智利和乌拉圭。这些国家具有两个主要特点：其一，在 1950 年城市劳动力比例高于拉美其他国家，进而就业不足的水平低于地区平均水平，即初始就业状况优于前两个组；其二，最后 10 年和前 20 年的趋势不同，三个国家的经济政策在 70 年代的变化不利于劳动力的吸纳。鉴于上述两点，这三个国家在 1980 年出现整体就业不足低于拉美平均水平（42%），但城市就业不足（城市非正规部门）的比例相当于或超过拉美平均水平的现象（见表 2-3），即就业不足的问题主要集中在城市。这也表明在劳动力转移到现代非农部门的过程中，一个国家领先程度越多，这个国家的就业和收入结构对经济政策的反应越敏感（García 和 Tokman）。

二、劳动力在产业之间的转移

根据传统的观点，劳动力的产业转移在大多数发达国家的经历中都呈现出某种单线变化的过程。Clark 认为，工业的扩张领先于服务业的扩张。但是，实际上这种部门间增长的次序仅仅发生在为数不多的、较早启动工业化的国家（Singelmann，1978 年；Bairoch 和 Limbor，1968 年）。而且，在 Clark 早期的著作中（1940 年）数据显示，一些工业化进程晚于欧洲的国家，例如美国、日本和加拿大，并没有出现上述提到的转移次序。近期的研究更倾向于这样的观点：第二产业对从农业中转移而来的劳动力的吸纳能力更大程度上取决于工业化时期所能达到的技术水平。下面仅对拉美国家劳动力产业转移的次序作一阐述。

（1）就业结构变化滞后于产值结构变化

钱纳里和塞尔奎因在研究各国经济结构转变的趋势时，曾概括了劳动力转移与结构变化的一般模式：就业比重变化滞后于生产比重变化的程度随着经济发展、人均 GDP 水平的提高而不同。在人均 GDP 达到 1000 美元之前，滞后程度不断扩大，而当人均 GDP 达到 1000 美元之后，滞后程度逐步缩小。①笔者通过计算实际人均可支配收入、GDP 结构和劳动力结构的变化发现，与钱纳里和塞尔奎因的研究不同，拉美国家农业和服务业就业比重变化滞后于生产比重变化的程度随着经济发展程度的提高而逐渐下降，但是，随着工业产值在国民生产总值中的比重上升，其劳动力就业比重的滞后程度却几乎没有改变（见表2-5）。这也从另一方面说明拉美进口替代工业化的生产性吸纳能力相对不足。通常来讲，造成这种就业结构转换滞后于产值结构转换的因素主要有三个。第一，人口增长超常迅速从而劳动力增长速度过快，以致工业吸收的能力无法赶上劳动力供给量；第二，工业增长中使用过多的资金，使用较少的劳动力；第三，存在劳动力就业的制度障碍。

表2-5　拉美国家实际人均可支配收入与 GDP 结构和劳动力结构（%）

年份	实际人均可支配收入（美元）	指标	农业	工业	服务业
1960	517.5	GDP 结构	17.2	32.9	49.9
		劳动力结构	47.9	20.9	31.2
		错位幅度	-30.7	12	18.7
1970	675.9	GDP 结构	13.8	35.4	50.8
		劳动力结构	40.9	23.1	36
		错位幅度	-27.1	12.3	14.8

① 郎永清：《二元经济结构条件下的结构调整与经济增长》，经济科学出版社 2007 年版，第 92 页。

续表

年份	实际人均可支配收入（美元）	指标	农业	工业	服务业
1980	1873.8	GDP 结构	10.2	38.2	51.6
		劳动力结构	32.1	25.7	42.2
		错位幅度	-21.9	12.5	9.4

注：1、1960 年和 1970 年的实际人均可支配收入以及三大产业所占比重按 1970 年不变价格计算；1980 年实际人均可支配收入以及三大产业所占比重按 1980 年不变价格计算。2、按拉美经委会统计年鉴的分类，农业包括：(1) 农业、狩猎、林业与渔业；工业包括：(2) 矿业和采掘 (3) 制造业 (4) 电力、水、气 (5) 建筑业；服务业包括：(6) 批发及零售、餐馆、旅店 (7) 运输、仓储与通信 (8) 金融、保险、房地产及商业服务 (9) 社区、社会及个人服务。

资料来源：作者根据拉美经委会统计年鉴计算，数据来源：Statistical Yearbook for Latin America and The Caribbean 1980、1990.

(2) 服务业就业增长率领先于工业

表 2-6 列出了拉美国家在 1960 到 1980 年期间就业、三大产业产值以及劳动力生产率增长之间的关系。从表中可以看出，拉美国家服务业就业扩张的速度领先于工业。

整个地区而言，1960～1980 年拉美国家工业部门产值以年累计 6.1% 的速度增长，而同期发达资本主义国家的增长速度为 4.5%；拉美国家服务业产值以年累计 5.9% 的速度增长而同期发达国家的增长速度为 4.2%。这种强劲的经济增长表明拉美国家在这段时期对劳动力的吸纳能力较强。总体而言，拉美国家的年累计就业增长率为 2.9%，而同期发达国家只为 1.2%。在城市地区的工业部门就业中拉美国家和发达国家的年累计增长率分别为 3.7% 和 1.1%，两者服务业就业的年累计增长率分别为 4.6% 和 2.4%。简言之，1960～1980 年拉美国家工业就业以超过同期发达资本主义国家 3 倍的速度增长，而服务业就业的增长

表2-6　1960~1980年拉美国家就业、GDP及劳动力生产率增长率（%）

	就业增长率				GDP增长率				劳动力生产率增长率			
	农业	工业	服务业	总计	农业	工业	服务业	总计	农业	工业	服务业	总计
墨西哥	1.1	4.6	5.4	3.2	3.0	7.8	5.9	6.2	1.9	3.1	0.5	2.9
巴西	0.3	5.4	4.7	3.3	4.1	7.8	7.5	6.9	3.8	2.2	2.6	3.4
哥伦比亚	0.3	4.2	6.7	3.7	4.2	5.4	6.5	5.5	3.9	1.1	-0.1	1.7
巴拿马	-0.3	4.2	5.3	2.9	3.8	6.0	6.6	5.9	4.2	1.7	1.3	3.0
危地马拉	2.4	5.5	4.6	3.4	4.4	7.7	5.5	5.6	2.0	2.1	0.8	2.1
阿根廷	-0.7	0.1	2.9	1.4	2.4	3.8	3.0	3.2	3.2	3.6	0.1	1.8
乌拉圭	-2.6	1.1	1.3	0.6	1.0	3.1	2.3	2.3	3.7	2.0	1.0	1.7
智利	0.04	2.1	3.5	2.4	2.4	2.5	4.3	3.4	2.3	0.4	0.8	1.0
哥斯达黎加	0.8	4.7	6.2	3.7	4.1	8.8	5.8	6.1	3.3	3.9	-0.3	2.3
委内瑞拉	0.5	4.9	5.1	3.8	4.8	3.8	6.9	5.5	4.3	1.0	1.7	1.6
秘鲁	1.6	2.7	4.9	2.9	1.8	4.3	4.5	3.9	0.2	1.6	-0.3	1.0
厄瓜多尔	2.5	2.4	4.6	3.0	3.3	7.9	7.2	6.5	0.8	5.3	2.5	3.4
萨尔瓦多	1.6	4.3	4.0	2.7	2.9	6.7	4.4	5.0	1.2	2.3	0.4	2.2
玻利维亚	1.3	3.8	3.4	2.3	3.0	5.2	5.5	5.0	1.7	1.5	2.1	2.6
拉美国家	0.7	3.7	4.6	2.9	3.4	6.1	5.9	5.5	2.7	2.2	1.3	2.5
发达资本主义国家	-3.9	1.1	2.4	1.2	1.4	4.5	4.2	4.2	5.5	3.3	1.7	3.0

注：发达资本主义国家包括奥地利、比利时、加拿大、美国、法国、意大利、日本、挪威、荷兰、英国、瑞典。资料来源：Alberto Couriel，"Poverty and underemployment in Latin America"，*CEPAL Review*，No. 24，1984，p. 44，p. 54，p. 56，p. 61.

速度几乎是发达国家的 2 倍。与此同时，值得关注的是，劳动力吸纳能力较高与劳动力生产率增长速度较低相伴而生。拉美国家工业和服务业生产率的年累计增长率分别为 2.2% 和 1.3%，而同期发达国家为 3.3% 和 1.7%。而且，在每个国家工业和服务业生产率增长之间差异较大，在同一产业内各国生产率的增长率也不同。这些都与该地区发展的特点——结构异质性相关。

从国别看，在 50 年代初工业发展水平处于领先地位的 5 个国家（阿根廷、巴西、墨西哥、智利和乌拉圭），其经济增长经过战后 30 年的变化出现了很大差异，巴西和墨西哥继续保持较高的增长速度，而其余三国增长率明显下降。正如表 2-6 所示，1960～1980 年乌拉圭、阿根廷、智利和秘鲁的经济增长率均低于发达资本主义国家的水平（4.2%），并且这四个国家工业产值的增速也低于发达国家。这种差异说明，除了其他因素之外，一个最重要的原因是内向工业化必然受到国内市场规模的限制。国内市场规模越小，内需工业品市场饱和现象、内向型工业化进程活力不足现象就出现得越早。而其他工业化起步较晚的国家工业增长速度并不低，这从另一方面说明即便是内向型工业化，其早期阶段工业部门的增长对整个国民经济的推动作用也是显著的。从各国三次产业的就业增长率看，共同的特征是该时期服务业的就业增长率普遍高于农业和工业（玻利维亚、萨尔瓦多、巴西和危地马拉除外）。Clark 认为，第三产业的相对规模（特别是商业和金融业的规模）是衡量一个社会就业分工发展程度的良好指标，同时也是衡量一个国家经济发展水平的好方法。但另一种观点认为，超前于工业的第三产业扩张突出了服务业"边缘化"的角色，同时强化了它作为无法被工业吸纳的城市剩余劳动力的"避难所"的功能。[1] 拉美国家服务业的扩张显然应该属于后者。

第三节　对生产性吸纳与就业不足并存的解释

尽管在前面两节中偶尔提及影响劳动力吸纳的因素，但是前文没有做详细的分析与总结。这一节将重点归纳进口替代工业化时期"较高的生产性吸纳和就业不足共存"的原因。

首先，土地改革没有实质性改变农村生产关系，人地矛盾突出。

如前所述，拉美土地占有高度集中，大地产和小地产并存的局面是在历史上形成的。20 世纪 60 年代至 70 年代初期是拉美土地改革的高潮时期。大体上分为 4 种类型。第一类是古巴的土地改革，属于最彻底的一类。第二类是墨西哥、玻利维亚（1952～1970 年）、尼加拉瓜（1979 年）的土地改革，属于比较激进的一类。上述两类都是由社会革命所引发的土地改革。第三类是由某些具有政治改革倾向的政府所实行的土地改革，也带有激进的色彩，如智利（弗雷政府，1964～1969 年；阿连德政府，1970～1973 年）和秘鲁（贝拉斯科军政府，1969～1975 年）。第四类是其他一些拉美国家政府所进行的范围较小的土地改革。但是，整体而言，土地改革的效果不甚理想。一方面，分得土地的农民得不到必要的资金与技术支持，无法有效经营；集体农业则普遍经营不善，调动不了农民的生产积极性。另一方面，反复性大，往往是这届政府搞土改，下届政府反对土改，结果土地又

---

① Rubén Kaztman, "Sectoral transformations in employment in Latin America", *CE-PAL Review*, No. 24, 1984, p. 94.

被交还原主或被拍卖给新的主人。"尽管（土地改革）这个课题在60年代的政治问题中具有突出地位，但土地改革在现代化和增长方面所起的作用是微小的和间接的。令人啼笑皆非的是，拉丁美洲的许多土地改革没有像预期的那样在把土地重新分给农民后导致大庄园制度的消灭，相反，它导致了大庄园的现代化并改造成资本主义的农场。"① 在这种情况下，农村中现代农业企业与农民个体小农业共存的二元结构被固化。传统农业成为农村就业不足的集中地，这部分农民靠着有限的、以至于无法应用技术的地块勉强维持生计，生产率很低，而且还要以半产业工人的形式到外面工作以贴补微薄的收入。而处境越发艰难的农民索性放弃农业生产，开始大规模的城乡迁移之路。

其次，农业和现代非农产业中的技术进步与选择均不利于劳动力的吸纳。

土地改革始终没有成为拉美各国农业现代化过程中的主要政策取向。这就决定了拉美国家农业现代化过程是在基本保持原有土地占有制度不变的情况下通过缓慢的技术变革来进行的。农业中所应用的技术基本包括三种形式：使用化肥、灌溉以及机械化。前两种通常被认为是劳动力吸纳型的技术，而机械化通常不提高土地的生产率，但是它却可以提高劳动力的生产率，进而取代丰富的劳动力资源。如表2-7所示，拉美化肥的使用每千顷可耕地为15吨，而美国达到54吨，荷兰甚至高达504吨。拉美可耕地的灌溉比例为8.3%，而美国为11%，日本达到67%。至于机械化方面，拉美每千顷可耕地上的拖拉机数量为5台，美国为25台，日本高达225台。从这些数据可以看出，拉美农业技术的应用水平低得多。根据可利用的资源，这个地区本应该更有

① 苏振兴主编：《拉美国家现代化进程研究》，社会科学文献出版社2006年3月版，第208页。

表2-7　1980年农业技术

	灌溉面积比例	化肥		拖拉机(台)	
		吨/千顷可耕地	千名农业劳动力	千顷可耕地	千名农业劳动力
美国	10.8	54.2	4639.5	25	2142
保加利亚	28.6	100.6	272	14.8	40
日本	66.6	159.2	117.5	224.5	165.7
荷兰	31.9	504.6	1659.1	206.7	607.5
墨西哥	22	35.6	114.6	4.9	15.8
巴西	2.9	12.7	52	5.2	21.2
阿根廷	4.5	1.7	43.4	5.8	150
哥伦比亚	5.5	26.9	68.4	4.9	18
委内瑞拉	8.5	26.1	118.3	6.3	4
哥斯达黎加		80.4	152.7	9.9	22
萨尔瓦多		71.3	68.3	4.6	4.4
危地马拉	3.8	32.1	48.8	2.2	3.3
拉美国家	8.3	15	61.6	5.1	21

资料来源：PREDESAL，联合国粮食和农业组织（FAO）数据（1981），转引自 Alberto Couriel，"Poverty and underemployment in Latin America"，*CEPAL Review*，No. 24，1984，p. 51.

优势发展灌溉和化肥使用的技术，但是，拉美地区却选择了与自己资源禀赋不相称、与发达国家相似的技术。机械化的应用造成农村现代农业吸纳劳动力的能力下降正是这种反映，而且，在国家进口替代工业化政策，如关税、税收、汇率和信贷造成价格扭曲的激励下，这种用机械替代劳动力的倾向更加明显。

在城市中，工业技术的选择同样面临制约劳动力吸纳能力的问题。一方面，由于社会财富占有不公导致社会收入分配日益集中，高、中等收入阶层开始出现模仿性消费需求。另一方面，由于进口替代工业化时期实行的币值高估、利率低定等政策，扭曲了资本市场中的价格，给盲目地和代价高昂地引入进口技术提供了激励。结果是，部分在非耐用消费品进口替代方面已走到尽头的拉美国家转向以耐用消费品为主的进口替代，即试图"跳过非技能性劳动密集型初级出口替代次阶段"①。耐用消费品的进口替代对资本和技术的要求越来越高，从而不利于劳动力的吸纳。20 世纪 60 年代适逢国际贸易的扩张期，国际市场对劳动密集型产品需求旺盛。东亚国家由于适时转向劳动密集型产品出口模式，取得了成功。拉美国家却维持了"非耐用消费品—耐用消费品—中间产品—资本品"逐级替代的跨越式发展道路（尤其在 1973 年以后还实施了"负债增长"战略），遗憾地错失了发展模式转换的良机。

第三，进口替代工业化的高投资相对于转移劳动力所需的资源不足。

1950～1980 年，拉美经济的持续增长是与该地区投资水平的不断提高相伴随的。如表 2-8 所示，A 组国家的总投资系数水平最高，这段时期的总投资系数平均值为 23.5%，委内瑞拉和

---

① 苏振兴主编：《拉丁美洲的经济发展》，经济管理出版社 2000 年版，第 113 页。

巴西表现突出；B 组和 C 组国家的总投资系数水平在这个时期大体相当。虽然整体而言，就业不足减少（见表2-4）、现代非农就业增长较快（3.7%）与总体投资水平相对较高紧密相连，但是，比照国际上的经验，维持 30 年这样高的投资水平却没有成功将所有从农业转移出来的劳动力吸纳进现代部门，背后的原因值得思考。其一，现代部门和传统农业创造就业所需的资源差异很大，而且这 30 年中差距一直在扩大；其二，现代部门内部投资目的和结构也存在问题，尤其是耐用消费品的替代造成产业结构升级无序。

这里谈一下创造就业的成本。创造就业需要相应的资源，而城市现代部门与传统农业创造就业所需的资源又不同。生产率的不同在更广泛的意义上反映了资源利用程度的差异（包括资本、技术、组织、企业家能力、劳动力技能等），这些差异本身反映出在现代部门和传统农业以及非正规部门创造就业的成本差距。Tokman 认为拉美地区生产率的差异之所以高于处于可比时期的美国，主要原因在于：技术变化的特征；资本、土地所有权结构以及处于分割状态的资本获得途径。根据 García 在 1982 年所作的研究，就整个地区而言，非农和农业生产率之间的差异是基础年份（1950 年）农业生产率的 4 倍，经过 30 年到 1980 年两者之间的差距显著扩大到基础年份（1950 年）农业生产率的 7.5 倍。[①] 除此之外，衡量劳动力转移所需的资源还应考虑以下因素：生产性和社会性基础设施的再生产与创造，以及在现代和传统部门就业所衍生的消费方式差距，这些因素极大地增加了在现代部门创造就业所需的资源总量。因此，进口替代工业化的高投资相对于转移劳动力所需的资源不足。

---

① Norberto E. García, "Growing labour absorption with persistent underemployment", *CEPAL Review*, Dec. 1982, p. 56.

表 2-8　拉美（14 国）:1950～1980 年相对于 GDP 的总投资系数（%）

	1950～1954	1955～1959	1960～1964	1965～1969	1970～1974	1975～1979	1950～1979
A 组							
墨西哥	17.6	17.8	18.7	21.0	21.3	22.2	23.5
巴拿马	14.0	16.6	17.9	21.6	27.5	22.4	19.8
哥斯达黎加	17.4	18.8	18.6	20.2	22.1	26.5	20.0
委内瑞拉	47.0	42.9	26.1	26.8	30.6	41.4	35.8
巴西	23.9	22.8	21.9	22.7	26.8	29.8	24.7
哥伦比亚	24.2	24.2	21.5	20.5	20.5	10.1	20.2
B 组							
秘鲁	24.2	22.6	19.6	18.4	15.6	15.4	19.3
厄瓜多尔	11.3	13.6	12.6	12.5	21.4	22.8	15.7
玻利维亚	10.1	13.4	14.2	17.3	17.7	20.5	15.5
萨尔瓦多	11.3	12.2	14.7	15.4	15.6	19.8	14.8
危地马拉	10.1	15.6	11.3	12.8	13.1	16.5	13.2
C 组							
阿根廷	15.2	14.8	18.7	17.9	20.2	20.6	17.9
智利	15.1	14.4	15.4	15.1	13.1	9.0	13.7
乌拉圭	17.5	13.3	12.5	9.8	11.0	14.8	13.2

注:按每五年系数的简单平均值计算。资料来源:拉美经委会统计部。

第四，大规模的城乡移民带来城市劳动力供给压力。

如表 2-4 所示，从 1950 年到 1980 年，在城乡移民、劳动力参与率以及城市自然增长率三因素的共同作用下，非农产业的劳动力以每年 3.7% 的高速度增长，这与美国历史上（1870 年到 1910 年）城市劳动力增长最快的速度相当。这无疑给拉美各国城市就业带来直接的压力，造成城市就业不足较为严重。美国的非正规就业在城市劳动力中的比例在 1920 年左右达到顶峰，之后快速下降。而且，美国的非正规经济活动多集中于服务业，而拉美的非正规就业遍布城市经济活动的各个角落。

本章小结

本章着重分析了拉美的双重二元经济结构和进口替代工业化中的劳动力产业转移。双重二元经济结构是本书的逻辑起点，主要反映了拉美地区"结构异质"的特性。进口替代工业化作为研究的时间起点，也具有重要意义。拉美结构学派从研究外围与中心之间的差异性出发，试图探索出一条适合外围国家特点的工业化道路，无疑是在发展理论上的一次重大创新。

在这种背景下，拉美劳动力流动呈现出与经典理论预期不同的特征：现代非农产业的生产性吸纳与就业不足并存。农村现代农业吸纳劳动力的能力相对下降，导致农村传统农业滞留一部分农村劳动力，而大量农村剩余劳动力出于生存的目的转移到城市中，增加了城市经济自立人口的供给压力。受益于进口替代工业化政策而保持着历史上最高增长纪录的城市工业部门，尽管表现出很强的就业创造能力，却不足以完全吸纳一直在增长中的城市劳动力，结果，非正规部门就业的规模逐渐扩大。

本章通过计算实际人均可支配收入、GDP 结构和劳动力结构的变化发现，与钱纳里和塞尔奎因的研究不同，拉美国家农业和服务业就业比重变化滞后于生产比重变化的程度随着经济发展程度的提高而逐渐下降，但是，随着工业产值在国民生产总值中的比重上升，其劳动力就业比重的滞后程度却几乎没有改变。这也从另一方面说明拉美进口替代工业化的生产性吸纳能力相对不足。

在解释上述现象时，本章提出四点原因：第一，土地改革没有实质性改变农村生产关系，人地矛盾突出。第二，农业和现代非农产业中的技术进步与选择均不利于劳动力的吸纳。第三，进口替代工业化的高投资相对于转移劳动力所需的资源不足。第四，大规模的城乡移民带来城市劳动力供给压力。简言之，农业现代化模式的选择、资本形成能力的高低以及工业化战略的调整，是影响农村剩余劳动力转移最重要的宏观因素。

当然，拉美各国劳动力在产业之间的转移也存在着差异。其中的原因可能是启动进口替代工业化的时间不同，可能是一国初始的经济规模和结构存在差异，也可能是面对外部环境变化时各国采取的经济政策不同。但不管怎样，对它们进行分组并归类分析显得很有必要。

第三章 外向型发展模式与产业转移

20 世纪八九十年代，拉美和加勒比地区进行了一场激烈的宏观经济体制改革。1982 年债务危机爆发至 1985 年为"应急性"调整，其主要特点是由债务危机引发的结构性发展危机迫使拉美各国进行经济调整，并接受了新自由主义及其经济改革的主张。1985 年前后拉美国家开始由前期的应急性调整向结构性调整（即结构改革）阶段转变。整个 90 年代不仅经济改革在拉美各国普遍展开，而且改革的内容也进入深化阶段。同时，新结构主义的思想体系在 90 年代初基本形成并开始对拉美经济改革进程产生影响。这场经济改革在拉美各国的进展虽然存在程度上的差别，但从总体上讲，改革促成了拉美地区由长期的内向发展模式向外向发展模式的转变，加速了与国际经济接轨的进程，使拉美地区走出了 80 年代危机的阴影，迎来了 90 年代经济的恢复。本章将重点研究外向发展模式下因结构调整引起的劳动力产业转移，包括客户工业的成就与局限，而且通过墨西哥、巴西和阿根廷三国案例具体考察贸易、投资对就业的影响。

第一节 产业结构调整与就业结构变化

一、外向发展模式的主要政策

实施贸易、投资和金融自由化政策是实现由内向发展模式向外向发展模式转变的关键。因此，拉美国家在这些领域采取了一系列重大举措。

首先，贸易自由化旨在拆除进口替代模式下的高保护制度，因而降低关税和消除非关税壁垒成为其政策的核心。在率先进行经济改革的智利，1973 年平均关税为 94%，最高关税为 500%。1974 年起开始关税改革，经过三年零八个月（即到 1977 年 8 月），最低关税降为 10%，最高关税降为 35%。① 1985 年以后，其他拉美国家的关税改革步伐也逐渐加快。拉美和加勒比地区的平均关税从 1980 年的 39.44% 降低到 1985 年的 34.24%，1995 年降至 12.69%，进入 21 世纪以后徘徊在 11% 左右（见图 3-1）。与此同时，非关税壁垒的覆盖率由 1984～1994 年间 18.3% 下降至 1995～1998 年间的 8%，至 2004 年时进一步调低至 5%②。

其次，拉美国家致力于推进区域贸易自由化。例如，南方共同市场、安第斯共同体、中美洲共同市场和加勒比共同体等四个集团正在朝着建立次地区性自由贸易区和关税同盟的方向发展；90 年代以来拉美国家之间签署了数十个双边与多边自由贸易条约或协议；自墨西哥 1992 年与美国和加拿大签署北美自由贸易协定后，2003 年智利以及中美洲四国（危地马拉、萨尔瓦多、洪都拉斯和尼加拉瓜）也先后与美国签署自由贸易协定。

再次，实施投资自由化。拉美国家普遍通过制定新的外资法取消原来对外国投资的股权比例、利润汇出、投资领域、抽回投资的期限等种种限制，使外国投资者充分享受国民待遇。此外，开放资本项目，从而取消外汇管制，结束对外国直接投资及其他各种资本流动的限制。

---

① 苏振兴主编：《拉美国家现代化进程研究》，社会科学文献出版社 2006 年 3 月版，第 240 页。

② 美洲开发银行网站（www.iadb.org）内 DataGob 数据库。

最后，国有企业私有化。它不仅涉及一般的制造业部门，而且还包括交通运输、通讯和能源等基础设施部门和公共服务部门。私有化的主要形式是将国有企业卖给外国或本国的私人资本。虽然也有通过企业职工持股等其他产权转移形式，但这类形式在各国占的比重都很小。在银行私有化方面，拉美国家采取了全部出卖与吸收外资参股两种形式，而在机场、港口等基础设施以及某些矿山私有化方面，则大都采用了"租让"的方式。尽管拉美各国的私有化进程在速度、程度和顺序上存在差异，但是，私有化作为减少国家干预、让私人部门发挥主导作用的重要途径已经成为拉美外向发展模式的重要组成部分。

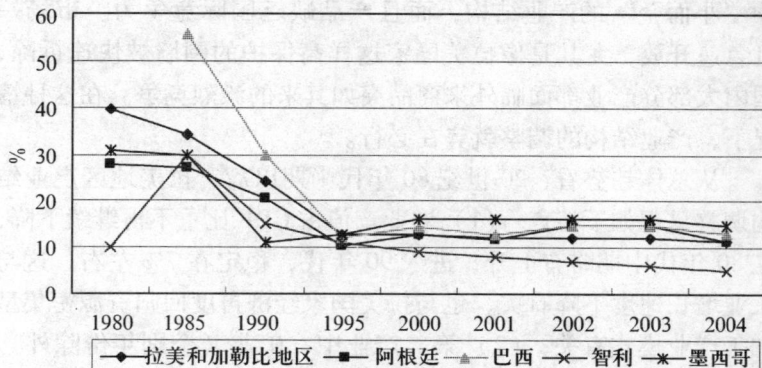

图 3-1 拉美和加勒比地区以及阿根廷等四国平均关税税率

资料来源：美洲开发银行网站（www. iadb. org）内 DataGob 数据库。

二、产业结构调整与就业结构变化

在上述政策的激励下，拉美地区的产业结构发生了深刻的变化。特别是工业部门，其制造业先后经历 80 年代的大衰退和 90 年代的大调整。除智利外，拉美各国 80 年代制造业的增长率都大幅度下降，整个地区制造业的年均增长速度由 70 年代的 5.6% 降为 80 年代的 0.4%。80 年代拉美地区经济平均增长率为 1.2%，制造业的增长率只及经济增长率的 1/3，制造业已不再是拉动经济增长的主导部门。① 这次衰退主要是因应对债务危机所进行的经济调整所致。像拉美国家这种以满足内需为主的制造业，一旦投资锐减、进口原材料与设备受限、国内市场需求萎缩，加之一些大型企业债务缠身，衰退便成为必然的结果。进入 90 年代拉美经济出现复苏，制造业增长率有所恢复，但是，仍然徘徊在较低的水平上。其原因在于，在长期的进口替代工业化发展模式下，制造业受到相对狭小的国内市场限制，不但形成一种"小而全"的产业结构，而且产品缺乏国际竞争力。市场一旦急速开放，尤其是像拉美国家这样高保护的围墙被快速拆除，国内大部分产业都面临外来商品突如其来的激烈竞争。在这种情况下，产业结构的调整就势在必行。

从总体趋势看，20 世纪 80 年代中期以后，拉美地区产业结构调整呈现如下特点：（1）农业产值占 GDP 比重不再继续下降，在 80 年代中期略有上升，进入 90 年代，稳定在 7% 左右，这与工业增长速度下降有关，也与拉美国家经济再度回归资源密集型加工产业模式有关；（2）第二产业中，矿业（个别年份除外）、能源（电力、气和水）和建筑业虽有波动但变化甚微，而制造业产值所占比重呈下降趋势，这说明拉美地区确实出现了"去工业化"现象；（3）在第三产业中，运输和社会服务业产值比重继续上升，而商业和金融服务业则随经济状况好坏而小幅波动（见图 3-2，表 3-1）。

对应于上述产业结构调整，拉美地区的就业结构也发生了深

---

① 苏振兴主编：《拉美国家现代化进程研究》，社会科学文献出版社 2006 年 3 月版，第 143 页。

表 3-1　1980~2003 年拉美和加勒比地区ᵃ 各种经济活动占 GDP 比重的变化(%)

	农业、狩猎、林业和渔业	矿业和采掘	制造业	电力、燃气和水力	建筑业	批发零售、餐馆和旅店	运输、储存和通讯	金融、保险、房地产和企业服务	社区、社会和个人服务
1980	8.98	4.59	25.31	1.68	6.65	16.80	5.97	12.62	17.39
1985	10.59	4.95	25.67	1.68	5.25	17.14	6.02	11.99	16.70
1990	8.12	3.58	22.36	1.95	5.47	15.25	6.09	16.61	20.57
1993	6.73	2.29	20.21	2.13	5.75	14.80	6.75	21.09	20.26
1994	7.73	2.30	20.36	2.23	6.53	14.88	6.84	17.79	21.33
1995	7.87	2.63	20.45	2.25	6.71	13.86	6.70	17.34	22.20
1996	7.71	2.81	19.91	2.27	6.86	13.48	6.81	17.82	22.33
1997	7.31	2.55	19.94	2.25	7.09	13.69	7.28	19.16	20.73
1998	7.43	1.90	19.69	2.46	7.38	13.67	7.82	18.09	21.55
1999	6.74	2.72	19.53	2.40	6.46	14.52	8.49	17.12	22.03
2000	6.29	3.81	19.69	2.39	6.20	14.91	8.65	15.83	22.23
2001	6.23	3.48	18.58	2.39	5.91	14.90	8.65	16.03	23.85
2002	6.70	4.09	18.75	2.41	5.70	14.31	8.36	15.73	23.95
2003	7.28	4.43	19.14	2.40	5.50	14.19	8.37	14.99	23.69

注：ᵃ 这里包括 17 个国家：阿根廷、玻利维亚、巴西、智利、哥伦比亚、哥斯达黎加、古巴、厄瓜多尔、萨尔瓦多、洪都拉斯、墨西哥、尼加拉瓜、巴拿马、巴拉圭、秘鲁、乌拉圭和委内瑞拉。作者基于统计年鉴的数据计算。2001~2003 年数据来自 2004 年拉美统计年鉴。

资料来源：1980~2000 年数据来自 2001 年拉美统计年鉴。

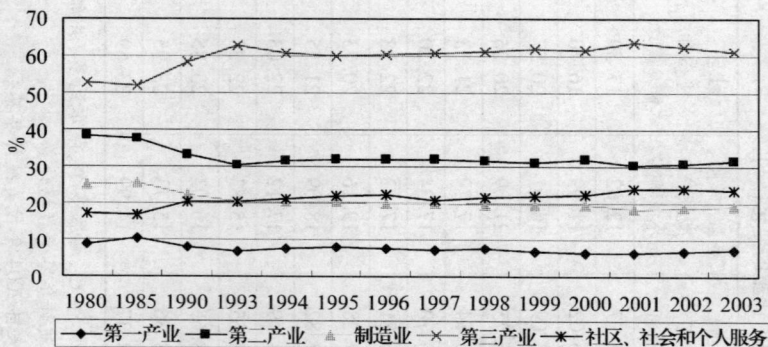

图 3-2　1980～2003 年拉美和加勒比地区产业结构变动趋势（%）
资料来源：作者根据 2001 年和 2004 年拉美统计年鉴计算并绘制。

刻变化。总体趋势是第一产业就业下降，第三产业就业上升，而第二产业就业的相对扩张能力在整个 90 年代已经明显减弱。如表 3-2 所示，整个地区而言，1990 年到 1997 年，制造业就业以年均 1.2% 的速度微幅增长。但是，国家之间仍然存在差异：阿根廷、巴西、哥伦比亚的制造业就业停滞不前，甚至有所缩减，而墨西哥的制造业就业显著增长，这与该国客户加工业的繁荣密切相关。在地区层次和多数国家中，农业就业在绝对量上开始下降。作为劳动密集型的行业——建筑业在整个地区层次对新增就业的贡献率为 8.5%，作用有限。第三产业是创造就业最有活力的部门，因为该地区的经济转型促进了新兴行业和部门的发展。例如，商业部门中就包括大型商店、超市、外贸、旅游，以及典型的非正规商业活动等。同时，社区、社会和个人服务部门也呈现多样化特征。这两个部门对 90 年代新增就业的贡献率达到 70%。在上述趋势作用下，至 90 年代末拉美地区的就业结构为：农业占 23.6%；制造业占 13.5%；建筑业占 6%；服务业占 56.8%。因此，初步的判断是，拉美外向型发展模式没有在所预

表3-2　90年代拉美和加勒比地区按部门划分的就业增长、贡献率与组成(%)

	农业	制造业	建筑业	商业	基础服务业	金融业	社会服务	其他服务业	总计
阿根廷 (1990~1997)	--	-2.2	3.6	0.9	4.9	4.4	2.4	--	1.7
	--	-25.7	16.5	10.8	23.1	22.0	53.3	--	100
	--	16.7	8.1	19.3	8.8	9.2	37.9	--	100
玻利维亚 (1990~1997)	--	8.8	10.2	9.9	7.2	12.8	-0.3	-7	5.4
	--	29.4	14.7	47.5	11.8	9.1	-1.5	-7.4	100
	43.2	11.0	5.3	17.7	5.1	2.1	13.7	1.9	100
巴西 (1992~1997)	-1.9	0.3	2.6	3.0	3.8	5.4	2.8	-2.7	1.2
	-43.9	3.3	14.2	32.7	12.1	14.5	74.8	-7.7	100
	24.2	12.3	6.6	13.3	4.0	3.6	33.1	3.0	100
智利 (1990~1997)	-1.6	2.2	17.6	3.2	3.8	8.7	2.2	-1.5	2.5
	-11.1	14.8	19.6	22.5	12.4	19.4	23.7	-1.3	100
	14.2	16.3	8.6	18.1	8.4	6.9	25.8	1.8	100
哥伦比亚 (1991~1997)	-1.2	-1	4.2	2.2	3.4	6.9	2.6	0.7	1.5
	-22.1	-10.8	14.6	34.7	14.8	20.9	47.4	0.7	100
	23.1	13.0	5.2	21.7	6.3	4.9	24.4	1.3	100
哥斯达黎加 (1990~1997)	-0.6	0.6	3.5	5.7	6.1	9.1	3.3	1.6	2.7
	-5.2	3.8	8.6	35.6	12.7	13.6	30.5	0.5	100
	20.6	15.6	6.8	19.1	6.5	5.1	25.6	0.8	100

续表

	农业	制造业	建筑业	商业	基础服务业	金融业	社会服务	其他服务业	总计
牙买加 (1991~1996)	-2.6	1.1	8.5	1.9	6.3	6.3	0.1	-8.7	1
	-64.6	11.9	58.9	36.9	31.8	30.3	3.6	-8.7	100
	22.7	10.6	8.7	20.0	6.0	5.7	25.6	0.7	100
墨西哥 (1991~1997)	1.6	4.3	-1	4.5	4.7	8.2	4.2	-6.6	3.4
	12.3	20.3	-1.7	27.8	6.1	8.4	28.8	-2	100
	24.2	16.6	4.7	21.5	4.6	4.1	23.7	0.7	100
秘鲁 (1990~1997)	—	-0.1	7.4	5.7	10.8	12.3	0.2	—	3.8
	—	-0.6	9.9	44.1	16.5	16.5	1.7	—	100
	34.2	11.0	4.9	21.1	6.0	3.6	17.8	1.3	100
拉美及加勒比加权平均	-0.6	1.2	3.0	4.1	4.8	6.7	2.9	-3.4	2.2
	-8	8.3	8.5	33.7	11.0	12.8	37.6	-3.8	100
	23.6	13.5	6.0	18.1	5.1	4.1	27.7	1.8	100

注:1. 每一栏中第一行指就业年增长率,第二行指每一部门对总就业的贡献率,第三行指该时期末就业的构成情况。但是,在就业构成一行,玻利维亚和秘鲁涵盖全国范围。除阿根廷、玻利维亚和秘鲁外,其他国家均指全国范围。
2. 商业包括餐馆和旅店;基础服务包括电、气、水、运输、储存和通信;金融服务包括保险、企业服务和房地产;社会服务业包括社区和个人服务。3. 这里的拉美和加勒比国家指17个国家,在计算农业部门时样本为13个国家,在计算全国金融服务部门时样本为15个国家。
资料来源:Jürgen Weller, Economic Reforms, Growth and Employment: Labour Markets in Latin America and the Caribbean, CEPAL, 2001, p.75.

期的部门（可贸易商品生产部门）创造大量就业。正如 Lora 和 Olivera（1998 年）所指出的，"结构改革，特别是拉美地区经济的'对外开放'，没有像传统国际贸易中的比较优势理论预期的那样，增加对非熟练劳动力的需求和相对报酬。"

三、三大产业内部就业结构分析

下面结合劳动力生产率从三大产业的内部继续分析这种就业结构变化的原因。总体而言，第一产业和第二产业以生产可贸易商品为主，它们虽然经历了生产率的提升，但是就业增长幅度很小。第三产业以非贸易活动为特征，就业增加，但是劳动力生产率却没有得到提升。造成这种状况的原因是，拉美地区在更大范围和程度与世界市场融合的过程没有与反映该地区劳动力相对于资本丰富这种生产要素使用方式相适应。因此，传统意义上的"生产性吸纳"创造能力不足，大部分新增就业流向第三产业中的低劳动生产率部门。[①]

（一）在第一产业，外向型发展模式的结构改革加速了农业内部生产的分化。尽管在市场开放条件下基础生产要素是推动农业产出增长的动力，但是，农业生产的竞争力越来越取决于下述因素：（1）融入生产网络以保证获得必要技术和市场准入的能力；（2）快速适应需求变化的灵活性；以及（3）物质、技术、社会和制度基础设施（Jaffee 和 Gordon，1993 年）。整个 90 年代，受益于宏观经济状况改善、市场准入和新技术应用的出口农业享受了大量的投资和技术更新。例如阿根廷、玻利维亚的生产和出口显著增长。但是，出口农业相对于其他农业活动并不总是

---

① 值得注意的是，1980 年以前，第三产业也是创造就业的主要部门，但是其劳动生产率在增长。平均而言，第三产业部门雇佣具有较高学历的工人比例高于第一、二产业（JürgenWeller）。

倾向于劳动密集型。例如，大豆生产创造的就业就很少，而其他出口产品，如花卉、蔬菜和某些水果确实需要更多的劳动力。另一方面，在经济开放的背景下农业转型有可能造成不具有竞争力的产品和生产者受到进口的冲击，尤其是当贸易自由化与货币升值结合在一起的时候。秘鲁货币在 1991 年一年之内就升值46%；实行货币局制度的阿根廷在 1991 年一年内货币升值33%，到 1993 年达到 40%；墨西哥在爆发比索危机的 1994 年，货币升值幅度达到 27%；巴西货币到 1995 年升值幅度已达45.5%。① 这些因素相互叠加，给那些部分面向市场、部分满足自我消费的大量小农户带来负面影响，而这些小农户的生产恰恰比商业农业更具有劳动力密集的特征。因此，农业部门的异质性决定了 90 年代农业就业在地区层次和大部分国家中呈现下降趋势，而汇率等其他因素加速了这一过程。

（二）在第二产业，制造业呈现出"就业和增长近乎停滞"的局面。尽管劳动生产率在上升，但是从整个地区看该部门依然是 90 年代结构改革的"输家"。阿根廷、巴西、智利、哥伦比亚、哥斯达黎加、多米尼加、厄瓜多尔、萨尔瓦多、秘鲁和乌拉圭，这些国家都经历了劳动生产率显著增长但就业低速增长甚至是负增长的状况。而在玻利维亚、洪都拉斯、墨西哥、巴拿马、巴拉圭，制造业就业增速较高，但是劳动生产率却下降了。值得强调的是，除了墨西哥，其他国家的制造业部门规模都相对较小。由此，可以看出在工业就业转型背后隐藏着两个同步进行且相互联系的过程，它们造成制造业部门增长中的劳动密集度（labour intensity）较低。其一，在制造业产出中，劳动密集型部门所占份额相对于自然资源、技术和资本密集型部门下降，导致

---

① 苏振兴主编：《拉美国家现代化进程研究》，社会科学文献出版社 2006 年 3 月版，第 217 页。

制造业生产结构发生变化；其二，在每个部门内部劳动密集度下降伴随着劳动生产率的显著上升。对于第一个过程，就整个地区而言，90 年代制造业生产结构重组的净效果是不利于就业创造的。如果劳动密集型部门（如纺织、服装、皮革、鞋类）的比重没有下降，那么，巴西、哥伦比亚、墨西哥、秘鲁的制造业就业比例会更高一些。对于第二个过程，制造业内部各个部门的变化成为影响 90 年代制造业就业的重要因素。在阿根廷和巴西，制造业内部各个部门生产率增长的步伐相当一致，而在其他国家却呈现多样化特征。这种生产率上升、劳动密集度下降的趋势表明，企业在全球化进程中为应对国外市场竞争所作的组织和技术选择的调整，因资本、技术和熟练劳动力流动性的增强而越来越不利于使用相对丰富的劳动力生产要素。

在这里，值得强调的是，在拉美，墨西哥和南美洲国家的制造业就业存在着差异。阿根廷、巴西、智利、哥伦比亚和秘鲁重点发展自然资源加工工业，主要生产诸如植物油、纸浆、铁、钢、鱼粉等以农、矿业原料为基础的产品。从生产组织角度看，这类资源密集型工业大都在资本投入高、劳动力使用少的现代工厂生产。从国际贸易看，所提供的产品大部分是世界需求增长缓慢、收入或价格弹性较低的。从技术角度看，都属于成熟工业，在新产品开发等方面潜力有限。而墨西哥制造业是以电子产品、计算机、汽车等零部件生产和装配，以及服装加工等为主、主要面向美国市场的"生产专门化和贸易"模式。特别是，墨西哥和大部分中美洲和加勒比国家利用地缘经济优势（接近美国和加拿大市场）以及签署自由贸易区的优惠政策，大力发展了客户加工工业。该工业已经成为 90 年代该地区制造业创造就业中唯一具有活力的部门。在墨西哥，客户工业就业人数从 1980 年11.4 万增加到 1990 年的 42.5 万，到 1999 年 6 月超过 110 万。在 1996 年，哥斯达黎加的客户工业就业达到 4.8 万，多米尼加达到 16.4 万，萨尔瓦多达到 3.8 万，危地马拉达到 6.2 万，洪都拉斯达到 7.6 万，尼加拉瓜达到 1.1 万，它们占据了本国工业就业的很大比例。①

总而言之，寄于结构改革将有利于制造业创造就业的愿望是有误差的，因为改革者对该地区制造业生产竞争状况的分析过于简化。实际上，影响 90 年代制造业就业的因素是多方面的。（1）迫于进口商品压力而提升竞争力的愿望；（2）适应国际竞争而采取的通行技术标准固化了技术、资本和熟练劳动力的比例，限制了选择使用相对丰富生产要素的可能性；（3）国际资本市场的发展促进了要素的流动；（4）货币升值一方面使中间产品的进口相对便宜，从而对现存工业产生不利影响，另一方面又使劳动力相对于资本的成本提高，从而加速了资本替代劳动的过程。

（三）第三产业成为 90 年代新增就业的主体，然而就业的"现代性"和"生存性"特征并存。具体而言，这种异质性主要体现在如下几个方面：教育水平、相对工资水平、专业和技术人员比例、女性占比、就业质量、非正规程度和企业规模（见表 3-3）。

从子部门来看，金融、保险、房地产和企业服务是与经济增长联系最紧密的部门。该部门就业增长率在 90 年代是最高的（6.7%，见表 3-2），对新增就业的贡献度为 12.8%。其中企业服务又占有最大的比重，这是经济在扩张中对专业化服务需求的一种反映。例如，新兴的信息技术服务业。此外，与专业化企业签订服务合同的形式导致大量中小企业的产生。而金融服务业通常倾向于节约劳动，因而被认为是不利于就业的，尤其是在那些

---

① Jürgen Weller, *Economic Reforms, Growth and Employment: Labour Markets in Latin America and the Caribbean*, CEPAL, 2001, p. 95.

表 3-3 拉美和加勒比地区第三产业各部门就业的示意特征

	电、气、水	商业、餐馆和旅店	运输、存储和通信	社区、社会和个人服务	金融、保险、房地产和企业服务
教育水平	1、中等 2、高	1、中等 2、低	1、中等 2、低	1、高 2、中等	1、低 2、高
相对工资水平	高	中低	中高	高	中高
专家和技术人员比例	高	低	低	高	高
女性占比	低	高	低	从中等到高	高
就业质量	高	中等	中等	高	中等
非正规性程度	很低	高	中等	低	中等
企业规模	大型企业	1、微型企业 2、中小企业	1、微型企业 2、大型企业	1、中小企业 2、大型企业	1、大型企业 2、中小企业

资料来源：根据相关文献整理。

金融部门曾受高度保护而在 90 年代因金融改革而逐步开放的国家。但即使是这样，整体而言金融、保险、房地产和企业服务在 90 年代创造了最高的就业增长率，而且就业质量的综合指标较好。

基础服务（包括电、气、水以及运输、存储和通信部门）是 90 年代第三产业中生产率唯一增长的部门。整个 90 年代，由于电力、燃气、用水以及通讯服务进行了大规模私有化，这些行业的雇员大幅减少。与此同时，由于基础设施和新技术及服务快速融合，又创造出许多具有高质量又需要较高人力资本的工作。但是，整体而言，受规模偏小所限，电、水、气行业对新增就业的贡献度较小。而在运输、存储和通信部门，运输行业提供了大量工作。其原因在于交通基础设施的现代化从地理意义上加速了一体化进程，同时，更大程度地融入世界经济、对外贸易的增加以及由购买力增强所导致的国内交易繁荣，都有利于就业。

社区、社会和个人服务是第三产业中最大、也是异质性最强的部门。这里既包括需要较高技能的工作，如医疗、教育，又包括仅需较低正规教育的就业，例如，家政服务业。整个 90 年代该部门的就业增长率在第三产业中是最低的（2.9%，见表 3-2），因为这个时期占有相当大比重的公共服务增长不足（源于公共部门改革）。然而，该部门对新增就业的贡献率却很大，高达 37.6%。这是因为社会支出在 90 年代向主要社会服务（教育和医疗）倾斜。

商业、餐馆和旅店业是在 90 年代末继社区、社会和个人服务业（27.7%）、农业（23.6%）之后第三大就业比例的部门（18.1%）。该部门的就业增长也呈现分化趋势，增长最具活力的行业集中在正规零售业、与旅游业相关的行业以及非正规经济部门。主要原因是：（1）由于准入门槛低，以街头商贩为主的非正规经济显著增长。例如，90 年代在巴西和墨西哥的商业、餐馆和旅店业大约有 15% 的新增就业是自我雇用型（专业技术人员除外）或不领取薪金的就业。这是第三产业中受教育水平最低的部分。[1]（2）受益于经济开放的进出口贸易支持了批发商业的发展。（3）正规部门实际工资增长、消费信贷扩张以及某些商品价格下降促进了零售商业需求的增长。（4）国内需求增长以及旅游业扩张促进了餐馆、旅店业的发展。

总而言之，第三产业的某些部门在创造就业方面具有很大的活力，但是新增就业的很大比例都集中在微型企业和非工资型就业中（归因于准入门槛较低），这表明企业对劳动力的需求是不足的。因此，要真正理解第三产业的就业变化必须结合两个同步发生的过程。第一个过程是内生于体制竞争力和社会再生产中的服务部门创造出生产率和质量相对高的就业。第二个过程是迫于劳动力供给压力、受人力资本约束以及随经济状况波动产生的低生产率和低质量的就业。

第二节　贸易、投资与就业效果

本节将主要结合墨西哥、巴西和阿根廷的情况进一步考察拉美国家在外向发展时期贸易、投资与就业之间的关系。

一、出口专业化对就业的影响

根据传统的贸易理论，经济自由化意味着贸易增加、技术变革加速、效率增加以及经济增长。尽管从短期来看，特殊部门的就业会受到冲击，但是长期而言，更加有效的资源分配将增加福

---

① Jürgen Weller, "Tertiary sector employment in Latin America: between modernity and survival", *CEPAL Review* 84, Dec., 2004, p. 171.

利,从而对就业、贫困和不平等产生积极的影响。既然这些国家具有相对丰富的劳动力,那么,根据比较优势原理,面向出口的生产将比面向国内市场的生产更倾向于劳动密集型产品,从而使劳动力受益。而且,因为对低技术劳动力的需求相对于熟练劳动力而言在增加,低技术劳动力的工资将比熟练劳动力的工资增加更多,从而改善一直困扰拉美国家的收入分配不平等状况。但是,新的外向型发展战略并没有带来理论预期中的经济增长和就业增长。尽管经济开放和地区一体化导致贸易大幅增长,使拉美经济更加融入世界经济,但是,阿根廷、巴西和墨西哥的经济开放对就业的积极作用是令人失望的。

阿根廷、墨西哥和巴西分别于 20 世纪 70 年代中期、1985年和1991年启动贸易领域的改革,并且通过签定不同类型的自由贸易协定加速了贸易自由化进程。尽管 90 年代末,由于经济危机,巴西和阿根廷的关税改革出现某种倒退,但是,整体趋势是向着深化自由化的方向发展的。可是,与经合组织(OECD)成员国相比,南共市国家的贸易保护水平还是相对较高。2001年,欧盟的平均关税为 3.9%,美国为 5.1%,日本为 4%,阿根廷、巴西和墨西哥分别为 11.6%、12.9% 和 16.2%。① 从部门层次看,经合组织成员国对那些已经在世界市场上失去份额的特殊农产品和半制成品直接或间接地采取高保护措施,而对具有很强竞争力的高技术产品提供较低的保护措施。然而,南共市国家,其次是墨西哥,情况恰好相反:对初级产品的保护很低,而对工业产品的保护很高,因为这些国家的比较优势主要集中在低附加值的产品上。

---

① 参见 Christoph Ernst, "Trade liberalization, export orientation and employment in Argentina, Brazil and Mexico", *Employment Strategy Papers*, Employment Strategy Department, ILO, p. 2.

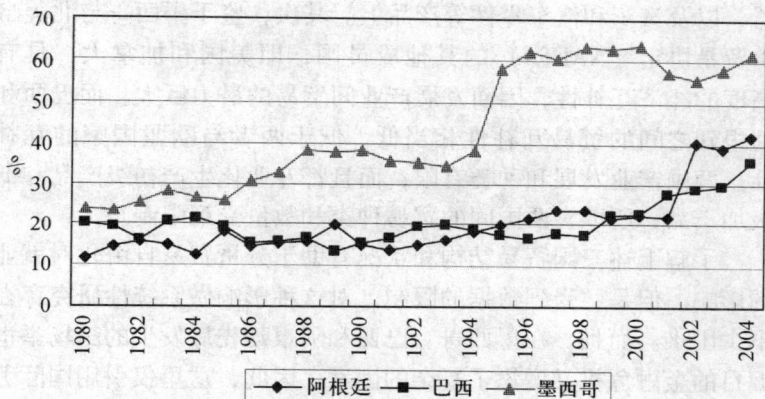

图 3-3　阿根廷、巴西和墨西哥的贸易开放度ᵃ趋势

注：a 贸易开放度是指（出口和进口）/GDP。

资料来源：美洲开发银行 DataGob 数据库，http://www.iadb.org/datagob/index.html。

　　贸易自由化的直接体现就是贸易开放度的增加。如图 3-3 所示，墨西哥在 90 年代初就是最开放的国家，当阿根廷和巴西的贸易开放度从 1990 年的约 15% 上升到 2000 年的 22% 的时候，同期墨西哥已经从 38% 跃升到 64%。尽管这三个国家的贸易开放度都在增加，但是，墨西哥与巴西和阿根廷的产业内贸易和区域贸易是有差异的。首先，墨西哥的产业内贸易占贸易总量的比重从 1985 年的 18.3% 上升到 1999 年的 41.4%。而巴西和阿根廷的产业内贸易水平较低：阿根廷从 1995 年的 3.6% 增加到 1999 年的 15.8%，巴西从 5.6% 增加到 15%。此外，跨国公司的内部贸易在产业贸易中发挥了重要作用。在墨西哥大部分进口经过加工后转为出口，例如在纺织、服装和化学制品部门。在南共市国家中，汽车行业的部门协定给摩托车和汽车零件的产业内贸易带来繁荣。而在墨西哥产业内贸易主要集中在机械设备、电器、以及汽车和汽车零件等产品上。其次，鉴于墨西哥与北美自由贸易协定（NAFTA）的其他成员国，即美国和加拿大，具有高度的经济互补性，因而发展产业间贸易的潜力巨大。而巴西和阿根廷之间的贸易互补性相当低，低于两者与欧盟国家的互补性。两国产业发展和种类有限，而且都专业化生产初级产品和低级加工品，所以，两国间的贸易种类和数量受到限制。

　　了解上述三国贸易结构和状况有助于分析贸易自由化对就业的影响。但是，受到数据的限制，对这种影响做系统性研究存在不少困难。而且，在墨西哥、巴西和阿根廷先后发生的三场举世瞩目的金融危机又增添了复杂的因素。因此，这里仅引用国际劳工组织的一项研究，以 1995～2000 年作为考察期，通过对相应指标的阐述以期给出对就业结构和趋势的判断。以阿根廷的皮革制品为例，该部门劳动密集度最高，但是，在 1995～2000 年就业年均增长率（－2.4%）和工资实际年均增长率（－2%）均出现负值，其表现比制造业平均水平还要差，这说明该部门受到严重的冲击。此外，该部门占总出口比重为 3.6%，远低于食品加工和生产部门，而且，进口产品投入所占比重很低（0.92）。

　　从表 3-4 可以看出：（1）尽管内部产品组成有些变化，或者石油产品自 90 年代初成为新兴的主要出口产品，但是，阿根廷在历史上形成的初级产品出口（特别是农产品和食品加工）占主导的制造业出口模式一直持续至今。劳动密集型产品出口部门的就业受到的冲击较为严重。（2）巴西出口多样性高于阿根廷，其主要出口产品是初级产品和半加工产品的混合。劳动密集型产品出口部门的就业同样受到严重的冲击。（3）与阿根廷和巴西不同，即使原油再次成为主要出口产品，在 90 年代后半期墨西哥还是实现了由初级产品出口向机械、交通设备和通信等制造业出口的转型。阿根廷和巴西的主要制造业出口集中在劳动密集程度中等或高的产品，而墨西哥主要制造业出口（包括部分客户工业）集中于劳动密集程度低且附加价值相对较高的产品，而且这些产品所包含的进口投入成分较高。尽管墨西哥主要制造业出口产品的年均就业增长率均高于制造业平均水平（3.5%），但是，它们在制造业总体就业中的比重很低（摩托车部门相对较高，也仅有3.1%），对整体就业水平的拉动效应有限。

总而言之，出口导向的外向发展模式对南共市国家的就业产生了不利影响，而对墨西哥劳动力市场产生了积极的作用。但是，值得关注的是，尽管墨西哥的客户工业展示出强大的出口和产出活力以及吸纳劳动力的能力，但是，客户工业的生产率并没有增长，而且由于大量使用进口的投入品而较少使用国内的投入品，对经济的前、后向联系较差，其结果是，制造业的出口繁荣无法带动国家总体就业的持续增长。况且，自2000年以来面对来自中国和其他中美洲、加勒比国家的竞争，墨西哥客户工业的规模急剧缩减，它们也面临着"第三代改革"的压力。

此外，21世纪初期在巴西和阿根廷出现了主要出口产品向初级产品"回归"的征兆。表3-5所示的三国制造业生产结构在一定程度上能够反映这种趋势。第一，无论是阿根廷、巴西，还是墨西哥，劳动密集型产品在制造业结构中的比重都下降了，这意味着制造业对劳动力的吸纳能力直接受到影响。第二，阿根廷和巴西的生产结构转向以自然资源密集型产业为主，而墨西哥的自然资源密集型产业所占比重30年来虽有下降，但变化不大，2002年（40.8%）较2000年（39.1%）比重还有微幅上升。制造业生产结构的这种变化是否会再次引起拉美新一轮以初级产品为主的出口模式从而影响就业总体水平还有待进一步观察。

二、外国直接投资（FDI）与劳动力产业转移

对于发展中国家而言，吸引外国直接投资（FDI）是实施外向发展战略的重要方面，因为投资是推动经济增长和创造就业的

表3-4 1995～2000年阿根廷、巴西和墨西哥主要制造业出口及其对劳动力市场的影响

产品组	占总出口比重a（%）	进出口净值 占出口比重a	劳动密集度b	就业年均增长率c（%）	工资实际 年均增长率d（%）	占制造业 就业比重e（%）
阿根廷						
食品加工和生产	27.0	0.93	中等	2.6	5.1	9.4
摩托车	7.2	-0.31	中等	-5.8	-2.7	2.7
皮革制品	3.6	0.92	高	-2.4	-2	1.7
基础化学制品	3.5	-1.91	中等	-1.7	7.3	1.6
其他化学制品	3.2	-1.62	低	7.5	14.3	6.1
制造业平均值				3.9	7.5	
巴西						
食品加工和生产	12.2	0.79	低	2.1	-1	5.3
基础钢铁	7.7	0.82	中等	4.2	-7.3	2.1
摩托车	5.3	-0.31	中等	-4.5	1.7	2.3
其他食品制品	5.0	0.86	中等	-1.2	-1.5	8.0
纸和纸制品	4.5	0.5	高	-2.6	-4.5	2.8
制造业平均值				-0.9	-3.1	

续表

产品组	占总出口比重（%）	进出口净值占出口比重[a]	劳动密集度[b]	就业年均增长率[c]（%）	工资实际年均增长率[d]（%）	占制造业就业中的比重[e]（%）
				墨西哥		
摩托车	15.0	0.75	低	6.6	0.1	3.1
电视和无线电	7.7	0.62	低	9.8	0.9	0.1
办公室、计算设备	6.0	0.52	低	17.8	4.2	0.6
其他电器设备	4.5	0.62	低	11.5	3.7	0.8
服装	3.8	0.48	低	4.4	-6.1	1.5
制造业平均值				3.5	-5.1	

注：a：该指标衡量进口成分在该组产品出口中的比重，即（X－M）/X，比值越接近于1表明所含进口产品投入越低；b：该指标根据就业产品出口比重计算；c：指年均就业增长率；d：指以不变美元价格衡量的工资实际年均增长率，计算参考期为：阿根廷1995～1999年，巴西1996～1999年，墨西哥1995～2000年；e：指在制造业就业中的比重，阿根廷、巴西为1999年，墨西哥为2000年。

资料来源：Christoph Ernst，"Trade liberalization, export orientation and employment in Argentina，Brazil and Mexico"，*Employment Strategy Papers*，Employment Strategy Department，ILO，p. 12.

表 3-5　阿根廷、巴西和墨西哥制造业结构变化

产业分类	阿根廷				巴西				墨西哥			
	1970	1996	2000	2002	1970	1996	2000	2002	1970	1996	2000	2002
技术密集型（不含汽车）	13.2	9.9	8.6	6.7	16.2	25.6	26.0	26.5	12.0	14.4	16.4	15.6
汽车产业	10.9	7.2	7.4	6.1	6.8	7.3	8.3	8.9	8.4	14.6	18.8	18.6
自然资源密集型	47.8	62.1	65.3	71.7	37.8	43.4	41.6	41.5	43.2	43.4	39.1	40.8
劳动密集型	28.1	20.7	18.7	15.6	39.2	23.7	24.0	23.1	36.4	27.6	25.8	25.0
总计	100	100	100	100	100	100	100	100	100	100	100	100

注：按 ISIC Rev. 2 分类，技术密集型产业包括 ISIC381、382、383、385；汽车产业 ISIC384；自然资源密集型产业包括 ISIC311、313、314、341、351、354、355、356、371、372；劳动密集型产业包括 ISIC321、322、323、324、331、332、342、352、361、362、369、390。

资料来源：Industrial Performance Analysis Program(PADI)，ECLAC. 转引自 Jorge Katz，Structural change and domestic technological capabilities，*CEPAL Review* 89，Aug，2006，p. 61.

关键因素。而外国直接投资恰好弥补了国内金融资源的不足，不仅能够通过转移专业技术使生产过程现代化，增加国内生产率和提高国际竞争力，而且能够促进东道国快速融入世界市场、参与全球化生产，同时产生良好的前、后向联系促进国内经济发展。20世纪90年代，尽管外资流动的波动性较70年代有所放大（金融危机影响），但是，外资流入的规模更大，尤其是90年代后半期，拉美迎来FDI涌入的又一个高峰，阿根廷、巴西和墨西哥成为接受外资最多的国家（图3-4）。总体而言，投资环境改善是巨额外资流入拉美的重要原因。墨西哥吸引外资主要得益于北美自由贸易协定的签署和墨西哥国内所进行的经济改革。1995年之前，墨西哥一直是资金流入最多的国家，1996年以后，随着经济改革和私有化过程的展开，巴西开始超过墨西哥，成为最大的外国直接投资流入国。2000年，流入巴西、墨西哥和阿根廷的FDI分别为333.31亿美元、154.84美元和104.18亿美元。

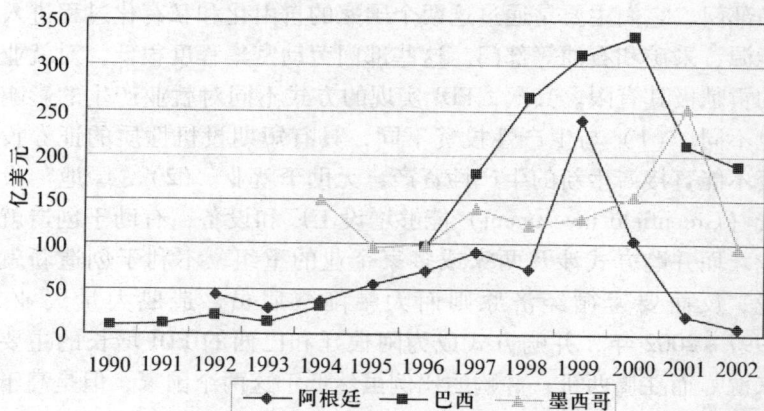

图3-4　1990~2002年阿根廷、巴西和墨西哥三国的FDI流入状况

资料来源：联合国贸发会（UNCTAD）FDI 数据库，
http：//www. unctad. org/Templates/Page. asp？intItemID = 3198&lang = 1。

　　要理解 FDI 和就业之间的关系，必须结合 FDI 的内在驱动力和实现方式两个方面分析。首先，按照理论标准 FDI 可以分为市场导向、资源导向和效率导向型三种，其特征如表 3-6 所示。不同驱动力的 FDI 对就业产生的影响是不同的。(1) FDI 进入南共市国家主要是为了开拓市场。而国内市场，包括劳动力市场的有效运行是这类 FDI 关注的焦点。因为就业和实际工资的增长能够增加国内需求，从而满足外国生产者获取巨大消费者市场的要求。(2) 在墨西哥，制造业的 FDI 大部分是效率导向型的，并致力于增加出口（主要是面向美国）。例如，客户工业区，很多美国企业在这一区域设厂生产以降低成本，扩大自己在国内的市场份额。投资于该地区的亚洲和欧洲公司也是期望借此打开美国市场。客户工业主要存在于电子、汽车零件、汽车、服装和纺织品部门，整体而言劳动密集程度较高，因此，对就业的贡献较大。(3) 资源导向型的 FDI 主要集中在阿根廷和巴西的初级产品部门。它们主要是通过这两个国家的自由化和私有化过程进入能源、采矿和石油等部门。这些部门劳动密集程度很低，对就业的贡献极其有限。其次，FDI 实现的方式不同对就业产生的影响也不同。(1) 与生产性投资不同，具有短期投机性质的证券投资不能直接产生新的生产性资产，无助于就业。(2) "绿地" 投资（Greenfield investment）能够增设工厂和设备，有助于创造就业。而并购方式涉及两家或多家企业的重组，不利于创造新就业，反而要遵循经济原则而大幅削减雇员，造成大量失业。1997～2002 年，并购方式成为阿根廷和巴西的 FDI 增长的主要来源。而在墨西哥，并购的比例虽然低于这两个国家，但是高于印度，更高于中国（中国吸引的 "绿地" 投资远高于并购）。

　　FDI 存量的产业分布直接造成劳动力在产业之间的结构流动。如表 3-7 所示，对于初级产品而言，在三个国家中只有阿根廷的矿产、采掘和石油部门获得了大规模的投资，从 1992 年到

表 3-6　20 世纪 90 年代外国直接投资的动机比较

	效率导向型	资源导向型	市场导向型
考虑因素	主要成本（包括劳动力、环境资源、资金以及其他诸如交通运输、通信等投入成本）	能够获得廉价的原料	市场规模、人均收入、市场增长潜力（包括地区和全球市场的准入、消费者偏好）以及市场结构
特征	垂直化（vertical）生产：母公司将生产的各个阶段放在不同的国家和地区以获取要素成本差异带来的利益	劳动密集程度低，就业创造能力有限；垂直化生产	水平化（horizontal）生产：生产线的大部分在一个国家进行，具有重要的前向后向联系和技术溢出效应
初级产品		气/石油　阿根廷、巴西 矿石　阿根廷	
制造业	汽车　墨西哥 电子　墨西哥 服装　墨西哥		汽车　阿根廷、巴西 涉农产业、食品　阿根廷、巴西、墨西哥 化学制品　巴西
服务业			金融　阿根廷、巴西、墨西哥 电信　阿根廷、巴西、墨西哥 电力　阿根廷、巴西 国家天然气配送　阿根廷、巴西、墨西哥 零售商业　阿根廷、巴西、墨西哥

资料来源：作者根据拉美经委会文献归纳整理。

2000 年增幅为 458%，但是就业年均减少 5.4%。对于服务业而言，由于资本市场开放和投资自由化，大量 FDI 涌入该部门。尤其是在特殊年份，银行业资产重组和投资吸引到的 FDI 所占比重更大。但是，FDI 对三个国家就业的影响是不同的。阿根廷金融部门的就业显著增长，年均增长 13.2%，墨西哥为 1.1%，而巴西就业年均下降 3.5%。整体而言，FDI 对金融业就业增长的贡献低于预期，主要原因是在该部门 FDI 大多采取并购的方式而非"绿地"投资。而且，银行重组通过执行经济原则削减了大量雇员。阿根廷和巴西的公共事业（电、气和水）因私有化也成为吸引 FDI 的重要领域。但是，该部门在传统上被认为是劳动密集程度较低的部门。90 年代另一个吸引 FDI 的重要服务部门是运输和通信行业，这些行业由于解除管制和私有化受到 FDI 的青睐，同时移动电话的兴起也为投资奠定了良好的基础。特别是，跨国公司十分看重这三个国家的潜在市场。其中，阿根廷和墨西哥运输和通信行业的就业增长显著，年均增长率分别为 8.3% 和 7.3%，而巴西就业表现乏力，年均增长率仅为 1.5%。在这三个国家中就业增长率都较高的部门是服务业中的商业，包括餐馆和旅店。其中，阿根廷和墨西哥年均增长率分别达到 9.5% 和 7.2%，巴西相对低些，也有 3.3% 的水平。但是，应该强调的是，这些数字有高估的成分，因为它们是针对整个部门而言，包括了非正规就业者。

表 3-7 90 年代 FDI 存量在三国初级产品和服务业的变化及影响

	FDI 存量 变动%	占 FDI 存量 总额比例		就业年均 增长率%
		1993	2000	90 年代
阿根廷	1992～2000 年			
矿业、采掘和石油	458	17.0	26.1	−5.4

续表

	FDI 存量 变动%	占 FDI 存量 总额比例		就业年均 增长率%
电、气和水	247	17.4	11.7	1.2
商业	508	2.8	4.3	9.5
运输和通信	250	11.2	10.3	8.3
金融	266	9.4	7.5	13.2
巴西	1996～2000 年			
电、气和水	347	0	7.0	-2.2
商业	194	3.3	9.9	3.3
运输和通信	1494	0.3	18.7	1.5
金融	508	24.8	12.3	-3.5
墨西哥	1994～2000 年			
商业	-	8.3	4.7	7.2
运输和通信	-	4.8	10.9	7.3
金融	-	4.8	16.7	1.1

资料来源：FDI 来自贸发会 FDI 数据库；就业数据来自美洲开发银行，部分数据转引自 Christoph Ernst，"The FDI‑employment link in a globalizing world：The case of Argentina，Brazil and Mexico"，*Employment Strategy Papers*，p. 16.

制造业部门同样吸引到大量的外国直接投资。尽管南共市国家制造业吸引的规模较少，但是，FDI 集中的主要部门没有发生变化，传统上那些受益于 FDI 的产业仍然继续吸引着大量的投资，例如，汽车产业。原已存在的跨国公司会继续增加投资，而新的投资机会又源源不断地吸引新的市场进入者。整体而言，墨西哥制造业的 FDI 对就业的影响是积极的，就业年均增长率排在前三位的是电气和电子设备（21.6%）、摩托车和其他交通设备

表3-8 90年代阿根廷、巴西和墨西哥制造业 FDI 存量变化及就业影响

	FDI存量增长幅度%	占制造业 FDI 存量比重%		年均产出增长率%		就业年均增长率%
阿根廷	1992~2000	1992	2000	1980~1990	1990~1999	1993~1999
食品、饮料和烟草	276	25.8	29.1	0.4	4.4	1.1
化学药品及制品	222	29.8	28.8	0.8	4.0	1.9
摩托车及其他交通设备	174	19.3	15.9	-8.9	4.8	-24.5
制造业总计	233	100	100	-2.1	3.5	-4.2
巴西	1996~2000	1996	2000	1980~1990	1990~1999	1996~1999
食品、饮料和烟草	53.3	13.9	15.4	3.6	1.2	-7.3
化学药品及制品	21.6	19.8	17.4	1.1	-0.4	0.3
机械和设备	47.6	8.96	9.57	-2.1	1.2	-6.9
电气和电子设备	54	8.89	9.91	1.2	2.5	-11
摩托车及其他交通设备	99.6	13.36	19.3	3.1	-3.1	-10
制造业总计	38.1	100	100	1.9	0	-2.7

续表

	FDI 存量增长幅度%	占制造业 FDI 存量比重%		年均产出增长率%		就业年均增长率%
	1994~2000	1994	2000	1980~1990	1990~1999	1994~2000
墨西哥						
食品、饮料和烟草	-	-	7.7	2.2	3.5	2.8
化学药品及制品	-	-	8.5	4.7	2.1	1.0
摩托车及其他交通设备	-	-	-	2.6	6.5	20.2
电气和电子设备	-	-	-	2.4	6.8	21.6
机械和设备	-	-	12.6	0.8	4.9	12.7
其他制造业	-	-	3.0	1.9	2.0	-0.9
制造业总计	-	-	100	2.1	4.0	6.1

注：在联合国贸发会有关墨西哥 FDI 数据库中，"机械和设备"包括"摩托车及其他交通设备"和"电气和电子设备"两个部门。

资料来源：FDI 来自贸发会 FDI 数据库；其他数据转引自 Christoph Ernst, "The FDI – employment link in a globalizing world: The case of Argentina, Brazil and Mexico", *Employment Strategy Papers*, p. 18.

（20.2%）、机械和设备（12.7%）（见表3-8）。而阿根廷和巴西制造业的 FDI 对就业的影响则是负面的，例如，1993～1999 年阿根廷制造业就业年均下降 4.2%，1996～1999 年巴西制造业就业年均下降 2.7%。由此可以看出，墨西哥与这两个国家的重要区别在于客户工业获得了大量的"绿地"投资。

总而言之，整个 90 年代 FDI 青睐于服务业，但是创造的就业很少，主要是受服务业本身性质制约以及追逐经济效率的结果，特别是在国有企业和银行私有化方面，这种特征更加明显。制造业 FDI 创造就业能力有限，尤其是在阿根廷和巴西的交通设备部门，就业甚至每年都在大幅缩减（见表3-8），但是，制造业的生产率得到明显提升。墨西哥制造业 FDI 所带来的就业增长源于 90 年代后期客户工业的繁荣，1994 年客户工业出口占总出口的比例达到 43.1%[①]。简言之，除了客户工业，FDI 没有按照标准经济理论预想的那样大规模地流入劳动密集程度高的产业。

第三节　客户工业对就业的贡献及局限

马基拉（maquila）即客户一词起源于西班牙，原指磨坊加工，磨坊主替当地农民加工小麦，将小麦磨成面粉，收取一定的加工费，后来这一词泛指装配和来料加工工业。自从 20 世纪 70 年代以来，墨西哥、一些中美洲和加勒比国家的出口结构发生了很大转变。在陷入市场份额下降的困境后，曾严重依赖初级产品出口的上述国家转而通过客户工业中的制成品出口获得较高的市

[①]　Rudolf M. Buitelaar, Ramón Padilla, Ruth Urrutia, "The in - bond assembly industry and technical change", *CEPAL Review* 67, April 1999, p. 141.

场份额。这种国际贸易地位的提升以及出口产品构成的变化使客户工业立刻受到广泛关注。通常而言，国际竞争力可以通过两种截然不同的方式获得：一方面不断地降低实际工资、以牺牲环境为代价；或者以增加财政赤字的方式向企业提供政府补贴，建立起一种"虚假的竞争力"；另一方面通过持续的技术进步、提高生产率，建立起一种有利于经济可持续发展的"真实的竞争力"。迄今为止，尽管客户工业还没有统一的明确定义，但是其主要特点在上述国家体现得十分明显：主要面向美国市场；享受进口关税优惠、当地税收豁免及其他激励措施；以低工资装配型操作为基础。特别是后两种特点常常被视为一种"虚假的竞争力"。本节在概述拉美国家客户工业的基础上，重点分析墨西哥客户工业对就业的贡献及局限。

一、墨西哥和其他拉美国家客户工业的起源及演进

墨西哥客户工业的发展始于 20 世纪 60 年代中期。第二次世界大战期间，因缺乏劳动力，美国与墨西哥签订了一项佣工协议（Bracero Program），协议于 1965 年期满。因此，1965 年，古斯塔沃·迪亚斯政府（1964~1970 年）制定了一项边境工业化计划（BIP）即"客户工业计划"，以安置因与美国签订的佣工协议期满而回国的 20 多万名墨西哥工人。这一计划允许在墨美边境墨西哥一边 20 公里宽的狭长地带免税进口机器、设备和零配件，条件是必须用于从事当地的出口加工业。20 世纪 60 年代墨西哥政府实行进口替代工业化政策，对进口的限制较严，而客户工业计划无疑是一个例外。客户工业利用进口的原材料和当地的劳动力，生产出口产品，为国家创汇。客户工业的产品不允许在墨西哥国内销售。客户工业的企业主一般是外国人，他们从本国进口原材料，利用墨西哥的土地和劳动力生产产品，再返销本国。这一计划的宗旨是吸收美国的直接投资，在边境地区建立一大批

客户工业，创造大量就业机会。1971 年墨西哥修改立法，允许沿海地区和内陆城市建立客户工业。

20 世纪 80 年代，代表不同工业类型的美国跨国公司在墨美边境设厂，日本和欧洲公司也通过在墨西哥建厂以争夺美国市场。80 年代以来一些企业开始从低技术的装配业向更加高级的制造业转型，80 年代初至 90 年代客户工业企业雇用的技术工人数量的显著增长充分说明了这一点。期间，有关客户工业的法律也作出了重大修改，即加大客户工业的产品向墨西哥国内市场销售的比重，从 1983 年的 20% 增至 1989 年的 50%。此后，北美自由贸易协定（NAFTA）逐渐提高了这一比重，至 2001 年允许达到 100%。1994 年 NAFTA 的正式生效不仅促进了墨美贸易的大幅增长，而且对客户工业也产生了重要影响。一方面，这一协定要求墨西哥修改"客户工业计划"中的某些条款（如取消从非 NAFTA 成员国进口部件的免税优惠），另一方面，这一协定要求墨西哥立即把大多数关税降至零并逐渐削减其他关税。这使得客户工业计划原有的促进出口的效果相对减弱。

尽管装配业并未失去吸引力，但客户工业已出现不选择"客户工业计划"的可能性。PITEX 计划就是另一种逐渐被出口装配业使用的出口促进项目。这一计划是 1990 年实施的，旨在帮助国内出口导向企业；它也允许免税进口原材料和资本品。这一计划要求企业每年的出口占总销售额的比重不低于30%。参与 PITEX 计划的企业大多在墨西哥内陆设厂且比客户工业企业使用更多的本国部件。它不免资产税，但实行退税机制，在这一机制下企业能获得投入品进口关税的返还，前提是这些投入品必须用于出口产品生产。尽管如此，大部分墨美贸易仍以"生产共享"型客户工业为主，即最终产品是利用美国的零部件、墨西哥的劳动力和制造设备等生产出来的。它能使企业提高专业化程度，充分享受墨西哥劳动力成本优势。从这一角度讲，对于客户工业计划下的美国企业而言，"生产共享"模式是重要收益。

1983～1997 年墨西哥客户工业的出口额年均增长率近 20%。特别是，在 1987 年和 1988 年增长率分别达到 26% 和 43%。同期客户工业就业年增长率达到 13%。1997 年，2867 家工厂直接雇用约 94 万名员工。1988～1997 年在客户工业就业中，电器和电子产品及零部件装配业所占比例从 40% 下降到 34%；汽车零部件部门的就业多年占 20% 的比例，而服装业的就业比例从 9% 增加到 20%。[①]

中美洲国家和多米尼加建立客户工业的方式与墨西哥不同，但同样享受美国的进口关税优惠。根据 1930 年生效的美国海关法（806.30 条款和 807.00 条款）中规定的优惠条件，由美国公司海外组装和加工的商品在返销美国时，只征附加价值税。因此，20 世纪 70 年代初，除哥斯达黎加外，上述国家都创建了出口加工免税区。哥斯达黎加则实施一种特殊的关税制度，允许开展出口装配工业。80 年代初的债务危机导致客户工业的经济环境和法律框架发生了深刻变化。曾作为内向发展模式特例而存在的客户工业在国家向出口导向发展模式转变过程中成为"先锋"。这种强调出口优先的倾向首先带来的是法律框架的改变。1984 年哥斯达黎加提高了财政刺激力度以鼓励向中美洲地区以外的出口，同时完善了监管以再出口为目的的进口中间投入品的法律，且允许私人资本参与免税区（Free Zones）的所有权和经营权。危地马拉和洪都拉斯也于同年对临时进口和出口加工免税区进行了立法。多米尼加实施的汇率制度自由化也为吸引出口装配工业的投资奠定了基础。至 90 年代初上述许多国家进一步修

---

① Rudolf M. Buitelaar, Ramón Padilla, Ruth Urrutia, "The in-bond assembly industry and technical change", *CEPAL Review* 67, 1999, p. 146.

改和完善了相关法律（表3-9）。

表 3-9 中美洲国家管理客户工业的法律框架演进过程

初始状态	目前状态
大多数法律仅仅考虑特殊的出口促进计划	存在三种不同体制：出口加工免税区法律；临时产品准入法律；退税制度
仅允许免税区公共所有和公共经营	免税区所有权和经营权向私人资本开放
免税区的设立限定在特定区域	允许免税区向全国拓展；在一些国家个体工厂也能获得免税区资格
仅允许以出口为目的的生产活动	在支付进口关税后，允许向本国市场销售
FDI 被限定在特定行业	实行 FDI 自由化和部门投资多元化
只有特定行业才能享受客户工业收益	所有出口导向型经济活动均可享受客户工业收益

资料来源：Rudolf M. Buitelaar, Ramón Padilla, Ruth Urrutia, "The in – bond assembly industry and technical change", *CEPAL Review* 67, 1999, p. 144.

根据 Gitli（1997 年）的研究，到 1996 年，中美洲国家大约有 800 家客户工业企业，直接提供约 25 万个就业岗位（表 3-10）。与墨西哥不同的是，中美洲国家的绝大多数客户工业企业集中于服装行业。在电子、电器产品行业也出现了一些客户工业企业，特别是在哥斯达黎加。从资本来源看，在哥斯达黎加美国资本占主导地位；在萨尔瓦多本地资本占主导地位；在危地马拉本国资本和韩国资本所占比重几乎相等，两者合计高达 87%。在多米尼加，自 1985 年以来客户工业企业的出口和就业快速增长；至 1996 年，其 36 个免税区 434 家企业的出口额总计约达 29

表 3-10 中美洲客户工业资本来源、企业数量和就业状况

国家	企业数量（家）	资本来源					就业数量（个）
		本国	美国	韩国	其他亚洲国家	其他国家	
哥斯达黎加	189	39（21%）	113（60%）	4（2%）	3（2%）	30（16%）	47972
萨尔瓦多	190	123（65%）	20（11%）	16（8%）	12（6%）	19（10%）	42000
危地马拉	220	95（43%）	20（9%）	96（44%）	4（2%）	5（2%）	61800
洪都拉斯	174	56（32%）	62（36%）	37（21%）	17（10%）	2（2%）	78583
尼加拉瓜	19	3（16%）	6（32%）	3（16%）	6（32%）	1（5%）	13000
总计	792	316（40%）	221（28%）	156（20%）	42（5%）	57（7%）	243355

资料来源：Gili（1997）. 转引自 Rudolf M. Buitelaar, Ramón Padilla, Ruth Urrutia, "The in–bond assembly industry and technical change", *CEPAL Review* 67, 1999, p. 147.

表 3-11 1990~1996 年多米尼加出口加工免税区情况

	1990	1991	1992	1993	1994	1995	1996
出口额（百万美元）	1123.5	1415.8	1839.3	2165.1	2453.9	2700.1	2851.9
增加值（百万美元）	351.7	448.1	575.7	677.7	768.1	845.1	892.6
出口加工免税区	25	27	30	31	32	33	36
客户工业数量	331	357	420	462	476	469	434
就业数量	130045	135491	141056	164296	176311	165571	164639

资料来源：Rudolf M. Buitelaar, Ramón Padilla, Ruth Urrutia, "The in–bond assembly industry and technical change", *CEPAL Review* 67, 1999, p. 147.

亿美元，直接提供 16.5 万个就业岗位（表3-11）。

综上所述，虽然墨西哥和中美洲国家的客户工业起步时间不同，但都经历了产品从"点"到"面"、定位从边境到内陆、条件从苛刻到宽松这种逐步试验和稳步推进的过程。尤其是在20世纪90年代，客户工业一度成为效率导向型 FDI "青睐"的领域，它们的繁荣对这些国家的出口收入和就业做出了重要贡献。

二、墨西哥客户工业产业结构和就业状况

墨西哥的出口客户工业已有 40 多年的历史，在其发展过程中，虽有低潮，但总体上处于增长的趋势。其客户工业企业主要有三种形式。（1）与墨西哥企业合作进行来料加工：外方委托人提供产品样品说明、生产计划、原料和专用设备或技术。墨方订约人一般提供生产需要的专业人员、监督、设备和服务，订约人通常计件收费。采用此方式，经营所需要的时间和费用很低，在财政和劳工方面要承担的义务也很少。（2）与墨西哥公司合作经营：墨方负责工厂厂房，招聘直接和间接人员，诸如编制花名册、办理进出口手续、与墨西哥政府机构打交道等全部管理；国外委托人一般提供生产设备、生产原料和物品，进行必要的培训，提供生产管理人员和质量控制人员，以保持对生产的控制而摆脱行政事务。（3）建立自己的独立公司：根据墨西哥商法，成立股份公司是外国公司建立独立公司的条件。它们在经营和管理方面拥有绝对的控制权，也对财政、海关、劳工等义务承担完全的责任。目前客户工业主要包括如下行业：电子、电脑、机械设备和电器的组装；电器元器件的加工；服装加工；汽车零部件加工和装配；木材制品和家具；鞋类及运动用品；工具、食品及其他制品；服务。

（一）墨西哥客户工业发展阶段

根据组织体系、人力资源管理、生产质量的重要性及技术进步等特征，墨西哥的客户工业大致可分为以下三个发展阶段。

（1）1965 年至 1982 年为客户工业发展的第一阶段（即第一代客户工业）。在这一阶段，客户工业凭借强大的生命力打消了本国企业界和学者的疑虑。但这一阶段以手工操作的组装和来料加工为主，重数量而轻质量，使用非熟练劳动力（主要是妇女），技术水平较低，产品结构较简单。

（2）1983 年至 2000 年为客户工业发展的第二阶段（即第二代客户工业）。在这一阶段，为应对在质量和灵活性上的竞争压力，客户工业企业逐渐提高了生产能力，以满足对高质量标准和短生命周期产品需求的变化。同时，客户工业企业开始引入新技术和新的生产组织形式，并改善人力资源的管理。例如，与单纯装配不同，由汽车零件制造商主导的第二代客户工业企业在这一阶段使用了更多的自动化机器，采取了"即时生产"库存管理、高质量控制方法以及诸如质量循环和岗位轮换等车间新做法。因此，1985 年客户工业企业的劳动生产率是 1975 年的 3 倍以上。①此外，这一阶段客户工业的迅猛发展也受到汇率因素变化的影响。1982 年爆发的债务危机导致墨西哥比索持续贬值，使得墨西哥客户工业实际小时工资低于亚洲国家，更加凸显了廉价劳动力的优势。与此同时，为了抵消日元升值和进口限制的负面效应、充分利用美元贬值的机遇，日本开始把一些工厂迁往墨西哥，这种趋势一直持续到 80 年代末。1994 年 12 月的比索贬值再次加快了 90 年代后半期客户工业扩张的势头。历史经验表明，客户工业的扩张期总是与比索贬值的趋势相伴。从就业角度看，鉴于生产线趋于自动化，工人不得不承担起多重职能，因此，这

---

① http：//www.tshaonline.org/handbook/online/articles/MM/dzm2_print.html.

一时期工程师和技术人员的比重逐渐增加。

（3）2001年至今为客户工业发展的第三阶段（即向第三代客户工业转型）。经过90年代快速增长之后，墨西哥客户工业的生产和就业自2000年10月起开始急剧下降，这种趋势在某些行业和城市表现得尤为明显。例如，2000～2002年墨西哥客户工业中电子工业的就业数量下降了31%，电子制造业的重要城市——蒂华纳的客户工业就业数量下降了30%。此外，2000年墨西哥边境地区的整体制造业也开始下滑。① 这种现象与周期性因素和结构性因素有关。周期性因素主要是指美国经济周期的波动。2000年下半年，美国经济结束了自1991年3月以来长达10年的高速增长期，步入低速增长阶段，而2001年的"9.11事件"沉重打击了消费者和投资者的信心，加速了经济下滑的速度。因此，通过"生产共享"模式与美国制造业和需求紧密联系的墨西哥客户工业必然受到影响。结构性因素主要如下。第一，墨西哥客户工业在美国市场上面临来自中国、中美洲和加勒比国家更加激烈的竞争。第二，从1998年第四季度起比索相对于美元和主要竞争对手的货币持续升值，使出口处于弱势地位。第三，墨西哥政府不断改变客户工业的税收政策增加了投资者的税赋和经营成本，降低了客户工业企业规划长期投资的意愿。第四，过渡期结束后，由于履行北美自由贸易协定的相关条款（如Article 303②），客户工业企业原来享有的独特优势消失。面

---

① Mexico's Maquiladora Decline Affects U. S. – Mexico Border Communities and Trade; Recovery Depends in Part on Mexico's Actions, United States General Accounting Office, July 2003, p. 2.

② NAFTA第303条规定，从2001年1月1日起取消从非NAFTA成员国进口投入品的退税制度，前提是由这些投入品组成的最终产品随后向另一个NAFTA成员国出口。这一条款大大改变了客户工业投入品的采购模式，那些严重依赖远东某些投入品的日本和其他亚洲国家的客户工业深受冲击，有的企业不得不把工厂从墨西哥迁往其他国家。

对上述挑战，墨西哥开始向注重产品开发和设计的知识密集型第三代客户工业转型，旨在技术创新和产品升级的改革呼之欲出。

（二）产业结构和就业贡献

随着客户工业的发展，20 世纪 90 年代以来客户工业企业的就业数量呈现"先迅速增长再急速下降而后又缓慢恢复"的特征（图 3-5）。从客户工业企业的就业总量（普通工人、技术人员和管理人员之和）看，就业高峰出现在 2000 年 10 月，达到 134.78 万人；此后至 2002 年 3 月经历最严重的萎缩期，降幅达22%。[①] 从图 3-5 可以看出，就业总趋势主要是由普通工人的就业变化引起的，因为普通工人占总就业的比重相当高（80% 左右），而技术人员和管理人员所占比重很小，不足以影响就业总体趋势。2000 年 10 月，普通工人、技术人员和管理人员占客户工业总就业的比重分别为 81%、12% 和 7%。而从客户工业占制造业就业的比重看，客户工业就业贡献很大，截至 2006 年 12 月这一比重达到 74%。[②]

从性别比例看，客户工业总体就业情况是：2000 年之前女性就业多于男性，2000 年之后男性就业多于女性。具体而言，普通工人以女性劳动力为主；技术人员和管理人员以男性劳动力为主。这说明，在以非熟练劳动力（主要是妇女）为主的客户工业向知识和技术密集型客户工业转型的过程中，技术人员和管理人员的比重逐渐提高，而男性劳动力在其中发挥越来越大的作用（图 3-6）。

按地区划分，墨西哥的客户工业分布于北部地区、中北部地区、东北部地区和内地四大地区，前三个地区属墨西哥北部边境

---

① 根据 CEIC 数据库墨西哥数据计算。
② 上述比重根据 CEIC 数据库墨西哥数据计算。

图 3-5　1990～2006 年墨西哥客户工业就业人员状况

资料来源：此图由作者根据 CEIC 数据库中墨西哥数据加以绘制。

地区。北部地区包括北下加利福尼亚州和索诺拉州；中北部地区包括奇瓦瓦州和科阿韦拉州；东北部地区包括新莱昂州和塔毛利帕斯州；内地主要包括哈利斯科州、瓜那华托州、尤卡坦州和墨西哥州。客户工业得到发展的新地区有：萨卡特卡斯、阿瓜斯卡连特斯、米却肯、克雷塔罗、韦拉克鲁斯、锡那罗亚、杜兰戈、普埃布拉等八个州。如图 3-7 所示，北下加利福尼亚州、奇瓦瓦州和塔毛利帕斯州分别集中了全国 32.1%、13.4% 和 12.4% 的客户工业企业。从就业分布看，尽管墨西哥北部边境地区的客户工业占全国客户工业就业的比重从 1990 年的 92.8% 降至 2000 年的 82.7%，但至 2006 年这一比重仍维持在 80% 以上。其中奇瓦瓦州（25.9%）、北下加利福尼亚州（20.4%）和塔毛利帕斯州（15.6%）的就业占比分列前三位（表 3-12）。

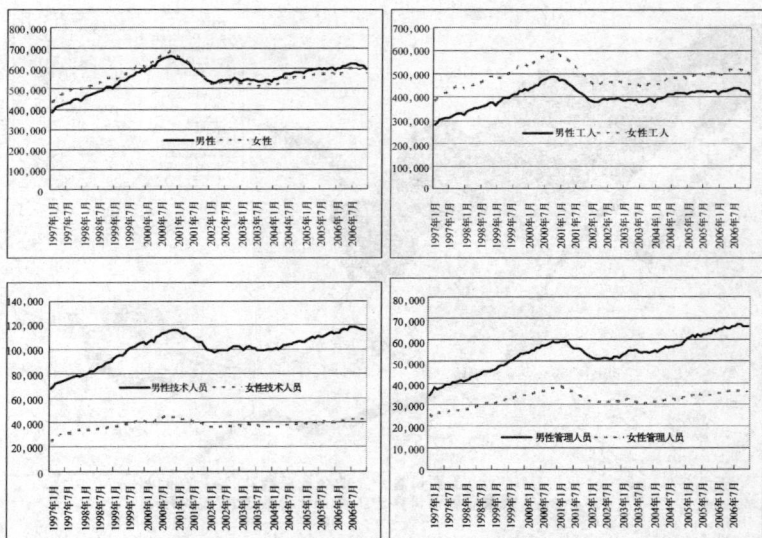

图3-6 按性别划分的客户工业总就业及工人、技术人员和管理人员就业状况

资料来源：此图由作者根据 CEIC 数据库墨西哥数据加以绘制。

表3-12 墨西哥边境各州客户工业就业人数及占全国客户工业就业的比重

	北下加利福尼亚州	科阿韦拉州	奇瓦瓦州	新莱昂州	索诺拉州	塔毛利帕斯州	边境6州合计
1990 年12 月	84,573 (19.2%)	31,897 (7.3%)	160,250 (36.5%)	15,377 (3.5%)	37,633 (8.6%)	78,014 (17.8%)	407,744 (92.8%)
2000 年12 月	282,602 (21.6%)	114,197 (8.7%)	327,379 (25%)	68,529 (5.2%)	110,449 (8.4%)	180,584 (13.8%)	1,083,740 (82.7%)
2006 年12 月	239,385 (20.4%)	93,750 (8%)	303,388 (25.9%)	71,798 (6.1%)	85,897 (7.3%)	182,677 (15.6%)	976,895 (83.4%)

资料来源：作者根据 CEIC 数据库墨西哥就业数据计算。

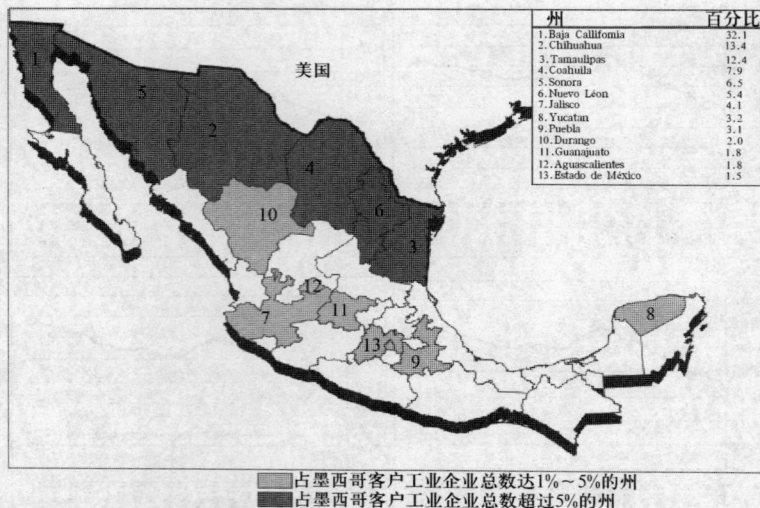

州	百分比
1.Baja Callifomia	32.1
2.Chihuahua	13.4
3.Tamaulipas	12.4
4.Coahuila	7.9
5.Sonora	6.5
6.Nuevo Léon	5.4
7.Jalisco	4.1
8.Yucatan	3.2
9.Puebla	3.1
10.Durango	2.0
11.Guanajuato	1.8
12.Aguascalientes	1.8
13.Estado de México	1.5

占墨西哥客户工业企业总数达1%~5%的州
占墨西哥客户工业企业总数超过5%的州

图 3-7 墨西哥客户工业地区分布

资料来源：Mexico's Maquiladora Decline Affects U. S. – Mexico Border Communities and Trade；Recovery Depends in Part on Mexico's Actions, United States General Accounting Office, July 2003, p. 11.

从客户工业的产业分布看，截止到 2004 年 8 月从事电子及电器、汽车零件和配件及纺织和服装三大主要行业的企业共计 1442 家，占比 52%。在这三大主要行业中就业的劳动力共计 85.97 万，占客户工业总就业的 76%（图 3-8）。

综上所述，墨西哥的客户工业使劳动力流动具有如下特征：第一，由于北部边境地区集中了约 80% 的客户工业企业、80% 的客户工业就业，因此，劳动力流动在地域上呈现不平衡性，即使同属北部地区的各州之间也存在差异。第二，电子和电器及汽车零件和配件成为吸纳客户工业就业的主要行业，产业流动特征明显。第三，2000 年以后随着客户工业向第三代转型，技术人员和管理人员在就业中的比重逐渐提升，对高素质劳动力的需求

A. 客户工业产业分布及占比（单位：个）   B. 就业结构分布及占比（单位：万人）

图 3-8 2004 年 8 月墨西哥客户工业主要产业结构和就业分布

资料来源：John H. Christman, "Mexico's Maquiladora Industry Outlook：2004-2009 And Its Future Impact on the Border Economy", Global Insight, Inc., Dec., 3, 2004.

增加将导致北部客户工业的平均工资上升。

三、客户工业就业的局限性

自 1965 年制定边境工业化计划（BIP）即"客户工业计划"后不久，人们就展开了有关客户工业成本和收益的争论。同大多数工业活动一样，客户工业对就业和资源环境的影响备受关注。诸如与生产相关的空气污染、交通与人口压力带来的间接外部性以及水资源利用等资源限制等问题都成为热点话题。而客户工业对墨西哥就业创造以及劳动力工作条件的影响尤其引人注目。

Leslie Sklair 从六个方面评估了出口加工区对墨西哥经济发展的影响：与墨西哥国内产业前后向联系；墨西哥的外汇留成；工人技能的升级；真正的技术转移；与墨西哥其他地区相比的劳动条件；成本和收益在东道国和外国投资者之间以及在墨西哥不同阶层之间的分配。通过数据分析，他得出结论：墨西哥客户工业与国内产业很少有前后向联系；由于比索的持续贬值，外汇留成很少；鉴于墨西哥的客户工业多属劳动密集型产业，实际的技术转移很少；客户工业企业的工资无法满足生活的需要；至于成本和收益分配，客户工业工人的生活标准在下降而跨国公司则实现了利润的递增。Sklair 认为，客户工业唯一明显的积极效应是，至少与 20 世纪 60 年代中期相比，墨西哥专业技术人员、管理人员和生产工人的技能在提高。[①] 而有些专家学者则对墨西哥客户工业给予了积极评价，主要依据是其创造了直接就业。尽管如此，他们仍认为美国跨国公司在墨西哥设厂的最主要动机是利用廉价的劳动力。[②] 至于劳动力的技能是否得到提高也存在争议。其分歧主要取决于所分析的劳动力性质（男性或女性，管理人员、行政职员或生产线工人等）以及客户工业的类型（服装、电子或汽车零配件等）。这里将从以下方面分析墨西哥客户工业就业的局限性。

（一）客户工业就业严重依赖于美国经济周期的变化

由于客户工业通过"生产共享"模式与美国制造业相联系，因此客户工业的就业对美国制造业和需求的波动十分敏感。历史经验也证明了这一点：当整个美国经济处于扩张期时，客户工业中的就业数量就显著增长；当美国经济下滑时，客户工业中的就业就受到冲击。如图 3-9 所示，1992～2006 年墨西哥客户工业中的就业增长率和美国经济增长率大体呈正相关性。纺织业和汽车等部门的客户工业就业对美国制造业生产的变化尤其敏感。

（二）在美国市场上容易受到外部竞争的挑战

在美国市场上墨西哥客户工业面临来自中国、中美洲和加勒比国家的竞争日趋激烈。尤其 2001 年 12 月中国正式加入 WTO

---

① 参见 Leslie Sklair, *Assembling for Development*: *The Maquiladora Industry in Mexico and the United States*, Boston: Unwin Hyman, 1989.

② 参见 Khosrow Fatemi, ed. *The Maquiladora Industry*: *Economic Solution or Problem*? NewYork: Praeger, 1990.

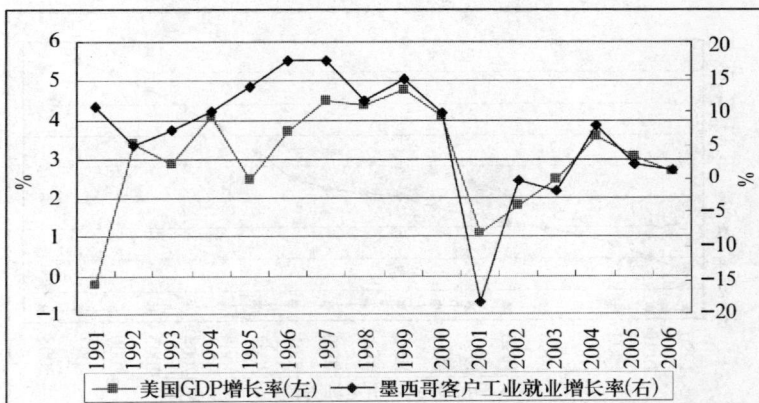

**图 3-9　1991～2006 年美国经济增长率与墨西哥客户工业
就业增长率的相关性**

说明：美国国内生产总值（GDP）按 2005 年不变价格计算。
资料来源：作者根据 CEIC 数据库美国数据和墨西哥数据绘制。

后，美国从中国进口的比重大幅上升。如图 3-10 所示，1990 年
美国从墨西哥进口的比重达 6%，高出中国（3.2%）2.8 个百
分点；2002 年墨西哥和中国占美国进口的比重几乎相等；2008
年，美国从中国进口的比重（16.5%）高出墨西哥（10.1%）
6.4 个百分点。墨西哥对美国的服装和纺织出口也遭遇中美洲和
加勒比国家的激烈竞争。尽管美国从中国进口的比重上升与墨西
哥份额的下降并无必然的联系（有可能出自墨西哥客户工业本
身的问题），但这种客观事实已削弱客户工业创造直接就业的
能力。

（三）客户工业和国内经济之间的二元分割不利于创造间接
就业

客户工业的实质是在生产过程中从国外进口原材料和投入
品，因而无需开发国内供应商，进而"堵塞"了从国内供应商

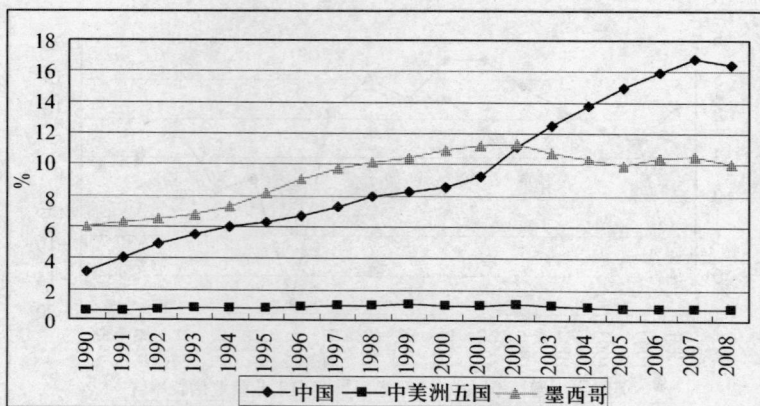

图 3-10　中国、墨西哥和中美洲五国占美国进口份额的变化趋势

注：中美洲五国包括哥斯达黎加、萨尔瓦多、危地马拉、洪都拉斯和尼加拉瓜。美国为主报告国，国别进口数据来自 CEIC 数据库中美国数据库的 IMF/DOT 系列数据。

资料来源：作者根据 CEIC 数据库美国数据绘制。

购买投入品促进间接就业的渠道；与此同时，客户工业又将绝大部分产品出口到国外，因而与面向国内市场的国内企业不形成直接竞争关系，进而使国内企业缺乏追赶客户工业技术标准的动力。正如 George 指出，客户工业由本地供货的比例少于 1.4%。Chrispin 也指出，1987 年在客户工业所使用的非劳动力投入品中仅有 1.6% 来自墨西哥国内。① 因此，从这个角度讲，墨西哥客户工业与国内经济的前后向联系很少，这种二元分割结构既不利于先进技术向国内经济扩散，也不利于创造间接就业。如图 3-11 所示，墨西哥客户工业出口占总出口的比例已从 1980 年的 14% 上升到 2006 年的 44.7%；2002 年这一比例达到最大值（48.5%），

---

① Tamar Diana Wilson, "Maquiladoras: Success Story for the Labor Force?", *Latin American Perspectives*, Vol. 22, No. 1, p. 143.

A. 客户工业及非客户工业出口占总出口的比例

B. 中间产品进口在客户工业和非客户工业间的分布

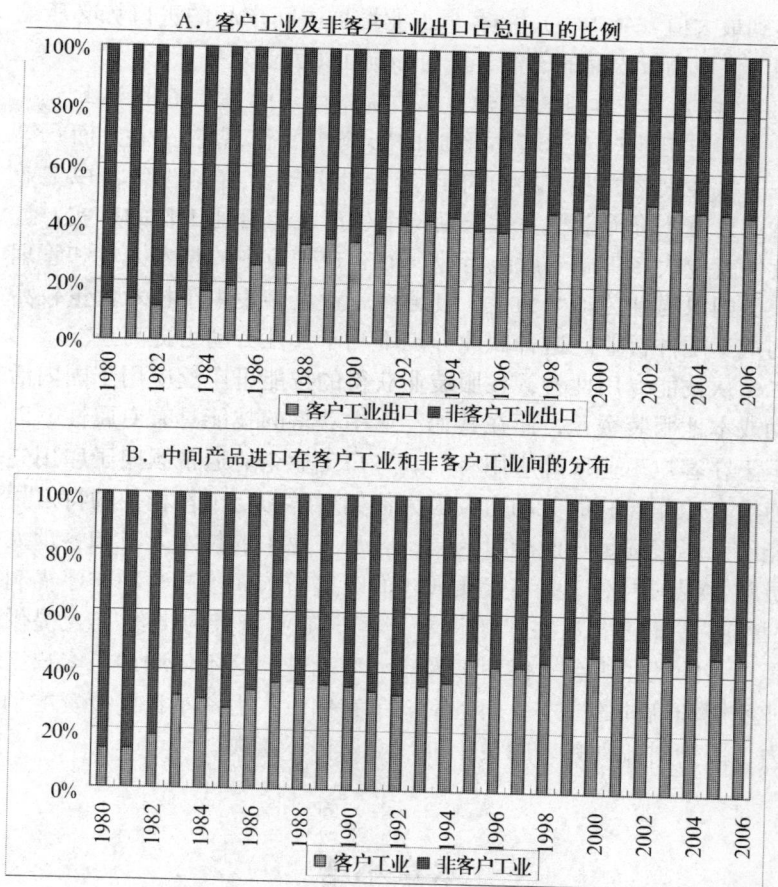

图 3-11 墨西哥客户工业出口及中间产品进口情况

资料来源：作者根据 CEIC 数据库墨西哥数据绘制。

几乎与非客户工业出口"平分秋色"。这种增长趋势本应预示着客户工业更大的就业潜力。但是，从中间产品进口看，墨西哥客户工业所占比例从 1980 年的 13% 上升到 2006 年的 46.4%；2002 年达到最大值（46.9%）。① 客户工业增加中间产品的进口势必压缩国内供应商投入品的份额，进而影响间接就业效果。

（四）客户工业对劳动力人力资本的影响存在不平衡性

客户工业对人力资本形成的影响主要体现在三个方面。第一，从性别构成看，2000 年以后女性劳动力占墨西哥客户工业就业比重下降掩盖了女性长期从事生产线上普通工作的事实，且女性就业大多集中于服装行业。而客户工业中的技术人员和管理人员则以男性劳动力为主，且男性就业大多集中于技术含量较高的汽车配件行业。这种职业分割不利于女性劳动力提高技能。第二，从技能专用性看，在服装业获得的技能可广泛应用于国内活动或本地服装企业，而在其他产业中获得的技能具有专属性，以至于在客户工业以外应用有限。客户工业企业通常倾向于雇用先前没有工作经验的劳动力，因为他们对学习与工作相关的特定技能的意愿很强。与此相对的是，客户工业中的技术人员和管理人员常常因国内对这些高素质人才的旺盛需求而被高薪和丰厚福利"挖走"。第三，从在职培训看，客户工业繁荣时期给工人提供了更多的就业机会，促使工人流动率上升，这不仅增加了客户工业雇用和培训的成本，而且削弱了它们对人力资本长期投资的动力，因为对流动频繁的员工进行培训得不偿失。

本章小结

本章主要阐述了拉美劳动力在外向发展模式中的产业转移。同时，鉴于贸易开放和投资增长成为 20 世纪 90 年代拉美地区的主要特征，本章又重点关注了墨西哥、巴西和阿根廷三国的贸

---

① 所占比例均由作者根据 CEIC 数据库墨西哥数据计算。

易、投资与就业效果。

首先，经济生产结构、企业组织结构的转型对就业结构产生了深刻的影响。对应于 80 年代中期以后"去工业化"和"第三产业化"现象，拉美地区的就业结构在 90 年代也发生变化。总体趋势是第一产业就业下降，第三产业就业上升，而第二产业就业在进口替代工业化时期的相对扩张能力明显减弱。

在农业内部，驱使农业劳动力（特别是年轻劳动力）离开土地从事非农活动的"推力因素"依然存在，因此劳动力的产业转移将持续下去。即使小农经济的缺陷被克服，农业生产本身及涉农领域中的劳动生产率和劳动力收入也比该部门创造的直接就业增长得快。在制造业，随着重组过程的结束，建立在较高生产率和竞争力水平上的企业能够面对国内外市场的竞争。倘若制约生产能力的宏观经济状况得到改善，那么，该部门对就业的积极作用将逐渐释放出来。至于第三产业，产出和就业的增长将是长期的趋势。因为传统的可贸易生产部门的竞争力逐渐依赖于一个具有服务多样化的有效运转的体系。对于外包这种经济活动，它们能够使企业在维持生产结构不变的情况下改变雇员数量和平均劳动生产率。因此，未来企业内部垂直的生产结构将被各种投入品供应商所构筑的互联网络和连锁机制取代。这个过程会产生比原有体系下更为异质的生产结构和就业结构。

其次，外向发展战略并没有带来理论预期中的就业增长。现实情况是，在总体水平上研究贸易开放与投资增长对就业的影响掩盖了国家、部门间的差异性。当以阿根廷、巴西和墨西哥作为案例时，我们发现三个国家的经济开放对就业的积极作用是令人失望的。

出口导向型外向发展模式对南共市国家的就业产生了不利影响，而对墨西哥劳动力市场产生了积极的作用。但是，值得关注的是，尽管墨西哥的客户工业展示出强大的出口和产出活力以及吸纳劳动力的能力，但是，客户工业的生产率并没有增长，而且由于大量使用进口的投入品而较少使用国内的投入品，对经济的前、后向联系较差，其结果是，制造业的出口繁荣无法带动总体就业的持续增长。

FDI 对于拉美地区的发展以及与世界市场的接轨和就业都是至关重要的，但是，本地企业的国内投资也同样重要，然而在整个 90 年代国内投资是被忽略的。只有保持 FDI 和国内投资两者的良好平衡，阿根廷、巴西和墨西哥才能减少面对外部冲击时的脆弱性。

最后，客户工业起初是建立在低工资的成本优势以及市场优先准入条件基础上的，而未来的发展方向是要逐步提高生产率和增加附加值。客户工业过去仅仅被当作就业政策的一部分，后来被视为国家创汇的"机器"，将来要把它纳入国家的经济发展战略。这并不意味着政府要过度干预客户工业的发展，而是要求政府应关注提高人力资本，加强研发制度，加大基础设施投资，加大金融支持力度。与此同时，政府应为客户工业和国内其他制造业创造平等竞争的环境（如消除税收制度差异），使整个国内经济得到协调发展。

第四章　拉美城市化与劳动力
地域转移

　　劳动力由乡村向城市流动的一个必然后果就是城市化。城市化是社会、经济发展的必然趋势，而城市化水平的高低则通常被视为一个国家和地区发展程度的指标。在拉美，由于农业现代化偏差形成的"离心力"和城市工业化水平形成的"向心力"的共同作用，引发了农村剩余劳动力向中心城市的大规模、急速、无序的流动，加之城市中就业压力居高不下，这些低收入阶层被市场和社会边缘化，结果形成拉美国家独具特色的贫民窟包围城市的现象，我们称之为"农民的城市"。本章将主要讨论拉美国家因劳动力从农村向城市流动而出现的就业和城市化问题。

第一节　劳动力流动与城市化关系

　　不同的分析方法会从不同的视角来解释城市化进程。20 世纪 60 年代末以来，城市化研究中较具代表性的有两大体系：其一是以刘易斯模型和托达罗模型为代表的发展经济学理论，其特征是将人口向城市的流动视为劳动力在产业间和地域间的转移，这种流动是个人对迁入地和迁出地之间的收入（或者预期收入）差距的回应。其二是 20 世纪 90 年代发展起来的"新经济地理学"，该理论将城市视为经济活动集聚的结果，即由于规模经济的作用，生产要素会向某一地区（如城市）集中，以求获得更高的要素生产率，厂商因此而获得较高的利润，劳动力则获得较高的工资。

一、托达罗模型的解释

托达罗模型认为，迁移决策取决于潜在的迁移者对预期收入的估计，这种估计同时依赖于当前城市工资水平和在城市现代部门就业的概率，后者假设由城市失业率决定。托达罗认为，城乡收入差距（或者说预期收入的差距）构成了迁移动机的主要方面。这个差距越大，迁移倾向就越强。

该模型是建立在一系列关于城乡劳动力市场结构的假设之上。（1）农村劳动力市场是完全竞争的。（2）在城市中，劳动力需求来自现代部门，然而由于工会的活动以及政府关于工资立法的某些政策，城市劳动力的报酬被人为地固定在劳动力市场出清的水平之上。换言之，城市工资水平高于由劳动力市场供求平衡决定的工资水平。（3）仅有城市居民（含进入城市的迁移者）才能进入现代正规部门就业，当劳动力数量超过就业岗位数量时，后者将被随机分配。（4）在城市中存在一个自由进入的非正规部门，该部门使得那些不能进入正规部门的劳动力能维持生存。其基本思想如图 4-1 所示，曲线 D_r，D_u 和 D_b 分别表示农业、城市正规部门和城市非正规部门的劳动力需求。在 C 点，城市收入和农村收入达到平衡，水平为 w^*，劳动力在城乡之间的分配在此处达到最优（在此忽略迁移成本）。然而，如果城市正规部门的工资被制度性地固定在水平 w_u 上，就会产生一个收入差距 AB，此时农业工资被压低到 w_r，农业中将产生一部分剩余劳动力 L^*L。城市非正规部门 D_b 的出现将缓解农村劳动力市场上剩余劳动力压力，使劳动力在城乡之间重新分配，导致一个新的平衡点 C'。[①] 托达罗模型为农村劳动力转移提供了一个清

---

① 参见朱农：《中国劳动力流动与"三农"问题》，武汉大学出版社 2005 年版，第 51 页。

楚而简洁的分析框架，且又非常契合大部分发展中国家劳动力市场的现状，因此，该模型得到广泛的应用。

但是，托达罗模型同样受到一定的批评。比如，农业中不存在剩余劳动的假定不符合发展中国家的实际，并且随着劳动生产率及资本积累率的大大提高，在有限的土地上也只需要很少一部分劳动力即可，同时必然伴随着剩余劳动力的产生与农业劳动力的大规模转移。此外，托达罗对于农村劳动力宁愿留在城市待业或从事一些传统行业的职业而不愿回到农村的观点也与现实经济存在差距。

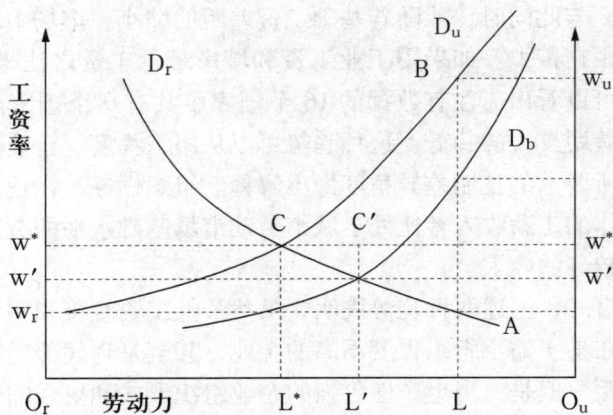

图 4-1 托达罗模型的基本思想

资料来源：朱农：《中国劳动力流动与"三农"问题》，武汉大学出版社 2005 年版，第 51 页。

下面利用现有资料大致比较一下城市和农村之间的收入水平，以此说明拉美国家存在的一个矛盾现象：尽管城市现代部门吸纳能力不足而且就业没有保障，但是仍有大量后续的劳动力进入城市劳动力市场。

有资料显示，1960 年到 1980 年拉美国家的工资收入呈现以下主要趋势：基本工资差异逐渐缩小，而现代部门工资收入差距逐渐扩大。如表 4-1 所示，基本工资差异可以用农业工资和城市中通常接纳转移劳动力的行业（如建筑业）的工资之比间接地表示出来。从表中可以看出，在有数据的 12 个国家中有 9 个国家的该比值在上升，表明两者之间差距在缩小。这 9 个国家是巴西、哥伦比亚、哥斯达黎加、智利、尼加拉瓜、巴拿马、巴拉圭、秘鲁和乌拉圭。显然，这种基本工资缩小的趋势与前期大规模的城乡劳动力流动密切相关。一方面，人口流动使迁出地的收入水平上升，另一方面，他们也抑制了迁入地普通行业收入水平的提高。与此同时，伴随着基础工资差距的缩小，市场中城市工资的差距在扩大。如果用工业工资和城市最低工资之比来衡量，从表中可以看出，在有数据的 16 个国家中共有 9 个国家出现城市工资差距扩大的趋势。这种趋势可以从组织程度、企业规模以及职业所要求的技能差异角度做出解释。组织性好、在规模较大企业工作的工薪收入者比处于城市劳动市场基础水平的劳动者更易获得较好的收入。

简言之，上述两种趋势表明，虽然最低工资政策和剩余劳动力的存在易于缩小组织程度不高的企业、甚至是现代部门的基础工资差距，但是，当生产性更强的企业组织形式和更强的劳动力组织谈判能力结合在一起的时候，工资水平就会受到影响。其结果是，不仅基本工资差异（农业和建筑业）依然存在，而且城市工资差距继续扩大。[①] 因此，拉美国家的城乡劳动力流动在 1950～1980 年从未停止过。

---

① Tokman 认为，工业工资和最低工资以及建筑业工资的差距在 1979～1983 年比 1970 年小。原因有三个：第一，危机期间制造业的萎缩程度比总产品下降程度大，1981～1983 年拉美制造业缩减 9.2%；第二，工业中通常具有的工会谈判能力丧失；第三，工作日缩短以及迫于利润率的压力降低了较高的工资水平。具体参见 CEPAL Review No. 24。

表4-1 1966~1979年拉美国家实际工资变化

| 国家 | 平均实际工资 (1978~1979)（基础指数近似 1966-1967=100) | | | 比率 | | | |
| | | | | 工业/城市最低工资 | | 农业/建筑业 | |
	工业	城市最低工资	农业	1966~1967	1978~1979	1966~1967	1978~1979
阿根廷	84.5	43.7	62.6[a]	1.74[b]	2.92	0.59	0.56[a]
玻利维亚	114.4[a]	170.2	-	3.72[b]	2.11	-	-
巴西	155.7	92.6	135.1[a]	2.79[c]	4.45	0.61[c]	0.86
哥伦比亚	111.7	113.2	152.8	2.49	2.46	1	1.51
哥斯达黎加	151.6	112.1	137.6[d]	1.46	1.97	0.73	0.86
智利	115.3	159.1	130.6	3.25	2.35	1[e]	1.28
厄瓜多尔	163.4[a]	97.1	85.3	1.79[c]	2.79[a]	-	-
萨尔瓦多	88[a]	100	80	1.86	1.56[a]	-	0.51[f]
危地马拉	71.7	28.5	86.5[g]	2.01	2.71	0.56	0.32
洪都拉斯	121.5[h]	80.2[h]	100.3[h]	-	2.15[a]	-	0.23[a]
墨西哥	129	135.9	149.8	2.2	2.08	0.52	0.48[i]
尼加拉瓜	86.9	84.7	83.3	2.1	2.16	0.2	0.4

续表

国家	平均实际工资 (1978~1979)(基础指数近似 1966-1967=100)			比率			
	工业	城市最低工资	农业	工业/城市最低工资		农业/建筑业	
				1966~1967	1978~1979	1966~1967	1978~1979
巴拿马	104.9[j]	78.8	116.4	1.86	2.29[j]	0.42	0.54
巴拉圭	110[a]	72.9	90.6[i]	1.17[e]	1.58[a]	0.65[e]	0.71[i]
秘鲁	80.1	81.4	102.4	2.05[k]	2.05	0.28[k]	0.37
多米尼加	107.6[l]	85.6[a]	–	2.11	2.4[l]	–	–
乌拉圭	61.4	88	115.9	2.47[b]	1.92	1[e]	1.41[a]
委内瑞拉	115.1	72.2[b]	–	–	3.73	–	–

注:在农业和建筑业工资之比中,斜体数字表示指数,它是以基期指数为 1 为计算基础的。a 指 1977~1978 年;b 指 1970~1971 年;c 指 1968~1969 年;d 指 1971 年为 100;e 指 1967~1968 年;f 指 1974 年;g 指基期 1973 年为 100;h 指基期 1974 年为 100;i 指 1975~1976 年;j 指 1976~1977 年;k 指 1966 年;l 指 1975 年。

资料来源:Victor E. Tokman, "The development strategy and employment in the 1980s", *CEPAL Review*, Dec. ,1981, p. 137.

二、克鲁格曼的"中心—边缘"模型①

新经济地理学的代表人物克鲁格曼提出了他的"中心—边缘"模型。模型的初始状态为一端是以工业为主导的发展中心，另一端是以农业为主导的边缘区域。克鲁格曼的假设是：劳动力的流向以工资极大化为目的；企业的定位以利润极大化为目的。在这个假设之下，克鲁格曼用数学推导论证了这样一个结论：随着工业化的发展、规模经济的上升和贸易自由化的发展，模型的初始状态会逐渐演变到一个平衡状态。在这个平衡点上，所有的工业及工业劳动力都集中到"中心"地区，而"边缘"地区完全变成农业区域。克鲁格曼的结论可以直观地解释如下：劳动力和其他生产要素流向"中心"，在该地区形成更大的产品市场，而这又会鼓励更多的企业在"中心"建立工厂，引起前向效应和后向效应，形成所谓的"聚集效应"。由于聚集效应的引入，一个地区的比较利益就不仅依赖于其要素禀赋，也同时依赖于经济的初始分布状态。克鲁格曼认为，对于一个"中心"地区来说有两种力量：向心力和离心力。向心力支持"中心"的生存，如企业定位于大市场附近以获取更高的利润，劳动力流向经济繁荣地区以获取更高的工资等。离心力则促使"中心"解体，如"中心"地价上升、人口拥挤、企业迁往"边缘"地带以服务于农村地区等。集聚在总体上强化了劳动力向中心的流动，集聚过程一直持续到向心力和离心力达到平衡。

新经济地理学用生产的"外部性"这个概念来解释由产业集中而带来的城市发展。具体解释如下：（1）产业内的外部性，同一产业的企业在某个地区集中，即"生产专门化"，有可能进

---

① 参见朱农：《中国劳动力流动与"三农"问题》，武汉大学出版社 2005 年版，第 396 页。

一步促进该产业在这个地区的增长；（2）产业间的外部性，某些产业的增长也可能得益于地区工业格局的"多样化"，这种效应就对应于一种"城市化经济"。两种外部性都会带来产业的集中，也带来包含劳动力在内的生产要素的集中从而推动城市发展。在拉美，智利的矿业产业集群和墨西哥新兴的北方工业化中心具有代表性。

铜矿业是智利经济的重要支柱。2005 年智利铜的储量为 1.4 亿吨，占世界总量的 29.79%，居世界第一位。智利的铜资源绝大多数集中在中、北部的斑岩型铜—钼—金矿化带中，走向南北延续 2000 多公里，北起安第斯高原山脉向南延伸到中部圣地亚哥以南的海岸山脉，再向东延伸到接近阿根廷边界。智利独特的地理结构使得该产业靠近海岸，因此，面向国际市场的运输成本比其他国家相对低。更重要的是，这种以自然资源位置形成的产业集中具有很好的前向（forward linkage）和后向联系（backward linkage）。就前向联系而言，从矿山提取的铜矿金属含量的级别为 2%，价值大约每吨 10 美元。经过精炼，铜矿转变为纯度超过 99% 的铜，每吨 2000 美元。换言之，加工过程使铜含量增加到 50 倍，而相应价值却飙升为 200 倍。大多数精炼铜直接出口，但是相当一部分被制成金属线和其他产品，然后再出口。产业集群程度愈成熟，生产金属产品的这些活动愈得到发展。就后向联系而言，提取铜矿的成本中劳动力成本仅占 15%，其余 85% 的部分来自于潜在的国内供应商的引致需求：50% 是诸如炸药、化学药品的投入成本；25% 是诸如钻孔机、压碎机、卡车、推土机等资本品；10% 是工程服务（如图 4-2）。

鉴于此，Meller（1996 年）估计以密集利用自然资源为主的智利出口创造的直接就业岗位仅占 10%，但是，如果把出口拉动的间接就业包括进去，即由加工、销售和运输出口产品（前向联系）带来的就业以及为此而付出的投入品、资本品和工程

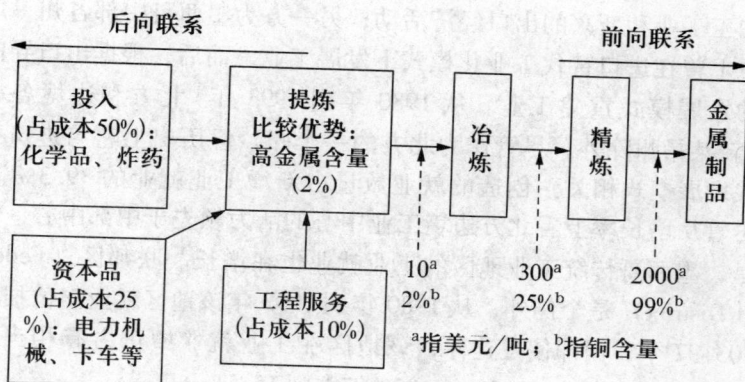

图 4-2　智利以铜为基础的矿业集群效应

资料来源: Joseph Ramos, "A development strategy founded on natural resource – based production clusters", *CEPAL Review* 66, p. 119.

咨询服务（后向联系）所引致的就业需求，那么，就业总量将超出两倍。据估计，由后向联系创造的间接就业占全国劳动力的 6%，而由前向联系创造的间接就业达到 7.5%。[①] 而且，由以上出口活动换回的外汇可以成为购买进口产品的资源，进而对就业产生额外的影响。因此，智利以自然资源为中心发展起来的产业集群创造的就业占到全国就业总量的 1/3，是直接创造的就业量的 3 倍以上。[②]

墨西哥的城市化进程与两个工业化中心的形成密切相关，尤其是北方工业化中心的兴起引起劳动力资源重新配置，进而推动了墨西哥城市的发展。两个增长中心是指一方为北部各州，从事

---

① 转引自 Joseph Ramos, "A development strategy founded on natural resource – based production clusters", *CEPAL Review* 66, p. 124。

② Joseph Ramos, "A development strategy founded on natural resource – based production clusters", *CEPAL Review* 66, p. 124.

加工工业和新兴的出口经济活动；另一方为墨西哥中部各州，历史上曾在进口替代工业化模式下发展工业，而后，根据出口导向的发展模式重建工业。从 1980 年到 1993 年①北方和边境各州（新莱昂州除外，尽管作为北方的一个州，但历史上它与进口替代发展模式相关）创造的就业数量占新增工业就业的 39.3%。②尽管从增长率上看北方边境工业中心的活力领先于中部中心，但是，墨西哥传统工业地区的工业就业也在增长。联邦区（Federal District）是个例外，从 1980 年到 1993 年该地区就业岗位损失103197 个，但即使是这样，该地区在工业就业中仍占有相当大比例（1980 年占 25.5%，1993 年占到 15.5%）。③

　　就新兴的北方工业中心而言，劳动力的就业、技能和流动呈现如下特点。首先，出口企业中的就业比那些面向国内市场的企业增长迅速：1994～1995 年出口加工产业就业增长 13.3%，而墨西哥其他制造业就业增长仅 1.5%。相对于中部工业中心的制造业企业而言，北方边境工业中心的每个企业平均用工数量增长较大，例如，从 1985 年到 1995 年电视机生产企业用工数量从377 人增加到 2029 人。但是，北方工业中心的就业主要以年轻女性为主，她们学历和资历不高，而中部工业中心的就业以技术熟练的男性工人为主。其次，出口加工产业和出口企业中的劳动力技能逐渐提高。在装配企业中，工人的平均受教育年限从 6 年增加到 7 年，而具有工作经验的工人所占比例从 1979 年的 30%

① 这两年分别处于两个经济周期的高峰，因为 1982 年发生了债务危机，1994年发生了金融危机。

② Tito Alegría, Jorge Carrillo, Jorge Alonso Estrada, "Restructuring of production and territorial change: a second industrialization hub in Northern Mexico", *CEPAL Review* 61, p. 190.

③ Tito Alegría, Jorge Carrillo, Jorge Alonso Estrada, "Restructuring of production and territorial change: a second industrialization hub in Northern Mexico", *CEPAL Review* 61, p. 193.

增加到 1989 年的 70% 。至于工作条件方面，由于引入新的制造流程、使用新技术以及采用诸如总体质量控制等新方法，工人所从事的工作变得越来越复杂。最后，出口加工企业中的劳动力流动频繁。1989 年在对 358 个工厂的调查中发现，平均每月工人流动率为 12%，而在蒙特雷市，企业的月工人流动率仅为 2%。① Tijuana 认为，鉴于所处的生命周期以及北方边境地区所给予的具有大量工作机会的前景，单身和年轻的工人流动更加频繁。因此，就墨西哥制造业而言，北方工业中心的出口加工产业的工人流动率最高。

根据上述两个模型，并结合拉美国家的实际情况，我们不难发现在城市化过程中劳动力流动的一般规律，即城乡收入差距（或者预期收入差距）促使农业劳动力由农村向城市流动，与此同时，工业布局及产业集群又引发劳动力这种生产要素的重新配置。在更广泛的意义上，这种流动规律恰好反映了城市化与农业现代化和工业化之间的关系。

农业剩余劳动力转移是城市化形成和发展的一个重要动因。因为农业资源（农产品、资本和劳动力）为工业发展提供了大量生产要素，也为城市化创造了先决条件。工业化和城市化过程的持续发展，必须以农业资源剩余率的不断提高和资源的转移为基本前提，只有这样，城市人口生活必需品的供应才能有保障。同样，城市化发展对农业也具有推动作用。城市化一方面增加了对农产品的需求，另一方面又为农业现代化提供了现代物质基础和资金。

从历史发展顺序看，首先是工业化推动了城市化。在工业革

① Tito Alegría, Jorge Carrillo, Jorge Alonso Estrada, "Restructuring of production and territorial change: a second industrialization hub in Northern Mexico", *CEPAL Review* 61, p. 193.

命的推动下，人口不断向工业集中、发展迅速的地区流动，这些地区逐渐发展成为人口密集的城市。伴随着工业生产的不断集中、规模扩大、效益提高，城市化水平也逐步提升，进而导致城市发展所需的原料来源范围和成品销售市场扩大。同样，城市化发展对工业也具有推动作用。一方面，逐步增加的城市人口扩大了消费市场和劳动力市场，另一方面，城市基础设施的建设为工业生产创造了外部条件。同时，科学、教育和文化等社会基础设施的完善为技术创新奠定了基础。

第二节　拉美国家城市化进程及主要问题

一、拉美城市化的历史进程

当今拉美地区主要城市的布局形成于 16 世纪殖民化开始以后的阶段。当时的拉美大陆地广人稀，欧洲各宗主国、特别是西班牙在拉美建立城市主要是出于强化政治统治的目的。可以说，除了墨西哥城是在原来印第安人农业社会发展的基础上自然形成的城市以外，其他城市都是先有政治功能，而后才逐步具备经济、商业等功能。然而，城市发展史不等同于城市化史。城市化不仅表现为空间现象，而且是一种由社会、经济、政治多重因素交织在一起的发展过程，它远比城市发展广泛、深刻、复杂得多。在空间意义上，城市化发展高度不平衡并集中于某些地区，与此同时，人口持续地由农村向城市流动给城市结构以及城市功能造成巨大的压力。

城市化进程本身具有阶段性规律，即一旦城市人口比重达到一定高度（20%）以后，城市化的进程呈加速发展的趋势。这种加速发展的趋势，一般要到城市人口比重达到 70% ～80% 左右时才能减缓下来。① 1920 年拉美国家的城市人口比重占 22%，1950 年达到 41.8%。② 因此，可以做出判断，拉美地区人口大量向城市集中的趋势始于 20 世纪 20 年代（如图 4-3），之后城市化进入快速发展时期。

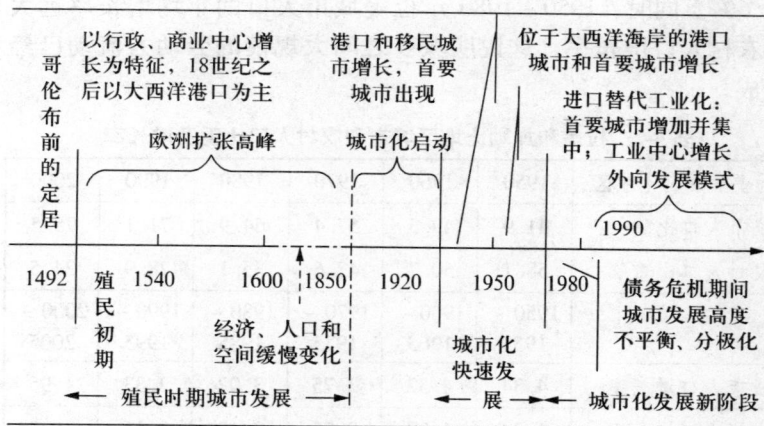

图 4-3　拉美城市化进程示意图

注：作者根据相关文献归纳整理。

1950 年到 1980 年拉美仍保持着快速城市化势头，如表 4-2 所示，每隔 10 年城市人口比重提高 8% 左右。这一时期拉美城市化的快速增长，除了城市地区强劲的工业化进程之外，主要是拉美国家出现了"人口爆炸"，以及农村人口大规模地向城市转移。正如第一章所述，1930 年以前，拉美地区不仅人口基数小，而且人口自然增长率较低，外来移民是当时人口增长的一个重要因素。1930 年以后，拉美地区进入一个以高自然增长率为特征

---

① 高佩义：《中外城市化比较研究》，南开大学出版社 1991 年版，第 19 页。

② 苏振兴主编：《拉美国家现代化进程研究》，社会科学文献出版社 2006 年版，第 487 页。

的人口加速增长阶段。特别是在 1950～1965 年，由于拉美经济、文化水平相对较高，人口死亡率很早就下降至较低的水平，1960～1965 年死亡率降为 12.5‰，而出生率仍然保持在 41‰的水平，因此，人口自然增长率在 1960～1965 年达到高峰值 28.6‰。同时，1950～1980 年拉美城市人口的年均增长率远大于农村人口增长率，这说明城乡之间大规模的劳动力流动已经形成。

表 4-2　拉美和加勒比地区城市和农村人口比重及增长率

拉美和加勒比地区	1950	1960	1970	1980	1990	2000
城市人口比重	41.9	49.3	57.4	64.9	71.1	75.5
农村人口比重	58.1	50.7	42.6	35.1	28.9	24.5
	1950～1955	1960～1965	1970～1975	1980～1985	1990～1995	2000～2005
城市人口增长率	4.34	4.32	3.75	3.07	2.33	1.95
农村人口增长率	1.34	1.09	0.55	0.19	0.11	-0.34

资料来源：ECLAC, Social Panorama of Latin America 2004, p. 146.

　　1980 年以后，拉美城市化扩张速度趋缓（如表 4-2），并且呈现出新的特征。

　　第一，大城市的扩张速度放慢，城市发展的分散化趋势加强。其中的原因除了人口自然增长率下降外，还包括以下因素：（1）80 年代债务危机和 90 年代经济持续低迷所造成的社会冲击，在城市要比农村地区严重得多，主要表现为城市贫困人口大幅度增加，而农村的社会贫困现象变化不太明显，因而会促使部分在城市无法继续维持生存的人口向农村地区回流。这一点恰好证明托达罗模型解释力的不足。（2）80 年代以来，拉美国家的工业、特别是制造业部门是衰退最严重的部门，提供就业的能力下降，加上国有企业的私有化和公共部门的萎缩，城市失业率居高不下。墨西哥及一些中美洲和加勒比国家的客户工业的兴起也意味着劳动力这种生产要素随着经济活动的地域转移而再次流动。（3）限于窘迫的财政状况，城市基础设施得不到较大规模的投资与改造，拉美大城市的功能和承受能力达到某种发展极限。

第二，中等城市的扩张出现加快趋势。（1）由进口替代工业化发展模式向出口导向模式转变意味着重新强调资源比较优势，这使集中了大量工业企业的大城市的重要性下降，突出了地区性中等城市的地位。人口流动趋势再度转向出口农业、出口渔业和出口加工企业所在的地区，特别是这类地区的中等城市。（2）一些拉美国家试图通过实施经济布局的分散化来推动中小城市的发展。（3）从农村向城市的移民已不重要，城市之间的流动越来越成为主流。尤其是自20世纪90年代以来，在国内城市之间的人口流动促成了城市体系的多元化，这比80年代以前的首位城市集中模式更有利于促进经济和社会的平衡发展。

需要强调的是，在拉美城市化的进程中始终存在着各个国家之间发展的不平衡性。如果我们假定：城市人口占总人口的比重超过10%以后为起步城市化阶段；超过20%以后为加速城市化阶段；超过50%以后为基本城市化阶段；超过60%以后为高速发达城市化阶段；在80%以后为城市化的自我完善阶段，[1] 那么，2000年拉美国家的城市化格局大致分为四类，彼此之间差异较大（表4-3）。例如，当乌拉圭、阿根廷、委内瑞拉、智利和巴西进入自我完善阶段时，海地、圭亚那、洪都拉斯、危地马拉和伯利兹仍处于加速城市化阶段。[2]

---

① 高佩义：《中外城市化比较研究》，南开大学出版社1991年版，第18页。
② 这里需要指出，拉美国家所处的城市化阶段与城市化年增长率呈负相关关系，即处于城市化越发达阶段的国家其增长率越低，因为在这些国家人口转移的过程已趋于结束。参见http://www.bk.tudelft.nl/users/fernande/internet/Alfa.pdf。

表4-3　拉美国家城市人口比重（%）

国家	1950	1960	1970	1980	1990	2000	2005＊
海地	12.2	15.6	20.2	24.5	29.5	35.6	41.8
圭亚那	28.1	29.0	29.5	30.6	33.2	36.2	38.5
洪都拉斯	31.0	30.4	37.2	38.7	47.5	45.5	47.9
危地马拉	25.0	33.6	36.4	32.7	35.0	46.1	50.0
伯利兹	56.5	53.8	51.2	49.3	47.6	47.9	48.6
牙买加	26.7	33.8	41.5	46.8	51.5	52.1	52.2
尼加拉瓜	34.9	40.9	47.7	50.3	54.4	56.1	56.9
多米尼加	23.9	30.5	39.7	52.0	56.1	58.2	65.6
萨尔瓦多	36.5	38.5	39.5	41.6	50.4	58.4	57.8
巴拉圭	34.6	35.8	37.1	42.8	50.3	58.7	58.4
哥斯达黎加	33.5	34.5	40.6	44.5	46.8	59.0	62.6
厄瓜多尔	28.5	35.3	41.4	49.0	55.1	61.4	62.8
玻利维亚	33.9	39.3	41.7	50.5	57.5	62.4	64.2
巴拿马	36.0	41.5	47.6	50.4	53.7	65.6	65.8
墨西哥	36.2	43.7	51.4	58.4	65.6	69.8	76.5
秘鲁	35.3	47.4	59.5	65.2	70.1	72.8	72.6
苏里南	47.0	47.2	46.0	54.9	65.4	74.1	77.2
哥伦比亚	42.7	52.1	59.1	67.2	71.0	74.9	76.6
古巴	55.1	54.9	60.7	69.0	73.6	75.2	76.1
巴西	36.5	43.0	55.9	67.6	78.4	81.2	83.4
智利	60.7	68.2	75.1	82.2	83.5	86.6	86.6
委内瑞拉	53.7	67.4	77.2	84.0	84.4	86.9	92.8

续表

国家	1950	1960	1970	1980	1990	2000	2005 *
阿根廷	62.5	73.8	79.0	83.0	87.3	90.5	91.8
乌拉圭	78.0	81.0	83.3	87.3	90.8	91.9	91.9

注：1、2005 年数字来自 2006 年拉美经委会统计年鉴，与 1950～2000 年的数据来源不同，这里只做补充说明，两者之间数据不具有连续性。2、根据 2000 年城市人口比重作了升序排列。

资料来源："Latin America：Urbanization and urban Population Trends 1950 – 2000"，*Demographic Bulletin*，CEPAL，January 2005.

二、拉美城市化快速发展的主要问题

这里我们从劳动力流动和就业角度考察一下拉美城市化所引发的主要问题。

首先，人口城市化超前于工业产值的变化。拉美国家城市化发展超越了工业化的发展，或者说，城市化有过度和超前倾向。

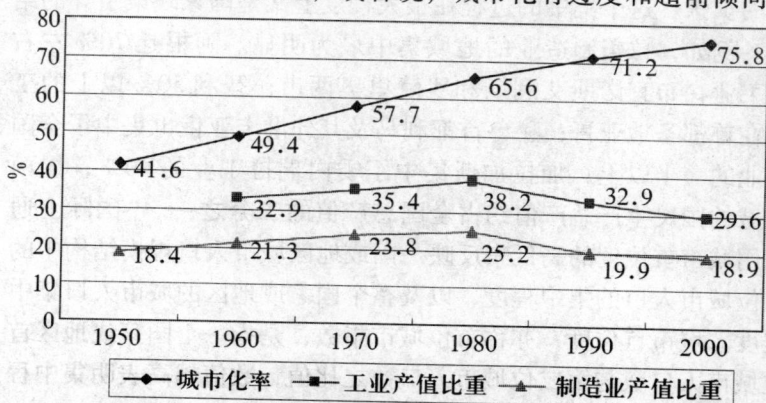

图 4-4　拉美城市化水平与工业产值及制造业产值比重的变化趋势

数据来源：1980、1990、2001 年拉美经委会统计年鉴。

如图 4-4 所示，拉美工业化率（工业产值占 GDP 的比重）曲线与城市化率曲线变化比率不同，即城市化率的变动比率始终高于工业化率。1980 年以后，尽管城市化率的变动趋势趋缓，但城市化水平仍在提高。与此同时，工业化程度却显著萎缩，这并不意味着拉美国家像发达国家那样步入工业化中后期、服务业高度发达的阶段，而是正在经历经济开放后的一次工业化倒退。国际上通常用城市化与工业化的比率来衡量城市化的合理程度，并把这一比率的合理范围定在 1.4 ~ 2.5 之间。根据拉美经委会统计年鉴的数据计算，1990 年和 2000 年这一比率分别为 2.2 和 2.56，已经逐步超出合理范围的上限。由此，可以做出基本判断，拉美国家城市化速度超越了工业部门吸纳劳动力的能力，把隐性失业由农村转移到了城市服务部门。

其次，地区发展不平衡，人口向首位城市集中。在拉美，经济活动布局的变化首先是伴随着工业生产向一个或少数几个城市集中的过程而发生的，进而引起这少数城市的第三产业和城市建设的扩张。这个集中的过程在很大程度上又是国家政策引导的结果。例如，拉美制造业的地域集中最为明显。阿根廷 70% 左右的工业在布宜诺斯艾利斯和罗萨里奥两市；智利 50% 以上的工业在首都圣地亚哥；秘鲁首都利马及其外港卡亚俄也集中了全国工业的一半以上；加拉加斯集中了委内瑞拉工业的 40%；墨西哥城的国民生产总产值约占全国总产值的二分之一。[①] 国际上通常用城市首位度的高低来反映一国或地区城市人口规模结构中的首位城市人口的集中程度，以及整个国家或地区的城市人口集中程度。城市首位度，亦称首位城市指数，是指一个国家或地区首位城市人口数与第二位城市人口数之比值，数值越高表明集中程

---

① 转引自苏振兴，袁东振著：《发展模式与社会冲突——拉美国家社会问题透视》，当代世界出版社 2001 年版，第 136 页。

度越高。假如超过一定城市首位度标准就表明城市人口过度集中。多数人认为，城市首位度在 2 以下表明城市规模结构的集中程度较正常，高于 2 以上则表明有过度集中的趋势。如表 4-4 所示，除巴西外，其他国家首位城市指数都超过 2（委内瑞拉某些年份除外），其中阿根廷和秘鲁的情况最为严重。首位城市现象突出所带来的直接后果就是就业压力在首位城市集中释放，很有可能造成就业结构畸形发展。

表 4-4　拉美主要国家首位城市人口比重及首位城市指数

	首位城市人口比重（%）					首位城市指数				
	1950	1960	1970	1980	1990	1950	1960	1970	1980	1990
阿根廷	31.0	34.0	36.1	35.7	34.5	10.7	10.0	10.3	10.2	9.3
巴西	4.5	4.5	4.6	10.2	10.2	1.2	1.0	1.6	1.6	1.5
智利	22.8	25.9	30.7	34.8	35.4	6.3	7.6	10.6	5.5	6.7
墨西哥	8.7	8.1	6.0	20.8	18.5	6.2	3.9	2.4	6.1	5.1
秘鲁	11.2	15.4	21.7	25.9	27.9	8.6	9.4	9.4	10.0	10.3
哥伦比亚	6.2	9.7	12.8	14.8	15.8	2.2	2.4	2.5	2.1	2.3
委内瑞拉	9.8	10.5	9.7	18.1	15.3	2.1	1.9	1.6	2.7	2.1

数据来源：1950～1970 年来自 1980 年拉美经委会统计年鉴；1980、1990 年数据来自 2001 年年鉴，而且"首位城市"的含义扩大为"城市及邻近地区"。

第三，就业不足转变为城市公开失业，城市贫困逐渐凸显。正如在第二章提到的，进口替代工业化时期的劳动力就业具有"较高的生产性吸纳和就业不足共存"的特征。如表 4-5 所示，当把就业不足按照拉美和加勒比就业规划处的标准换算成等同失业率时，我们发现总失业率①很高，尽管当时公开失业率的重要性并不突出。1980 年拉美 14 个国家的总失业率为 19.9%。尽管拉美 90 年代的经济增长相对于 80 年代而言有所恢复，但是，城市失业状况更加严重。80 年代的平均失业率为 6.6%，到了 90 年代上升到 7.2%。如表 4-6 所示，随着 90 年代末南美整体 GDP 增长率下降，该地区的失业率达到历史高点，超过了 80 年代早期债务危机时的水平。特别是作为城市化水平最高的三个国家乌拉圭、阿根廷和委内瑞拉（见表 4-3），其失业率也居高不下。这种就业形势的恶化直接导致城市贫困凸显，尽管农村贫困更为严重（因为农村贫困中的大多数是赤贫者）。如表 4-7 所示，从 1980 年到 1999 年，城市中贫困家庭和贫困人口比例分别增加 4.5 和 7.3 个百分点，而同期农村贫困家庭和贫困人口比例分别增加 0.4 和 3.8 个百分点。这说明随着劳动力由农村向城市流动，贫困问题也由农村转移到城市。

表 4-5　拉美 14 个国家公开失业率、等同失业率和总失业率
（占经济自立人口比重，%）

	等同失业率	公开失业率	总失业率
1950	19.5（46.1）	3.4	22.9
1970	18.5（43.8）	3.8	22.3
1980	16（42）	3.9	19.9

注：表中括号内数字为就业不足的比重。资料来源：拉美和加勒比就业规划处，PREALC。

　　第四，落后地区因具有较高人力资本的劳动力流出而陷入贫

---

　　① 总失业率是将"等同失业率"和"公开失业率"相加。"等同失业率"是通过一定的方法由就业不足（凡在城市非正规经济和传统农业部门就业者均属就业不足范畴）换算而来的。

表4-6　1980～2000年拉美国家失业率 (%)

	1980～1990	1991	1992	1993	1994	1995	1996	1997	1998	1999	2000a
拉美	6.6	5.7	6.1	6.2	6.3	7.2	7.7	7.3	7.9	8.7	8.4
阿根廷 b	5.5	6.5	7.0	9.6	11.5	17.5	17.2	14.9	12.9	14.3	15.1
玻利维亚 b	7.8	5.8	5.4	5.8	3.1	3.6	3.8	4.4	6.1	8.0	7.6
巴西 b	5.3	4.8	5.8	5.4	5.1	4.6	5.4	5.7	7.6	7.6	7.1
智利 c	11.9	8.2	6.7	6.5	7.8	7.4	6.4	6.1	6.4	9.8	9.2
哥伦比亚 bd	11.2	10.2	10.2	8.6	8.9	8.8	11.2	12.4	15.3	19.4	20.2
哥斯达黎加 b	6.8	6.0	4.3	4.0	4.3	5.7	6.6	5.9	5.4	6.2	5.3
多米尼加共和国 cd		19.6	20.3	19.9	16.0	15.8	16.5	15.9	14.3	13.8	13.9
萨尔瓦多 b	9.3	7.9	8.2	8.1	7.0	7.0	7.5	7.5	7.6	6.9	6.7
危地马拉 c	8.0	4.2	1.6	2.6	3.5	3.9	5.2	5.1	3.8		
洪都拉斯 b	9.7	7.4	6.0	7.0	4.0	5.6	6.5	5.8	5.2	5.3	
墨西哥 b	4.3	2.7	2.8	3.4	3.7	6.2	5.5	3.7	3.2	2.5	2.2
尼加拉瓜 c	5.3	11.5	14.4	17.8	17.1	16.9	16.0	14.3	13.2	10.7	9.8
巴拿马 bd	14.5	19.3	17.5	15.6	16.0	16.6	16.9	15.5	15.2	14.0	15.2
巴拉圭 b	5.6	5.1	5.3	5.1	4.4	5.3	8.2	7.1	6.6	9.4	8.6
秘鲁 b	7.4	5.9	9.4	9.9	8.8	8.2	8.0	9.2	8.5	9.2	8.5
乌拉圭 b	8.9	8.9	9.0	8.3	9.2	10.3	11.9	11.5	10.1	11.3	13.6
委内瑞拉 c	9.3	9.5	7.8	6.6	8.7	10.3	11.8	11.4	11.3	14.9	13.9

注：a初步数据，b城市地区，c全国范围，d包括隐蔽失业。来源：拉美经委会，数据来自官方统计。

表 4-7　1980～1999 年拉美 19 个国家贫困家庭和人口以及赤贫家庭和人口比重

		贫困 b						赤贫 c					
		总计		城市		农村		总计		城市		农村	
		百万	%	百万	%	百万	%	百万	%	百万	%	百万	%
家庭	1980	24.2	34.7	11.8	25.3	12.4	53.9	10.4	15	4.1	8.8	6.3	27.5
	1990	39.1	41	24.7	35	14.4	58.2	16.9	17.7	8.5	12	8.4	34.1
	1994	38.5	37.5	25	31.8	13.5	56.1	16.4	15.9	8.3	10.5	8.1	33.5
	1997	39.4	35.5	25.1	29.7	14.3	54	16	14.4	8	9.5	8	30.3
	1999	41.3	35.3	27.1	29.8	14.2	54.3	16.3	13.9	8.3	9.1	8	30.7
人口	1980	135.9	40.5	62.9	29.8	73	59.9	62.4	18.6	22.5	10.6	39.9	32.7
	1990	200.2	48.3	121.7	41.4	78.5	65.4	93.4	22.5	45	15.3	48.4	40.4
	1994	201.5	45.7	125.9	38.7	75.6	65.1	91.6	20.8	44.3	13.6	47.4	40.8
	1997	203.8	43.5	125.7	36.5	78.2	63	88.8	19	42.2	12.3	46.6	37.6
	1999	211.4	43.8	134.2	37.1	77.2	63.7	89.4	18.5	43	11.9	46.4	38.3

注：b 为生活在贫困中的家庭和人口，包括赤贫家庭和人口。c 指赤贫家庭和人口。

资料来源：ECLAC, "A decade of social development in Latin America, 1990－1999", p.35.

困陷阱。经济社会发展处于劣势的地区通常是迁移者的主要来源地，例如农村地区、土著人居住地区。而迁移者通常又是年轻人、女性和受教育程度高于平均水平的群体。进口替代工业化时期常见的非熟练劳动力流动方式已经不适应 80 年代以后国内移民的要求。即使对土著人口而言，具有较高教育程度的人口占迁移者的比重也高于非迁移者，见表4-8。因此，具有较高人力资本（由年龄、性别和教育优势构成）的迁移者的迁出行为会"侵蚀"贫困地区发展所需要的人力资源基础，造成留守人员及地区陷入无限循环的贫困陷阱。

表 4-8　拉美若干国家具有较高教育程度人口占迁移者和
非迁移者的比重（%）

国家和年份	土著人口		非土著人口	
	迁移者	非迁移者	迁移者	非迁移者
玻利维亚（2001）	16.4	12	13.2	8.4
巴西（2000）	3.7	1.8	6.7	5.5
智利（2002）	14.6	8.8	29.2	17.7
哥斯达黎加（2000）	5.3	2.6	12.3	10.1
危地马拉（2002）	1.6	0.7	6.3	5.6
墨西哥（2000）	4.2	2.2	13.4	8.8

资料来源：Fabiana del Popolo and others，"Indigenous peoples and urban settlements：spatial distribution, internal migration and living conditions"，*Population and development series*，No. 78（LC/L. 2799），Santiago，Chile，Economic Commission for Latina America and the Caribbean（ECLAC），2007.

第三节　城市非正规部门及其对策演变

在城市人口（特别是城市经济自立人口）急剧扩张的同时，城市现代工业部门不能提供相应的就业机会，于是，拉美国家城市的"非正规经济部门"迅速发展。

一、非正规就业概念和测度

非正规就业是 20 世纪 70 年代初由国际劳工组织正式提出的概念[①]。它从诞生到正式被纳入国际组织和国家官方的统计范畴历经 30 多年。根据学者归纳，国际范围内对于非正规部门的概念界定至少有 4 种，说法不尽一致，有的甚至将走私、贩毒等违法犯罪活动也涵盖在内。其中被广泛采用的是国际劳工组织秘书长米歇尔·汉塞纳（Michel Hansenne）在国际劳工大会第 78 届年会（1991 年）上提出的说法："非正规部门的人员是指规模非常小的商品生产者和劳务提供者，大部分是独立小企业主，主要存在于发展中国家的城市地区…"[②]

一般而言，它包括三大类：第一，雇用很少工人的微型企业。通常是按承包或分包协议为正规部门提供一定量的商品或

---

① 1972 年，国际劳工组织综合就业问题代表团在应肯尼亚政府要求考察该国的综合就业问题时发现，像肯尼亚这样的发展中国家，其主要问题并非失业，而是在其社会中存在着一大批"有工作的穷人"。这些人多数从事生产劳动，生产产品或以提供劳务（服务）的方式维持自己的生计，但政府当局没有承认、登记、保护和管理他们的这些活动。次年，该代表团发表名为《就业、收入和平等：肯尼亚增加生产性就业的战略》的考察报告。在该报告中，他们将"有工作的穷人"所从事的经济活动统称为"非正规部门"。

② 苏振兴主编：《拉美国家现代化进程研究》，社会科学文献出版社 2006 年版，第 419 页。

服务，或者主要面对低收入者的市场需求。第二，家庭型的生产和服务单位。主要由家庭成员承担其活动，以家庭住地或其他自行选择的地方为工作场所，以获取报酬为主要目的，从事雇主指定的产品或服务的工作。第三，独立的个体劳动者。包括家庭帮工、清洁工、街头的小贩、理发、擦鞋等。这一类型是非正规部门中人数最多的部分。"……他们的经济活动之所以被称为非正规的，是因为他们中绝大部分人没有在官方统计机构登记，几乎不能进入有组织的劳务市场，得不到金融机构的资金，得不到正规的教育和培训，也得不到政府提供的服务和保护。因此，他们得不到政府的承认、支持和管理。为形势和环境所迫，他们往往在法律框架之外开展业务。尽管偶尔也在政府机构登记而依法经营，但其经营场所几乎不受社会保障、劳动法规及劳动保护措施的约束。"[①]

　　很自然地，在非正规部门就业的劳动者则称为非正规就业。然而，从严格意义上讲，非正规部门（按企业特点界定）与非正规就业（按工作性质界定）是有区别的。[②] 因为非正规就业的发展状况是与各国不同的社会经济发展阶段相联系的。就业形式的变化综合反映了各国当前的经济和科技发展水平、劳动力供求关系和市场化程度、企业管理思想和劳动组织方式的变革、政府就业政策的导向、人们择业取向和生活方式的转变等诸多相关因素。因而，非正规就业处于一国的不同发展阶段，其特征不同。如表4-9所示，A 为正规就业；C + D 为非正

---

①　苏振兴主编：《拉美国家现代化进程研究》，社会科学文献出版社2006年版，第419页。

②　随着对就业问题研究的扩展和延伸，人们注意到非正规就业不仅存在于非正规部门和发展中国家，而且在正规部门和发达国家也同样存在。如各种形式的非全日制就业、临时就业、劳务派遣就业等。有资料表明，以灵活就业方式为特征的非正规就业，在各国（包括发达国家）都呈上升趋势。

规部门就业；B＋D 为非正规就业。具体而言，非正规就业是由非正规部门的自我雇用型就业（self‑employment in informal enterprises）和非正规形式的工资型就业（wage employment in informal jobs）组成，前者包括微型企业中的雇主（employers/owner operators）和独立的个体劳动者（own account workers），后者包括非正规企业的雇员和受雇于正规企业或家庭的非正规工资型劳动者（例如临时计日工、家庭帮工、家政工人以及其他产业外包工、未登记劳工、未签安全协议且不享工人福利或者社会保障的兼职或临时工）。

表 4-9 非正规就业定义框架

生产单位	工作的性质	
	正规就业	非正规就业
正规部门	A	B
非正规部门	C	D

一般而言，非正规就业不包含农业中的非正规就业。如果将农业中的非正规就业计算在内，某些国家的非正规就业占总就业的比例会更高。拉美国家的二元结构并不如刘易斯所预期的那样，通过农业剩余劳动力向城市工业的自发流动走向一元化，而是变成二元结构的次级分化，即拉美国家具有双重的二元经济结构。这种结构在城市地区便体现为正规部门和非正规部门的划分，两者之间存在很大的差别。有鉴于此，本书所使用的"非正规部门"均指城市非正规部门，而且该部门的界定与国际劳工组织拉美就业规划处的定义一致，即城市非正规部门包括家庭服务、自我就业（非管理者、专家、技术人员的独立个体劳动者和家庭帮工）以及少于 5 人或 10 人的微型企业（按国家的具

体情况处理）。鉴于可利用的数据以及上述定义，除非特别说明①，这里的"非正规就业"即指在上述非正规部门的就业。

　　对非正规就业的测量与非正规性密切相关。非正规经济和非正规就业可以笼统地概括为非正规性。尽管从理论上可以对非正规性的概念简单辨析并加以界定，但是实践中对非正规性的测量却很难，因为它游离于法律和监管框架之外，是一种潜在的、不可观测的变量，只能通过反映其综合特征的替代变量近似地加以衡量。通常而言，有四种方法。第一种是施耐德影子经济指数（Schneider，2004 年），即估计影子经济占官方 GDP 的比重，该指数结合动态模型（DYMIMIC – dynamic multiple – indicator – multiple – cause）、物量投入（电力消耗）以及超额货币需求三种方法估算未向税务及监管当局申报的生产份额。第二种是传统基金会指数（Heritage Foundation index），它以对遵守法律程度的主观感受为基础，特别强调官方腐败在其中所扮演的角色（Miles，Feulner 和 O'Grady，2005 年）。该指数范围值设定为 1~5，分值越高表明市场经济活动的非正规性越高②。第三种是自我就业型衡量方法，由国际劳工组织提供，测算自我就业型劳动者占总就业的比例。第四种是养老金覆盖度缺失测量法，由世界银行提供的世界发展指数反映，即测算未参加养老金计划的劳动力占劳动力总数的比例。由此可以看出，前两种方法侧重考察一个国家的非正规经济活动，后两种方法侧重考察就业方面的非正规性。作为衡量非正规性的替代变量，每种指标都有概念上和统计上的缺陷，但是，综合起来它们也许能够提供很高的相似度。据测算，这四种指标具有显著的正相关性，相关系数达到 0.59 ~

---

　　① 　在讨论非正规就业出现的新趋势时，非正规就业的涵盖范围扩大。
　　② 　最低一级分值为 1，表明该国是自由市场经济，非正规经济活动仅存在于毒品和武器等有限方面。最高一级分值为 5，表明该国非正规经济规模超过正规经济。

0.90，这足以反映一种相同的现象——经济中存在非正规性，但是，相关系数还没有高到可以仅选一种而放弃其他三种的地步。①

二、非正规部门产生的原因及其应对政策

拉美国家学术界关于非正规部门的讨论主要有三种观点。其一是源于早期对主要城市中城乡之间移民产生的劳动力供给过剩的概括，学者称之为"边缘群体"、"过剩储备大军"、"异常膨胀、过度扩张的第三部门"，直到后来国际劳工组织拉美就业规划处（PREALC）采用了 Keith Hart 的定义，称之为"非正规部门"（1971 年）。根据该规划处的观点，非正规企业的经济目标是确保个体及其家庭的生存，而不是像资本主义企业那样创造和积累利润。因此，这种非正规部门存在的合理性就与其它特征联系起来，如很少使用资本、密集使用家庭劳动力、往往在法律框架之外开展业务，等等。其二是秘鲁经济学家德索托在 80 年代提出的观点。他在《另一条道路》中强调，非正规经济得以发展的主要原因是政府对经济生活进行的不适当干预和法律制度的不健全，而不是劳动力供给过剩。其三是结构主义观点。结构主义者与德索托相似，强调政府在非正规经济兴起和增长中的作用，所不同的是他们不是将该部门与正规经济孤立开来或者认为该部门仅包括微型企业主。这种观点被称之为"结构主义"是因为它的核心是从同一经济体制中各个方面明确分析正规和非正规经济之间的结构问题。这种分析从城乡之间移民产生的劳动力供给过剩状况开始，而且产生了比处于城市边缘中的穷人的生计问题更为复杂的结果。其中，有两点特别重要。第一，非正规企

---

① Norman V. Loayza, Luis Servén, and Naotaka Sugawara, "Informality in Latin America and the Caribbean", *Policy Research Working Paper* 4888, World Bank, March 2009, p. 4.

业在支持资本主义积累中发挥了作用；第二，相应于阶级结构中的新地位，非正规经济创造了劳动力市场中的新部门，如直接维持生计的活动、附属于正规部门生产和销售的非正规活动以及具有现代技术和某些资本积累能力的自治型非正规企业。

对应于上述观点，形成了三种解决非正规就业问题的政策。其一，国际劳工组织拉美就业规划处（PREALC）的经济学家认为，既然非正规就业被"排斥"在现代就业之外，那么，必须尽可能地创造出就业岗位以吸纳更多的劳动力，方法是由国家或者私人企业加速工业和城市经济中其他部门的资本投资。其二，像德索托一样的经济学家认为，为了使拉美经济步入新的发展"路径"，国家作用必须消除以赋予"市场之手"更大的自由。该方法提倡的解除管制和私有化政策与 IMF、世界银行和其他国际机构推行的政策紧密联系在一起。其三，具有结构主义视角的经济学家和社会学家建议将前两者的部分因素结合起来。一方面，通过在现代工业和服务部门的投资减少自我就业和其他维持生存形式的活动。但是，严格的保护正规工人的法律规定会刺激企业避免扩张使用正规的劳动力，转而尽可能地充分利用临时用工和转包合同。在这种情况下，相对于增加的劳动力需求而言，非正规部门也许是扩张了而非减少。另一方面，结构主义者认为，更大的灵活性确实减少了企业应对经济变化时调整劳动力规模和组成的成本。但是，其他诸如工资、工作条件、医疗和事故保险、失业补偿方面的保护性规定应该保留。如果消除这些规定，滥用劳工、压低工资、阻碍职工培训与技术创新的现象就会发生。而最终的结果不是把工人纳入正规部门，而是使整个经济"非正规化"。

三、拉美非正规部门就业状况

（一）总体趋势

在 1950～1980 年期间，拉美国家面临着劳动力快速增长和

农村劳动力大量向城市转移所带来的双重就业压力。而这个阶段
正是拉美国家工业化的高潮期，在工业部门的带动下拉美地区经
济保持了相对稳定的增长态势（年均增长率5.3%）。可以说，
工业化进程对增加就业起到了重要的作用（其中也包括国家机
构或公共部门的迅速扩张）。但是，进口替代工业化的生产性吸
纳能力相对于日益增长的劳动力供给是不足的。因此，非正规部
门就成为解决就业问题的另一重要渠道。然而，这个期间尽管城
市非正规部门就业在绝对数量上有很大增长，但由于同期正规就
业也有大幅增加，两者的相对比重并没有发生明显变化（表4-
10），因此，非正规就业没有引起足够的重视，该时期的就业战
略仍片面强调具有"生产性吸纳"特征的正规就业。

表4-10　1950～1980年拉丁美洲劳动力市场结构（%占EAP）

	城市			农村			
	正规部门	非正规部门	总计	现代	传统	总计	矿业
1950	30.5	13.6	44.1	22.2	32.5	54.7	1.2
1970	40.2	16.9	57.1	15.1	26.9	42.0	0.9
1980	44.9	19.4	64.3	12.3	22.6	34.9	0.8

资料来源：Víctor E. Tokman，"The development strategy and employment in the
1980s"，*CEPAL Review*，Dec.，1981，p. 136.

　　事实上，发展中国家在面临巨大劳动力就业压力的情况下，
把解决就业问题的出路完全寄托于工业化，或完全寄托于正规就
业是根本脱离实际的。1980年以来的20多年间，由于正规就业
的大幅缩减，非正规就业的比重呈现明显的上升趋势，其重要性
也随之体现出来。债务危机期间，城市非正规部门就业的年均增
长速度（6.8%）远远高于城市正规部门（2%），见表4-11。进
入90年代，城市非正规部门成为新增就业的主体。如图4-5所
示，1990～1998年非正规部门（自谋生计者、家庭服务和微型

企业）对新增就业的贡献率为61%，其中自谋生计者占到29%，而正规就业（公共部门和私营企业）贡献率仅占39%。

表4-11 1980~1985ᵃ年拉丁美洲危机期间就业变动状况（%）

	1980~1985		1980~1983		1983~1985	
	累计年均	总变动	累计年均	总变动	累计年均	总变动
经济自立人口	3.4	18.4	3.5	10.8	3.4	6.9
总计就业人口	3.2	16.8	2.8	8.6	3.7	7.6
非农就业人口	3.3	17.8	3.2	9.9	3.5	7.2
失业	8.1	47.9	14.9	51.8	−1.3	−2.6
城市非正规部门就业	6.8	38.8	6.9	22.3	6.5	13.5
城市正规部门就业	2	10.4	1.6	5	2.5	6.1
——公共部门	4.6	25.1	4.6	14.4	4.6	9.4
——私人部门	1.2	6.3	0.7	2.1	2	4.1
大型企业 b	(−0.5)	(−2.5)	(−2.9)	(−8.4)	3.2	6.4
小型企业	6.6	37.5	10.4	38.4	1.2	2.3
在制造业就业	−2.2	−10.5	−4.8	−13.7	0.2	0.4
工业部门的就业产出弹性	5.5		1.5		0.05	
来源：PREALC基于每个国家的家庭调查						

注：a：9个国家（阿根廷、巴西、哥伦比亚、哥斯达黎加、智利、危地马拉、墨西哥、秘鲁和委内瑞拉）的加权平均值。b：指10人以上。巴西和委内瑞拉的加权平均值。

资料来源：Victor E. Tokman, "Economic Development and Labor Markets Segmentation in the Latin American Periphery", *Journal of Interamerican Studies and World Affairs*, Vol. 31, No. 1/2.

（二）墨西哥和阿根廷的非正规部门

在比较90年代以来墨西哥和阿根廷非正规部门就业之前，

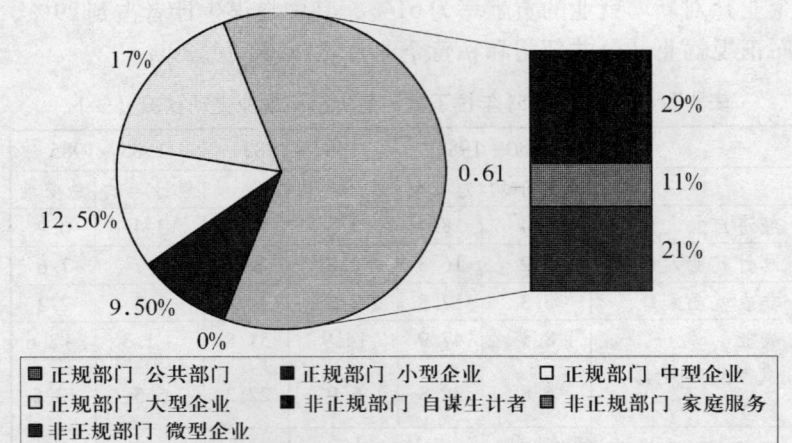

图 4-5　1990～1998 年拉丁美洲正规部门和非正规部门对就业增长的贡献率

注：数据为 12 国加权平均数；微型企业规模少于 6 个劳动力；小型企业规模为 6～20 个劳动力；中型企业规模为 21～100 个劳动力；大型企业规模超过 100 个劳动力。数据来源：1999 年国际劳工组织。

有必要了解一下两国前期劳动力市场的特点。1950～1980 年期间，在阿根廷，城市化、工业化和劳动力逐渐向工资型就业转变的趋势出现得都比墨西哥早，而且正规就业在阿根廷起了很大的作用，就业不足和失业水平也较低，加之社会保障体制建立较早、扩张较快，使得阿根廷的发展水平在 20 世纪 70 年代中期就已经处于拉美地区的领先地位。但是，这种领先地位随着进口替代发展模式的完结，自 1975 年开始逐渐丧失。尤其是 90 年代实行的外向发展模式改变了家庭和劳动力市场与政府之间的关系，从根本上动摇了国家的社会结构。而墨西哥的就业结构自 1982 年债务危机开始就经历了深刻的变化。随着非正规部门（主要是自谋生计和无报酬的家庭工作）就业的增加，总体就业中现代部门的就业比重降低。按绝对值衡量，非正规就业从 1980 年到 1987 年增加了 80%，截止到 1987 年共吸纳 33% 的劳动力。[1]
尽管 1988 ~ 1994 年由于实行新的发展战略，经济适度增长，但是，就业状况依然没有改观。

90 年代前期墨西哥和阿根廷都实行了以稳定化、贸易和金融自由化以及私有化为特征的经济政策，同时两者也暴露出面对外部冲击的脆弱性，但是，两国的劳动力市场的调整过程是十分不同的。虽然在 80 年代末两国的公开失业率大致相当，但是 90 年代以来阿根廷失业率急剧上升，而墨西哥仍保持在较低水平（见表 4-6）。这是因为两国劳动力市场的调节机制不同，阿根廷主要通过"失业"的方式（尽管不是唯一的）来调节市场供求，而墨西哥是通过显著降低工资的方式来维持低水平的失业率，其结果是非正规部门迅速增长。

总体而言，90 年代阿根廷和墨西哥的非正规部门就业在整个城市就业人口中的比重都超过了 40%。2002 年，这一比例在墨西哥达到 47.2%（表 4-12），也就是说几乎有一半的城市就业人口被劳动力市场中最不稳定的非正规就业——微型企业、家庭服务和自我就业——所吸纳，而在这其中只有 10% 的工人享有退休金。但是，非正规部门工人不是唯一缺乏福利保障的群体，根据 2000 年的统计数据，正规部门中（公共部门和大型企业）有 40% 的工资型就业者不享有这些权利。[2] 因此，在墨西哥，尽管失业率水平在拉美地区最低，但是，大部分工人缺乏社会保护。相对而言，阿根廷社会保障机制的作用强于墨西哥，例如，65 岁以上人口享有退休金的比重为 68.7%，而墨西哥仅占

---

① María Cristina Bayón，"Social precarity in Mexico and Argentina: Trends, manifestations and national trajectories"，*CEPAL Review* 88，p. 130.
② María Cristina Bayón，"Social precarity in Mexico and Argentina: Trends, manifestations and national trajectories"，*CEPAL Review* 88，p. 134.

20% ~ 25%。①

　　从具体明细指标看，在阿根廷非正规部门就业结构中自我就业型非熟练工人的比重从 1990 年的 22.9% 下降到 2002 年的 17.5%，而在墨西哥该比例从 18.9% 增加到 20.9%。同时两国在商业和服务业自我就业的比重呈现相反的趋势：阿根廷从 16% 下降到 10.7%，而墨西哥从 12.5% 上升到 16.1%。这说明两国非正规部门的就业结构存在很大差别。

　　阿根廷的出口部门是以自然资源密集型产品为主，1990 年和 2001 年初级产品占阿根廷出口的比重分别为 71% 和 66%，而墨西哥是以劳动密集型制造业产品为主，从 1990 年到 2001 年其制造业产品占出口的比重由 43% 增加到 85%（UNDP，2003年）。两国不同的出口产品结构对就业创造能力，尤其是对制造业部门产生不同的影响。70 年代中期阿根廷工业化过程经历了一次严重的衰退，制造业提供的就业岗位缩减。整个 90 年代，贸易自由化、币值高估，极大地扭曲了劳动和资本的相对价格，这导致阿根廷可贸易部门的劳动力需求受到负面影响，因为扭曲的价格刺激了资本对劳动的替代。1991 ~ 1999 年阿根廷制造业就业下降了 46.6%，而同期在墨西哥，制造业就业增加了 28.8%。这反映出墨西哥客户工业在应对其他部门制造业就业损失的情况下所独具的"缓冲器"作用，从 1990 年到 2000 年客户工业占工业就业的比重由 14% 上升到 30%。但是，客户工业自 2000 年以来逐渐显露出衰退的迹象，仅三年时间（从 2000 年到 2003 年）该产业就损失工作岗位 23 万个。② 被取代的制造业工人和新增的劳动力主要进入服务业，特别是那些以非正规就业为

①　María Cristina Bayón，"Social precarity in Mexico and Argentina：Trends，manifestations and national trajectories"，*CEPAL Review* 88，p. 134.

②　María Cristina Bayón，"Social precarity in Mexico and Argentina：Trends，manifestations and national trajectories"，*CEPAL Review* 88，2006，p. 133.

表4-12　1980~2002年阿根廷和墨西哥非正规部门就业结构(占城市就业人口的比重%)

	微型企业			家庭服务	自我就业型非正规工人		
	总计	雇主	工资型工人		总计	制造业和建筑业	商业和服务业
阿根廷							
1980	48.9	2.6	10.2	3.9	32.2	6.5	25.7
1990	44.4	3.8	12	5.7	22.9	6.9	16
1997	41.4	3.7	15.9	5.1	16.7	4.6	12.1
2000	42.2	3.4	16	5.3	17.5	5.1	12.4
2002	42.1	2.9	16.1	5.6	17.5	6.8	10.7
墨西哥							
1984				2.6	24.7	2.1	14
1989				2.7	18.9	3	12.5
1996	43.7	3.8	15.8	3.6	20.4	3.8	15.7
1998	44.3	3.9	15.9	4.1	20.4	3.2	16.4
2000	42.5	3.9	16	3	19.6	3.6	15.1
2002	47.2	3.4	18.3	4.6	20.9	4.2	16.1

资料来源:拉美经委会出版的相应年份社会形势报告,转引自María Cristina Bayón, "Social precarity in Mexico and Argentina: Trends, manifestations and national trajectories", *CEPAL Review* 88, p. 135.

主的部门。总之，从墨西哥和阿根廷的案例可以看出，尽管两国劳动力市场初始发育状况不同、其调整机制也存在差异，但是，由于出口模式弊端所造成的正规就业（特别是制造业）吸纳能力受限，非正规部门都成为城市劳动力（包括从农村转移出来的剩余劳动力）就业的重要渠道。

四、应对城市非正规就业的政策演变

一般来说，解决城市失业问题的出路包括三个方面：劳动力的供给、劳动力需求以及劳动力市场供求双方的相互作用。

（一）20世纪70年代城市就业的出发点围绕内部需求和经济开放展开

鉴于外国资本涌入所带来的70年代快速的经济增长，当时主流观点认为，"滴漏机制"理论迟早会发挥作用。但是，70年代的经济活力掩盖了就业不足水平下降趋缓这一事实。当时拉美地区采取了特殊的供给政策或是改善劳动力市场透明度的措施。例如，职业培训机构扩展了它们的项目，与此同时，职业介绍所被并入许多政府的劳动部门。但是，它们的效果有限，因为70年代存在一种共识：就业问题主要还是"生产性吸纳"不足的问题，而不是失业者技能和岗位错位的"结构性失业"问题。因此，就业政策的出发点主要围绕内部需求和经济开放而展开。

一是通过收入再分配政策，扩大对劳动力的引致需求。因为内部需求是收入水平和收入分配的函数。70年代初期，由Dudley Seers在《国际劳工组织哥伦比亚报告》（1970年）中首次提出了收入再分配将产生创造就业、节约外汇以及经济增长"良性循环"的观点。其主要依据是，低收入群体的消费品相对于高收入群体而言更倾向于劳动密集型，较少使用外汇。因为像食品、衣服、鞋等产品比起耐用消费品来说需要更多的劳动力和较少的进口部件，而耐用消费品需要更多的进口配件来组装。一些研究（ILO，1975 年；Foxley，1974 年；Cline，1972 年；Figueroa，1972 年；Tokman，1975 年）表明，这种收入再分配战略能对国际收支产生影响，因而会创造出更多的就业。尽管消费结构转变也会有利于就业，但是，它的效果有限，因为制造业内部的食品和饮料生产具有资本密集特性，其就业净效应并不大。[①] 应当说，当时的政策具有凯恩斯"有效需求不足"理论所主张的扩张成分。工资政策也是一种合适的再分配工具，被认为能够对就业产生积极的效应。但是，上述政策没有延续很久，因为国内经济出现供给短缺，而且国际经济形势在第一次石油危机冲击下发生了巨大变化。更重要的原因是某些国家政局出现更迭，特别是智利和阿根廷，由于利益集团之间的平衡被打破，政策的连续性也遭到破坏。

　　二是原本通过降低保护和减少干预来促进经济开放，却反遭失业问题困扰。70 年代后半期是政治和经济激进变化的时期。在南锥体国家出现军政府上台和不同程度实践新自由主义政策的情况。在经济开放过程中，由于进口竞争和吸引外资的高成本，大量企业破产、财务状况恶化。同时高利率也扭曲了投资的分配取向，刺激了高收益的短期投机和为高收入群体建造住宅和商业建筑的行为。具有新古典特征的工资政策也受到限制，实际工资与就业呈现负相关关系。结果，现代部门就业水平下降，随之公开失业增加（智利、乌拉圭），或者就业不足通过非正规就业膨胀的方式增加（阿根廷），或者公开失业和就业不足同时增加（哥斯达黎加）。此时，就业重点从制造业，或者公共部门转移出来。尽管在某些国家有工会的干预以及工资讨价的谈判，但

---

①　参见 Tokman，"Urban employment: research and policy in Latin America"，*CE-PAL Review No. 34*，1988，p. 116.

是，实际工资是下降的。这导致社会分层不利于正规部门的劳动力，因为制造业在绝对意义上丧失地位，而且该部门的谈判能力也因工人失业以及非正规就业增长而被削弱。[①]

（二）80年代城市就业政策转向非正规部门

非正规部门逐渐被80年代的就业政策所关注，有其经济和政治方面的原因。经济因素包括：第一，"滴漏机制"战略无法使城市非正规就业的比重大幅减少；第二，80年代债务危机使得该部门就业过度扩张，1980年到1985年，非正规就业的数量增加了38.8%（见表4-11）；第三，非正规就业与贫困紧密相连，75%~80%非正规就业的工人的收入低于最低工资；第四，对90年代的经济增长持有悲观的预期；第五，经验表明，实施针对非正规部门的政策所需的资源相对较少。政治因素包括：第一，在世界范围内非正规经济活动普遍受到关注，特别是在发展中国家；第二，拉美大多数国家民主政治回归，基层组织的形式更加开放，该部门在大选中的作用提升；第三，随着新自由主义地位的上升，非正规部门的企业家及其企业家能力得到强调。因此，学术界提出对拉美地区非正规部门就业的政策建议。例如，对非正规部门的生产性支持（市场准入和资源分配）仅能倾向于该部门的核心组织（由组织性更好的企业所组成）。这些政策不会必然导致人口中的贫困群体在短期内获得收入。相反，政策的初次效应会使非正规部门的企业家收入增加，而这种收益不会必然地转移到所雇用的工人工资上，因为现实中还存在着大量富足的劳动力供给。但是，政策的效果会逐渐体现出来，例如，通过新增就业岗位，或者通过延长工作时间，劳动需求会增加，这会对社会平等产生渐进性的效果。

---

① 参见 Tokman, "Urban employment: research and policy in Latin America", *CEPAL Review No. 34*, 1988, p. 117.

　　此外，面对 80 年代严重的公开失业状况，拉美国家开始实施直接就业政策。进口替代工业化时期就业问题主要是就业不足，当时公开失业率较低且稳定（短暂的经济周期波动除外）。然而，80 年代公开失业开始上升。从 1980 年到 1985 年，城市失业人数增长了 47.9%（见表 4-11）。伴随着公开失业率的上升，失业劳动力的组成结构也发生了变化，户主、年轻力壮的男性劳动力以及具有工作经验、受教育水平较高，且曾在组织性较好的部门工作的工人也加入到失业队伍中来，且比重在增加。鉴于此，许多国家（例如巴西、玻利维亚、智利、秘鲁）开始实施特殊的就业计划。应该说，在特殊时期这些计划是有效的政策工具。实施它们的成本较低而且速度很快，政策甄别能力强（例如 70%－90% 的项目受益者是妇女），因此，它们被认为是向最贫困人口提供收入的一种方式。同时，这些政策政治效果也很强。但有专家认为，如同设计非正规部门的政策一样，直接就业政策的制度结构也要避免权力集中化。项目应该在分散化的权力结构下运行，尽可能避免政治操纵。

　　（三）新形势下非正规就业和非正规经济对政策提出挑战

　　从目前世界就业的变化趋势和拉美实际情况看，非正规就业在相当长时期内还将持续存在或有增长。根据 ILO 最新数据，目前世界上已经有超过 55% 的非农就业被认为是处于非正规状态。更重要的是，非正规就业已经出现新的趋势——即使在经济增长时期也在增加。根据按未纳入社会保障定义衡量的非正规就业数据，2000 年以来拉美许多国家的非正规就业比例都增加了，2000～2003 年阿根廷由 38.5% 上升到 44.9%，2000～2004 年墨西哥由 55% 上升到 60.2%，委内瑞拉由 31.9%

上升到 40. 2% 。①

　　近些年，非正规经济也一度成为政策辩论的中心，主要源于两个事实：第一，尽管预期它终将"消亡"，但是非正规经济规模不仅在许多国家增加，而且其外在形式和所辖部门都发生新的变化；第二，尽管关于它的定义尚存争议，但是支持非正规企业、改善非正规就业作为促进增长和减少贫困的主要途径已经成为共识。目前，新界定的"非正规经济"不仅涵盖"企业特征"（是否受合法监管），而且包括"就业关系的性质"（是否受合法管理和保护）。换言之，它是由所有存在于非正规企业内外部、不享有社会保护的"非正规就业"形式所组成。然而，对非正规经济的测量也绝非易事。与此同时，有两个具有政策争议的问题值得关注：正规就业的监管环境与非正规就业的因果关系；"自愿选择"非正规就业和"被排斥出"正规就业的相互关系。Tokman 和 Fields（1990 年）就曾指出，非正规部门并不能简单地用低收入、自由进出和过渡性来描述，这个部门实际上至少包括两个层次：（1）低端表现为低收入、自由进入和不稳定工作；（2）高端表现为高收入（甚至高于正规部门的收入）、一定的物质资本和人力资本。

　　国际货币基金组织在考察拉美国家非正规经济时指出，沉重的税负、僵化的劳工市场、高企的通货膨胀和由农业占主导的经济结构是非正规经济形成的四大主要原因。因此，该组织针对上述四种因素在不同国家的影响权重提出相应的对策：在经济所有部门降低和同质化有效税率；加速劳工市场改革、提高灵活性；优先执行紧缩的货币政策和稳定物价；进行产业结构升级，等等。总体而言，其政策核心是努力减少非正规性程

---

① Johannes Jütting, Jante Parlevliet and Theodora Xenogiani, "Informal Employment Re - loaded", *Working Paper No.* 266, OECD Development Centre, 2008, p. 16.

度。而世界银行认为，拉美的非正规性主要来自于公共服务质量低下以及监管框架繁琐。此外，以中等教育为衡量标准的教育水平低下、生产结构严重依赖农业和农村其他经济活动以及大量年轻劳动力参与劳动也加剧了劳动力市场的非正规性。因此，该组织得出结论：非正规性不仅起源于个人对进入正规就业的成本收益分析，而且还受教育程度、生产结构和人口趋势等宏观因素的影响。

目前有关非正规性政策的争议集中在是否将非正规经济"正规化"上。然而，鉴于非正规经济的异质性，"正规化"的含义尚未明确。对于政策制定者而言，它意味着非正规企业应该获取执照、登记账户、照章纳税；对于自我就业者而言，他们希望选择正规就业所得到的收益能够弥补上述正规经济的准入成本；而对于非正规的工薪就业者而言，正规化意味着将目前的工作升级为享有安全契约、工人权利和社会保护的正式工作。为了发展有利的商业环境和保证充足的公共服务供给，整个经济保证相当程度的"正规化"是必需的，但是，问题的关键是如何实现这个目标。许多案例表明，激进型的"正规化"反而产生相反的结果。而且，实践中还会遇到如下困难。第一，大多数政府机构还没有足够能力处理所有非正规企业"正规化"所需的大量执照申请和纳税申报工作；第二，大多数政府机构还没有能力向非正规企业提供正规经济应享有的激励和收益；第三，近年的就业趋势显示就业落后于对工作岗位需求的增长，尤其是在劳动年龄人口比例大幅增加的情况下；第四，有证据表明雇主更倾向于把正式工作岗位转化为非正式工作。

总而言之，在当代发展中国家的工业化和现代化过程中，由农村转移出来的大批劳动力不可能全部被城市的现代产业部门所吸收，城市非正规经济和非正规就业的出现是必然现象，问题在于各国政府在政策上主动加以引导和规范，防止非正规部门过度膨胀甚至失控。对于拉美国家而言，应该从劳动者角度探析非正规就业产生的原因、区分不同类型以及测算对整个经济的影响；从宏观角度把握政策效果的平衡，重点是要把就业目标明确列入拉美国家长期的发展议程。现实的政策选择是通过制度创新规范城市非正规就业，简言之，就是得到政府的"承认"、"支持"和"管理"。

本章小结

从理论角度来说，城市化是一个社会组织的转型与发展过程，也就是说从一个分散的农村或农业社会转变为一个集中的城市工业社会的过程。为了鉴别导致这种转型的因素，经济地理学家强调生产的外部性。规模经济递增的效应推动了包括劳动力在内的生产要素向城市中心集聚，以求获得更高的生产率，例如智利的矿业产业集群和墨西哥新兴的北方工业化中心。而发展经济学家则从城乡收入差距方面来分析农村人口向城市集中的动机，著名的理论就是托达罗模型。在拉美，虽然最低工资政策和剩余劳动力的存在易于缩小组织程度不高的企业、甚至是现代部门的基础工资差距，但是，当生产性更强的企业组织形式和更强的劳动力组织谈判能力结合在一起的时候，工资水平就会受到影响，结果造成不仅基本工资差异（农业和城市中通常接纳较多劳动力转移的行业，如建筑业）依然存在，而且城市工资差距继续扩大。因此，1950～1980年拉美国家的城乡劳动力流动规模巨大。

拉美国家的城市化进程启动于20世纪20年代，之后步入快速发展时期，但是，该地区的城市化呈现出"超前"性。首先，人口城市化超前于工业产值的变化。其次，地区发展不平衡，人口向首位城市集中。再次，就业不足转变为城市公开失业，城市贫困逐渐凸显。最后，落后地区因具有较高人力资本的劳动力流出而陷入贫困陷阱。简言之，拉美国家城市中劳动力供给（包括流入城市的农村剩余劳动力）远远大于劳动力需求的总量矛盾，劳动力（包括流入城市的农村剩余劳动力）技能与素质不适应市场需求的结构性矛盾，造成城市经济中的"第三产业化"、城市格局中的"贫民窟包围城市"。

　　1980 年以后拉美国家城市非正规部门过度膨胀。尽管 1980 年以前，即进口替代工业化时期，城市非正规部门就业在绝对数量上也有增长，但由于同期正规就业大幅增加，两者的相对比重并没有发生明显变化。但是，债务危机以后，正规就业大幅缩减，非正规就业的比重呈现明显的上升趋势，其重要性也随之体现出来。作为农村剩余劳动力的一个"蓄水池"，该部门具有长期存在的意义。因为在当代发展中国家工业化和现代化的过程中，由农村转移出来的剩余劳动力不可能完全被城市的现代产业部门所吸收，城市非正规经济和非正规就业的出现是必然现象，关键在于政策上的引导和规范。70 年代拉美国家片面强调正规就业而轻视非正规就业的主流思想在 80 年代以后得到一定程度的纠正。未来要通过制度创新规范非正规就业，简言之，就是要得到政府的"承认"、"支持"和"管理"。

　　需要说明的是，本章仅从劳动力的地域转移角度探讨了城市化的发展，但是，无论在发展经济学理论中还是在地理经济学理论中，农村或农业的发展都占有极其重要的地位。例如，托达罗建议发展中国家应该更加重视旨在改善农业生产条件和农村地区环境的资本投入，以抑制农村人口向城市流动的动机。因此，政府决策者在考虑城市发展的同时，还要高度重视农村和农业的发展。

第五章　经济全球化与拉美国际移民

国际移民①是全球化的重要内容，相应地，国际劳动力市场也是全球化进程以及各国、各地区之间经济相互依赖的重要组成部分。与更为丰富的关于发展中国家国内移民理论相比，关于国际移民的文献显然缺乏旨在分析跨国界移民原因与影响的理论模型。主要原因是，第一，受到国际移民所处的制度环境约束，即劳动者个人自由定居的选择受到了法律上、物质上以及文化上的种种限制；第二，传统经济模型所设定的充分就业、灵活的工资和生产要素充分流动的前提条件不符合现实世界中的情况。本章尝试沿着托达罗模型的思路将流动的地域扩大到国外，以此来确定移民决策的关键变量，即获得就业机会的前景，以及移出国和移入国之间的工资差别。在此基础上，分析国际移民的阶段特征和模式，并且着重对这种劳动力流动产生的主要社会经济影响加以论述。

第一节　拉美国际移民的历史与动因

随着资本和商品市场逐渐融入一个开放的全球经济和以金本位为基础的货币体系，国际移民在全球化的第一次高潮中（大

---

① 从流动形式看，劳动力的国际流动既包括永久移民式，也包括中短期国际流动出口、留学人员、技术性劳务合作等。联合国对"国际移民"的基本定义是，除各国正式派驻他国的外交人员，除联合国维和部队官兵等跨国驻扎的军事人员之外，所有在非本人出生国以外国家定居一年以上的人口。

约从 1870 ~ 1913 年）兴起。这种大规模移民的时代在全球化的低迷期（从 1914 年到 20 世纪 40 年代中后期）趋于结束，因为在这个时期世界经历了两次世界大战、20 年代宏观经济的不稳定、30 年代的经济大萧条以及周期性的政治动荡。这些历史事件造成国际移民限制制度更加严厉。自从 20 世纪 70 年代以来，全球化高潮第二次兴起，鉴于苛刻的移民政策，国际劳动力市场呈现出分割的局面，特别是在发达国家，针对非熟练劳动力的歧视更加明显。然而，具有较多技能和受过高等教育的劳动力在国际范围内还是具有很大的流动性。

一、拉美国际移民历史的简要回顾

19 世纪晚期和 20 世纪晚期掀起的两次全球化浪潮在全球范围内对拉美国际移民的流向产生了重要的影响。期间，拉美的国际移民也经历了从 1913 年到 1945 年的低迷阶段。

（一）大规模向美洲移民时代（约 1870 年到 1913 年）

1870 年到 1913 年掀起第一次全球化浪潮。伴随着自由贸易、资本自由流动以及金本位制的盛行，世界迎来"大规模国际移民时代"（见图 5-1）。据估计，在这段时期大约有 6000 万人从资源匮乏、劳动力充裕的欧洲移民到资源丰富、劳动力稀缺的新大陆（the New World），包括阿根廷、澳大利亚、巴西、加拿大、新西兰和美国。移民既来自"欧洲核心"（core Europe）国家（英国、德国、法国），也来自"欧洲外围"（peripheral Europe）国家（例如，斯堪的纳维亚国家，西班牙，意大利，葡萄牙等）。在拉美，欧洲移民的主要目的国是阿根廷，其次接收欧洲移民规模相对较大的国家是乌拉圭、古巴、墨西哥和智利。1913 年阿根廷的人均收入比西班牙和意大利高 30%，这为欧洲国家向阿根廷移民提供了强大的经济激励。同年，乌拉圭的人均收入也高于西班牙和意大利，智利的水平与它们相当。[1] 这个时期，移民政策总体上来说是自由的。例如，为了增加劳动力供给、支持快速经济扩张，阿根廷在欧洲国家设立了移民机构以吸引和方便移民迁移。

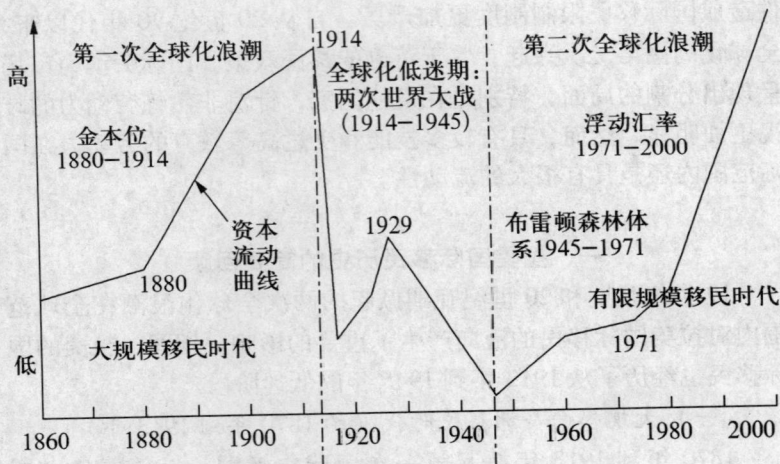

图 5-1 结合资本流动趋势而划分的国际移民阶段示意图

资料来源：根据相关文献整理绘制。

（二）国际移民的低迷期（1914～1950 年）

第一次世界大战的爆发打断了全球化的第一次浪潮以及国家之间劳动力市场的一体化进程。1914 年后的 30 年间欧洲一直处于经济和政治动荡之中，依次经历了第一次世界大战、20 年代的超高通货膨胀、30 年代的经济大萧条以及第二次世界大战。所有这些因素都导致国际移民政策逐渐收紧。美国在 1921 年和 1924 年执行移民限额法令，以此减少来自欧洲的移民。因此，

---

[1] Andrés Solimano, "Globalization and international migration: the Latin American experience", *CEPAL Review* 80, p. 55.

潜在移民转向巴西和阿根廷。

（三）有限规模移民时代（1950 年后）

第二次世界大战结束后，欧洲经济开始重建，贸易和投资关系逐步恢复，全球经济在 40 年代后半期和 50 年代初开始好转。当时的主要政策是在主要货币之间执行固定汇率制，对国际资本市场进行管制，以及限制国际移民。这种状况一直持续到 70 年代初，那时工业化国家开始经历石油价格高涨和布雷顿森林体系崩溃的冲击。之后，全球经济进入一个崭新的阶段。70 年代国际资本市场变得活跃，在 90 年代活跃程度达到高峰。贸易和资本流动自由化，共同推动了全球化第二次浪潮的兴起（见图 5-1）。但是，商品和资本市场的全球化并没有带来同等程度的国际劳动力市场的一体化。限制性移民政策，特别是针对低技术劳动力的政策，仍然是发达国家对发展中国家的"准则"。

20 世纪 50 年代后半期欧洲经济开始持续增长，相比之下，作为接收欧洲移民的主要拉美国家——阿根廷，经济一直处于低迷，因而所提供的吸引移民的经济激励自然减少。尽管在 1950 年阿根廷、乌拉圭和委内瑞拉的人均收入依然高于意大利、西班牙和其他欧洲外围国家，但是它们之间的收入差距逐步缩小，大约在 1970 年阿根廷和委内瑞拉的移民流向发生逆转。值得一提的是，在 20 世纪前半期，欧洲移民向拉美迁移和拉美移民向美国、加拿大和其他发达国家迁移是同时进行的两个过程。美国的移民规模从世界范围看由 40 年代的 100 万、50 年代的 250 万增加到 80 年代和 90 年代的平均接近 750 万。尽管 19 世纪在美国移民中绝大多数是欧洲人（1820 ~ 1920 年欧洲移民占到移民总数的 88%），但是，从 1971 年到 1998 年欧洲移民所占比例下降到 14%。而同期，拉美（占 46%）和亚洲（34%）成为美国移民的主要来源地区。就个别国家而言，从 1820 年到 1998 年，美国的移民主要来源国是拉美的墨西哥、古巴、多米尼加；亚洲的菲律宾、中国、韩国、印度；以及欧洲的德国、意大利、英国和爱尔兰。①

二、拉美国际移民的动因

（一）经济层面

首先是移出国和移入国之间人均收入或者实际工资的差别。对于既定技术水平的潜在移民而言，净移民（迁入减去迁出者）的流动规模是与移入国和移出国实际人均收入（或者实际工资）之间的比率正相关的。以拉美地区区域内的移民为例，如表 5-1 所示，从 1950 年到 2000 年，平均而言，阿根廷的人均收入是玻利维亚和巴拉圭的 3 倍，这种巨大的收入差距使巴拉圭和玻利维亚成为拉美地区向阿根廷移民的两个主要国家。同期，智利的人均收入超出秘鲁 65%，超出厄瓜多尔 80%，尤其是 90 年代，随着智利经济的快速增长，这种收入差距逐步扩大。委内瑞拉和哥伦比亚两国之间的人均收入差距呈现逐步缩减趋势，主要原因是自 80 年代以来委内瑞拉经济增长缓慢。而哥斯达黎加和尼加拉瓜两国之间的人均收入差距自 80 年代以来进一步扩大，主要是因为尼加拉瓜经济因内战而处于崩溃边缘。如果考虑到不确定性和移民决策的长期因素，潜在移民通常用两个国家的预期收入作比较。倘若再把时间因素考虑进来，那么，还要将移入国和移出国预期收入之间的相对差异折算为现值。

其次是移出国和移入国经济周期和经济前景之间的比较。移入国因为经济快速增长会导致劳动力相对短缺，这无疑会增加国际移民在移入国的就业机率。相反，在经济增长缓慢和失业率居高不下的时期，在移入国找到工作的可能性会降低。尽管移民决

---

① Andrés Solimano, "Globalization and international migration: the Latin American experience", *CEPAL Review* 80, p. 57.

表 5-1　拉美地区区域内移民目的国与来源国人均 GDP 之比[a]

目的国	阿根廷				智利	委内瑞拉	哥斯达黎加	多米尼加
来源国	玻利维亚	智利	巴拉圭	秘鲁	厄瓜多尔	哥伦比亚	尼加拉瓜	海地
1950～1954	2.58	1.23	3.21	1.63	2.01	3.54	1.18	1.07
1955～1959	3.23	1.30	3.43	1.50	1.91	3.97	1.21	1.23
1960～1964	3.42	1.26	3.50	1.39	1.95	3.60	1.26	1.41
1965～1969	3.32	1.30	3.71	1.37	1.94	3.55	1.21	1.57
1970～1974	3.40	1.46	3.92	1.35	1.77	3.14	1.39	1.87
1975～1979	3.09	1.71	3.22	1.16	1.29	2.83	1.62	1.97
1980～1984	3.19	1.43	2.34	1.35	1.35	2.21	2.07	1.97
1985～1989	3.37	1.25	2.25	1.56	1.46	1.91	2.61	2.22
1990～1994	3.31	1.04	2.30	2.41	1.81	1.79	3.55	2.86
1995～2000	3.60	0.92	2.73	2.60	2.36	1.66	3.69	3.86
1950～2000	3.26	1.28	3.05	1.65	1.80	2.80	2.01	2.04

[a] 比率以按 1990 年美元计算的人均 GDP 为基础, 并根据购买力平价调整。
资料来源: Maddison (2001) and IMF, 转引自 Andrés Solimano, "Globalization and international migration: the Latin American experience", CEPAL Review 80.

策主要依赖于国家之间存在的人均收入差距，但是，移民的时机是与移出国和移入国所处的经济周期不同阶段密切相关的。

最后是移民成本。斯加斯塔德（Sjaastad，1962 年）曾提出一种成本收益理论，该理论将流动决策视为一种能在时间上给劳动者同时带来收益和成本的投资战略。收益可分为货币收益和非货币收益，同样，成本也包括货币成本和非货币成本。这种方法有助于我们深入理解国际移民的经济动因。按照这种思路，移民成本应该包括旅途成本（飞机票、船票等）、在目的国的生活支出以及为搜寻工作而付出的成本。非熟练和贫困的劳动力通常受到这些成本的制约而无能力实施移民行为。

（二）政治层面

移民决策不仅取决于经济因素，而且还与移出国与移入国的政治制度（民主还是独裁）有关。潜在的移民通常会选择居住在公民自由和个人权利（演讲和结社自由、司法公平、宗教自由、有权选举公共机构等）受到尊重、经济权利（财产权、契约执行）受到保护的民主国家。历史上曾多次出现过拉美国家公民因政治原因而移民的情况。例如，在 20 世纪六七十年代阿根廷军政府剥夺了公民自由，而且通过压制学术自由干预大学教育，结果造成专业人员和科学家大规模向国外迁移，人才流失相当严重。① 在六七十年代的巴西和七八十年代的智利也发生过类似的情况。因此，向国外移民已成为一些具有较高人力资本的专家反抗非民主政治体制的一种方式。

（三）社会层面

第一，社会网络关系的成熟度。关于移民的经验研究表明，在因距离、劳动力市场发育程度不同而造成的信息不对称条件

---

① 详见李春辉等主编：《拉丁美洲史稿（下卷）》，商务印书馆 2001 年版，第 574－580 页。

下，以亲戚、朋友为主要维系方式的社会关系，在帮助迁移者选择目的国、并获得就业机会方面具有重要的作用。实际上这个由家庭、朋友、族群所构建的社会关系网就是一个互助互利、信息共享的支持体系，它帮助潜在的移民"提前"获得有关就业以及其他有关移入国特征的信息，从而使个人和家庭尽快地适应移民后的生活。

第二，社会服务的完善度，特别是在医疗保健和教育方面。即使当移民知道至少在第一次就业时获得的报酬低于国内，只要能够在迁入国获得良好的医疗保障，使孩子享受免费和高质量的教育，以及更容易获得职业培训等，他们还是会做出移民的决定。这意味着移民追求的目标不仅仅是个人获得优厚的工作报酬和良好的工作条件，而且他们还希望通过享受优质的社会服务使家庭过上舒适的生活。

第三，国家之间的文化差异（例如语言、传统、家庭关系等）。正如成本收益理论分析的那样，国家之间文化上的差异属于非货币成本，亦即心理成本，包括放弃熟悉的生活、工作环境，采纳新的生活习惯（如饮食、语言）和社会习俗，以及所有因国家间在文化和生活方式上的差异所造成的心理压力。这种非货币成本作为一个内在的"制动器"常常对控制国际移民起到很好的效果。

当然，除了以上提到的经济、政治和社会层面因素，地理距离或者毗邻状况也是很重要的。总体而言，移入邻国或者附近国家的移民多于迁移到距离很远的国家的移民。从这个意义上讲，地缘因素影响着向外移民的方向和规模。此外，具有针对性的移民政策也是非常重要的影响因素。如果移入国采取限制性的移民政策，这些政策尽管不能绝对（因为还有许多非法移民迁入这些国家），但是在很大程度上能够阻止移民迁入。

三、阿根廷的国际移民历史

20 世纪对于阿根廷而言是一个不同寻常的世纪。20 年代末它曾是世界上六个最发达的国家之一，然而，在 20 世纪最后 25 年它却降为一个只具有中等收入的发展中国家。相应地，它也由一个移民净移入国（从 1870 年到 20 世纪 50 年代）变成一个移民净移出国（尤其是在 20 世纪最后 20 年）。这是因为阿根廷的经济发展过程经历了不同的阶段和周期。1870 年到 1914 年是阿根廷发展的最好时期，当时经济快速增长，大量外国资本流入，随之而来的便是来自欧洲的大规模移民。其中意大利和西班牙是两个主要来源国，他们在阿根廷的欧洲移民中占比接近 80%。而此时世界正处于全球化第一次高潮期。从 1870 年到 1914 年，阿根廷经济年均增长率接近 6%，是那个时代世界范围内经济增长最高的，其人均收入水平分别是西班牙和意大利的 1.33 倍和 1.38 倍（见表 5-2）。

这个时期的移民政策是非常积极的。因为在 19 世纪中叶阿根廷已经在意大利和西班牙设立了招募移民的机构，而且为了便于移民顺利定居，阿根廷政府还赠予土地，同时也为迁移过程中发生的费用提供融资，为移民提供住所。以上措施帮助阿根廷在 1870 年到 1914 年吸引到大量的国际移民。平均每年净移民（移入减移出）达到 5.7 万人，净移民率大约为 15‰（见表 5-2）。这种移民流向一方面反映出西班牙和意大利国内经济机会的减少，另一方面反映出阿根廷主要面向英国市场的肉类和谷物出口产业的繁荣。外国资本为阿根廷提供了用于建设和升级基础设施（例如铁路、港口和公路）的资金，而国外移民则为阿根廷补充了利用这些经济机会的劳动力。在战争初期（1914~1929 年），阿根廷的净移民开始下降到每年约 4 万人，接近 1900 到 1914 年间年均数量的一半。因为战争期间世界经济分崩离析，阿根廷也深受影响。世界资本市场的持续瓦解、欧洲进口市场的中断减少了阿根廷获得外部融资和向欧洲出口的机会。

20 世纪 30 年代是阿根廷经济糟糕的时期，GDP 增长率下降至年均 1.5% 的水平。与那个时期其他拉美国家一样，30 年代早期阿根廷采取了内向发展战略，大幅提高中间产品和资本品的进口关税。此时，经济下滑引起净移民迅速下降到每年大约 2.2 万人的水平（1930~1940 年）。第二次世界大战爆发后，欧洲向阿根廷的移民有所恢复，这种状况一直持续到 20 世纪 50 年代中期。这是因为战争对人类和经济的重创促使欧洲人离开家乡，而阿根廷凭借在 19 世纪末、20 世纪初的大规模移民潮中确立起来的联系和知名度自然成为欧洲移民的首选。但是，到了 40 年代末和 50 年代，欧洲经济的快速恢复和阿根廷经济的相对滞后逐步缩小了阿根廷和欧洲国家之间人均收入的差异，移民的经济激励远不如以前，因此，来自欧洲移民的数量在 60 年代急剧下降，到了八九十年代阿根廷已变成移民净移出国。

但是，伴随着来自欧洲移民的下降，50 年代来自拉美地区邻国的国际移民数量开始上升。相当多的移民是巴拉圭、玻利维亚和智利的农村工人和非熟练城市劳动力。如表 5-3 所示，1960~1964 年来自巴拉圭、玻利维亚和智利的移民分别达到 8.71 万、6.26 万和 3.9 万，远高于来自意大利和西班牙的移民。这些邻国的移民通常来到阿根廷农村地区从事那些已被迁移至城市的工人所放弃的工作。而在这些移民来源国国内，伴随着进口替代工业化、政府部门的扩张以及城市化进程，发生了大规模的城乡之间的内部流动。这种逐级替换的流动模式恰好反映了现实中"农村——城市——国际移民"的递进关系。

20 世纪 50~70 年代另一个重要特征是在向外迁移的阿根廷公民中有很多是具有高级技能的专家、科学家和知识分子。除了经济下滑这个因素外，前往国外的移民主要是受到庇隆政府政策

表 5-2　1870~2000 年阿根廷全球化进程与国际移民

时期	净移民[a] 年均数	净移民[a] 比率[b]（‰）	总人口（千）（年均）	年均 GDP 增长率（%）	阿根廷（指数）1990=100	阿根廷和其他国家人均 GDP 之比 美国	西班牙[c]	意大利[c]	OECD[c]	玻利维亚[d]	智利[d]	巴拉圭[d]
1870~1900	33962	11.5	3037.8	6.2[e]	35.4[e]	0.58	1.17	1.28	0.78	n. a.	n. a.	n. a.
1900~1914	103786.7	17	6183.6	4.3	52	0.68	1.65	1.62	1.06	n. a.	n. a.	n. a.
1870~1914	56957.9	15.1	4049.6	5.9[e]	41.6[e]	0.61	1.33	1.38	0.87	n. a.	n. a.	n. a.
战争早期												
1914~1929	40436.5	4.4	9479.9	3.8	55.7	0.59	1.53	1.32	0.99	n. a.	n. a.	n. a.
进口替代发展战略												
1930~1940	21945	1.7	13053.9	1.5	60.1	0.64	1.66	1.3	0.93	n. a.	n. a.	n. a.
1940~1950	47752.1	3.1	15490.5	3.7	70.9	0.47	2.01	1.65	0.94	n. a.	n. a.	n. a.
1950~1960	60158.2	3.2	18891.8	2.9	79.6	0.46	1.76	1.17	0.8	2.96	1.27	3.34
1960~1970	32969.3	1.5	22277.1	4.7	95.4	0.45	1.27	0.83	0.68	3.37	1.29	3.63
1970~1975	57986.1	2.8	26030.9	4.2	119.7	0.47	0.97	0.78	0.66	3.37	1.53	3.88
1930~1975	41268.5	2.3	18280.7	3.3	81.4	0.5	1.58	1.19	0.82	3.19[f]	1.33[f]	3.56[f]

续表

时期	净移民[a]		总人口	年均GDP	阿根廷(省数)	阿根廷和其他国家人均GDP之比						
	年均数	比率[b](‰)	(年均,千)	增长率(%)	(1990=100)	美国[c]	西班牙[c]	意大利[c]	OECD[c]	玻利维亚[d]	智利[d]	巴拉圭[d]
经济自由化早期												
1975~1990	-1387.5	-0.05	29244.75	0.1	115.6	0.38	0.78	0.58	0.52	3.21	1.43	2.57
经济改革和自由化												
1990~2000	-2155.3	-0.1	34732.1	3.6	122.2	0.32	0.62	0.48	0.44	3.47	0.97	2.53
1975~2000	-1683	-0.05	31439.35	1.6	119	0.36	0.72	0.55	0.49	3.33	1.25	2.57
1870~2000 (平均)	9685	6.4	18503.3	3.9[e]	44.5[e]	0.5	1.37	1.11	0.8	3.26[f]	1.28[f]	3.05[f]

注:a:净移民(移入减去移出);b:平均净移民/中间年份人口;c:1990年美元,根据购买力平价调整;d:1995年不变美元价格;e:自从1875年以来;f:自从1950年以来。

资料来源:Andrés Solimano, "Globalization and international migration: the Latin American experience", CEPAL Review 80.

的影响，因为 50 年代的政策歧视非庇隆主义知识分子和专业人才。到了六七十年代军政府公开反对大学中的不同政见者。1966年政变后，翁加尼亚（Juan Carlos Onganía）将军实行军事独裁，宣布"阿根廷革命"。1966 年 7 月，政府颁布干预国立大学法令，命令警察用警棍驱逐持不同政见师生。这种对抗情形在1967 年达到顶峰。仅布宜诺斯艾利斯大学就有总计 1305 名教员在翁加尼亚政府的干预下被驱逐。除了教授直接被从大学中驱逐出去，大学预算削减也损害了科学研究和教学工作。知识分子为避免风险（有可能遭遇牢狱之灾）而离开阿根廷，结果造成人才流失愈加严重。1976 年魏地拉军政府上台。为了巩固权力，军政府发动了一场所谓反"颠覆"战争，其中包括对科学家、专业人员和学生的大肆"清洗"。简言之，阿根廷所处的经济周期和军政府的独裁统治成为影响阿根廷国际移民的重要因素。

表 5-3　移入阿根廷的移民来源状况（每 5 年总计，千人）

来源国	1945~1949	1950~1954	1955~1959	1960~1964
意大利和西班牙	256.3	276.1	73.9	3.9
邻国				
巴拉圭	16.1	41.1	104.2	87.1
玻利维亚	1.0	6.6	31.9	62.6
智利	8.3	23.5	9.6	39.0
巴西	4.7	9.5	1.4	6.7
乌拉圭	-33.8	9.0	19.3	6.0
小计	-3.7	89.7	166.4	201.4
其他国家	76.3	52.8	10.1	13.0
总计	329	418.4	250.4	218.3

资料来源：Andrés Solimano，"Globalization, history and international migration: a view from Latin America"，*Working Paper No.* 37，ILO，July 2004.

第二节 20 世纪 70 年代以来拉美国际移民特征

拉美地区的国际移民主要有三种模式：向拉美地区以外的国家移民，地区内部国家之间的移民，以及传统模式中欧洲向拉美国家的移民。而第三种模式在全球化第二次浪潮中已经失去主导地位。正如在第一章所提到的，大约从 20 世纪 50 年代中期起，拉美在整体上逆转为人口净迁出，且净迁出率不断上升，到 1980~1985 年达到峰值，而人口净迁出的数量从 1980 年到 1995 年都维持在较高的水平，年均超过 55 万人。不管怎样，拉美已成为世界范围内国际人口迁移的主要来源之一。本节主要考察进入 70 年代拉美地区国际移民呈现出的新特征。伴随着这种地域转移，人口基础变化必然会影响到各国劳动力市场的发育状况。

一、拉美向海外移民呈多元化趋势，但美国仍是主要迁入国家

就地理意义而言，拉美移民的目的国呈现多元化趋势。由于"推力"因素、对专业工人的需求以及社会网络的成熟（在某些情况下与历史因素有关），从 1990 年到 2005 年这段时期拉美地区向欧洲（特别是西班牙）、日本和加拿大的移民逐渐增加。除此之外，该地区开始向欧洲其他国家（例如，加勒比人移民到荷兰和英国，南美洲人移民到意大利、法国和葡萄牙）、澳大利亚和以色列（智利人和阿根廷人）移民。据估计，到 2000 年大约有 300 万的拉美人居住在除美国之外的海外国家。[①]

① CEPAL, Migración internacional, *América Latina y el Caribe Observatorio Demográfico*, April 2006, p. 29.

　　美国依然是大多数拉美人首选的移民国家，整个70年代年均增长率达到9.3%。截止到2000年，在美国，来自拉美地区的移民规模达到1500万，在所有迁入美国的移民中占比超过50%。南美洲、中美洲和加勒比及其他国家（或地区）所占的比例分别为13%、67.6%、19.4%（见表5-4）。就国别而言，墨西哥所占的比例达到54%，接下来是古巴、多米尼加和萨尔瓦多。从趋势上看，除墨西哥、加勒比国家这些传统移民来源国外，中美洲和南美洲国家的移民比例在增加。而且，来自拉美地区的移民在美国的就业类型也因来源国不同而存在差异。如表5-5所示，有12.9%的墨西哥移民（经济自立人口，下同）在美国的农业就业，但是大多数仍在工业、零售商业和建筑业就业，比例达到54.4%。中美洲国家的移民遍布工业、零售业和服务业（特别是个人服务）的各种经济活动。而南美洲移民的大多数在工业就业（21.5%），但是也有相当比例在专业服务行业（17.8%）和零售商业（16.7%）就业。加勒比移民的就业类型与本地美国人十分相近，例如，在专业服务部门就业的经济自立人口比例几乎相等（前者为24.8%，后者为23.7%）。

表 5-4　在美国来自拉美及加勒比地区移民的存量调查

来源	人口普查年份				年均增长率		
	1970	1980	1990	2000	1970 ~ 1980	1980 ~ 1990	1990 ~ 2000
南美洲	234233	493950	871678	1876000	7.5	5.7	7.7
占比	13.6	11.3	10.4	13.0			
中美洲	873624	2530440	5391943	9789000	10.6	7.6	6.0
占比	50.6	57.7	64.4	67.6			
加勒比及其他	617551	1358610	2107181	2813000	7.9	4.4	2.9
占比	35.8	31.0	25.2	19.4			

续表

来源	人口普查年份				年均增长率		
	1970	1980	1990	2000	1970~1980	1980~1990	1990~2000
总计	1725408	4383000	8370802	14478000			
占比	100	100	100	100	9.3	6.5	5.5

资料来源：ECLAC，Social Panorama of Latin America 2004，p. 139.

　　在加拿大，来自拉美地区的移民存量从 1986 年略高于 32 万人增加到 1996 年接近 55.5 万人。传统的来源国（主要是牙买加、圭亚那、特立尼达和多巴哥、海地）占到数量的一半，最近几十年又增加了来自中美洲国家（主要是萨尔瓦多）的移民，其快速增长的势头使该地区移民在 1996 年接近 7 万。在英国，来自加勒比共同体的移民曾经受益于历史上的优惠条款形成很大的规模。但是，自由进入英国的移民政策在几十年前就已经废止。西班牙是拉美移民的第二个目的国：2001 年来自该地区（主要是南美洲）的移民达到 84 万，其中女性移民居多。文化相近性使这些女性移民很容易被西班牙人接受，而且她们在为老人提供服务和从事家庭服务方面起到重要的作用。许多研究表明，来自南美洲国家的移民具有较高的技能。虽然他们受制于分割的劳动力市场，面临着被社会排斥的风险，但是，工作经历、社会关系和家庭网络有助于他们进行快速的职业流动。2000 年在日本，有超过 30 万的非本地居民来自拉美地区：80% 是巴西人，14% 是秘鲁人。这些移民中的大部分人（出生于巴西和秘鲁）是那些曾在 20 世纪最初几十年到达上述两个国家的日本移民的后裔。

二、拉美地区内部国家之间的移民比例逐渐上升

　　直到 20 世纪中叶，拉美地区的大量国外移民来自欧洲。50

表5-5 美国本地人以及来自拉美和加勒比地区移民中的经济自立人口的就业分布（1990年普查，千人）

经济活动	美国出生公民	%	按来源划分							
---	---	---	墨西哥	%	中美洲	%	南美洲	%	加勒比	%
农业	2694	2.6	312	12.9	16	2.6	4	0.8	13	1.2
矿业	695	0.7	11	0.5	1	0.2	1	0.2	1	0.1
建筑业	6534	6.2	252	10.4	52	8.6	26	5.4	61	5.4
制造业	18242	17.4	642	26.5	127	21.0	104	21.5	181	16.1
交通	4695	4.5	59	2.4	21	3.5	27	5.6	67	6.0
通信	2944	2.8	22	0.9	6	1.0	6	1.2	23	2.0
批发商业	4592	4.4	120	5.0	26	4.3	23	4.8	52	4.6
零售商业	17561	16.7	425	17.5	114	18.8	81	16.7	163	14.5
金融业	7332	7.0	50	2.1	28	4.6	32	6.6	95	8.5
小商业及修理店	4970	4.7	139	5.7	55	9.1	40	8.3	71	6.3
个人服务	4545	4.3	176	7.3	76	12.6	45	9.3	84	7.5
专业服务	24925	23.7	189	7.8	75	12.4	86	17.8	278	24.8
公共行政	5287	5.0	25	1.0	8	1.3	9	1.9	34	3.0
总计	105016	100	2422	100	605	100	484	100	1123	100

资料来源：S. Lapham, The Foreign－Born Population in the United States 1990 Census of Population, Washington, D. C., United States Department of Commerce, 1993 and Persons of Hispanic Origin in the United States 1990 Census of Population, Washington, D. C., United States Department of Commerce, 1993.

年代以后区域内的移民比例开始上升，但是，因为当时拉美地区
发生了大规模城乡迁移的国内移民，因此，区域内的这种国际移
民被忽视了。进入 70 年代，尽管政治与经济社会情况有所变化，
但是，地区内部的移民流向基本没有发生变化，阿根廷、委内瑞
拉和哥斯达黎加仍然是接收来自拉美地区移民数量最多的国家。
1970 年到 2000 年，地区内部移民比例稳步攀升，从 23.9% 上升
到 58.7%。根据人口普查结果，截止到 2000 年，地区内部移民
规模已达 270 万（如表 5-6）。当然，如果进一步划分，归属于
不同次地区层次的国家，其特点也不尽相同。

表 5-6　拉丁美洲及加勒比地区按来源分类的移民人口

来源	人口普查				年均增长率		
	1970	1980	1990	2000	1970 ~ 1980	1980 ~ 1990	1990 ~ 2000
海外移民	3873420	3411426	2350441	1895075	−1.3	−3.7	−2.1
占比	76.1	63.1	51.2	41.3			
地区内部移民	1218990	1995149	2242268	2694603	4.8	1.2	1.8
占比	23.9	36.9	48.8	58.7			
总计	5092410	5406575	4592709	4589678	0.6	−1.6	0
占比	100	100	100	100			

注：1970 年包括 16 个国家；1980 年为 14 个国家，1990 年为 13 个国家，2000 年为
11 个国家。资料来源：ECLAC, Social Panorama of Latin America 2004，p.137.

　　在南锥体国家，阿根廷对于所有邻国和地理上较近的国家而
言都是潜在移民选择的目的国。因为人口过渡阶段发生较早，人
口增长率较低，所以，至少到 20 世纪 50 年代阿根廷对劳动力的
需求很大。而且阿根廷的工资收入较高，导致来自邻国的移民大
幅增加。到了 70 年代，由于石油工业的繁荣和人力资源政策的
扶持，委内瑞拉成为吸引区域内移民的一块"磁铁"。整个 80

年代阿根廷和委内瑞拉接收移民的规模显著下降，但是，进入90年代移民数量又开始上升。哥伦比亚是安第斯地区向外移民的主要来源国，也是对拉美地区内部移民贡献最大的国家，绝大多数移民（90%）迁往委内瑞拉。巴拉圭的情况比较特殊。它既是传统的移民迁出国家，也是接收地区移民和移民回流的国家。由于巴拉圭兴建大型水电工程以及拓展农业边疆，来自邻国的移民大量涌入，而且，在阿根廷的巴拉圭移民也发生回流。鉴于智利政治稳定和良好的经济表现，90年代它接收了大量来自南美洲国家的移民。

对于北部而言，存在着两种地区内部的移民模式。一种是危地马拉、萨尔瓦多向墨西哥南部各州移民。这种流动与传统意义上的移民有所不同，因为这其中包含很大一部分与农业季节有关的临时性劳动力流动。另一种是来自中美洲和南美洲的移民取道墨西哥进入美国。哥斯达黎加接收的移民数量很多，主要是来自尼加拉瓜的移民，它占到迁入该国的拉美移民的83%。这些移民主要在农业和服务业中就业。而在加勒比地区，主要是海地向多米尼加移民以及加勒比共同体（Caribbean Community）的内部移民。后者通常表现为一种循环往复的形式，既包括移民回流，也包括某国成为移民的中转地。

三、地区内部女性移民的比例在增加

无论是在世界范围内还是地区水平上，女性移民在国际移民中都扮演着重要的角色。与世界其他地区不同，在拉美地区内部移民中女性的比例逐渐上升。根据1970～2000年普查的数据，拉美国家之间移民的性别比在最近几十年持续下降（如图5-2）。这使得拉美地区的女性移民比例在发展中国家的国际移民中是最高的（Zlotnik，2003年）。到2000年，这一性别比达到93.3%。这种性别构成与国家间劳动力市场的互补程度、服务部门对劳动

力的需求以及家庭重聚紧密相关。同时，工作动机、家庭和个人特征等也是重要的影响因素。根据最新的数据，在阿根廷、智利和危地马拉，移民存量（stock of immigrant）的男性比例最低，因为这些国家的服务业，包括家政服务，对女性劳动力的需求很大。而相反的是，在巴西、多米尼加和巴拉圭，男性移民比例较高，因为这些国家对农业工人的需求很大。总之，拉美地区之间的移民逐渐由女性占主导：哥伦比亚移民在委内瑞拉的性别比为91.4%，尼加拉瓜移民在哥斯达黎加的性别比为99.8%，哥伦比亚移民在厄瓜多尔的性别比为89.2%，巴拉圭移民在阿根廷的性别比为78.7%，秘鲁移民在智利的性别比为66.5%。①

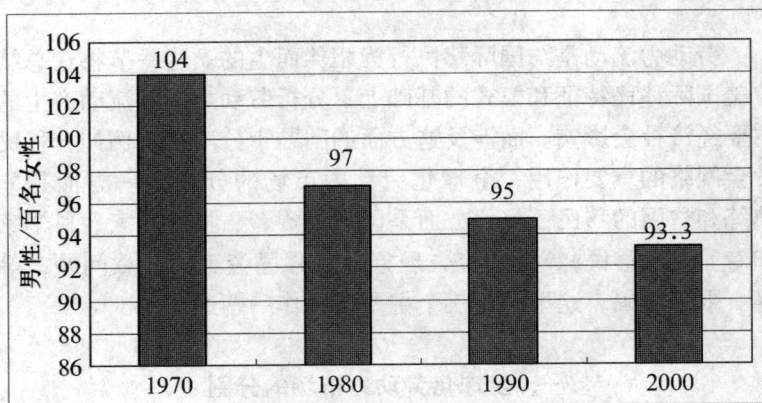

图5-2　1970~2000年拉美国家之间移民的性别构成
资料来源：Latin American and Caribbean Demographic Centre（CELADE）– Population Division of ECLAC, Investigation of International Migration in Latin America（IMILA）programme.

① CEPAL, Migración internacional, *América Latina y el Caribe Observatorio Demográfico*, April 2006, p. 32.

鉴于此，拉美国家应该制定相应的政策保护女性移民。因为女性再也不是移民行为的从属者，也不是被动的牺牲者，而是国际移民的积极参与者。同时应该考虑赋予女性移民各种权利，以避免在移入国重新产生性别不平等。而性别平等并不必然意味着男性与女性结局的均等，它意味着平等地获得"允许人们追求自己选择的生活并避免在取得成果时受到过分盘剥的机会"（世界银行，2005 年）。

第三节　劳动力国际流动的主要社会经济影响

劳动力流动是与国际移民行为相伴而生的。这一节将在总结拉美国际移民特征和模式的基础上，分析劳动力国际流动产生的主要经济社会影响。而涉及这方面的问题十分广泛，例如，移民社会网络的重要作用；全球化劳动力市场的分割（一方面是非熟练和贫困的移民，另一方面是国际投资者、技术专家、科学家和专业人才移民）；人才流失现象以及移民劳工的汇款问题，等等。限于篇幅，这里只对三个主要问题作一阐述。

一、全球化劳动力市场的分割

在全球化时代，国际劳动力市场是分割的，这体现在发达的工业化国家针对贫困的和非熟练技术劳动力以及外国专业人员、科学家和经商者所应用的移民法律不同。换言之，具有平等迁移权利的劳动力在做出移民决策时面对的制度环境不同。移入人均收入较高的国家的非熟练技术工人通常在农业或者服务业（例如，餐馆、家政服务）就业，他们通常要面对移民限制，而具有较高技能的劳动力或者投资者却不受这方面的制约。在这种背景下，来自拉美地区的劳动力国际流动产生了三个主要问题。

（一）"人才流失"影响本国人力资源的储备，长期内不利于经济可持续发展

总体而言，具有较高人力资本的移民"外迁"对于本国是不利的。这种"人才流失"将导致移民迁出国落入"贫困陷阱"。因为移民的个人特征（因教育程度、资历和技能不同从而具有高度的选择性）和流动特征（较少回流且与移民来源国联系较少）降低了国家可利用的人力资源储备，并且不利于国际上收入不平等状况的改善。

最近几十年，拉美和加勒比地区流失了大量具有高技能的劳动力，尽管一些国家采取了一些诸如建立与海外移民联系、支持与他们进行科研协作的措施，但是，所获收益并不明显。尤其对于经济规模较小的国家而言，专业人才（例如，加勒比国家的护士、教师）向发达国家迁移带来的不利影响更大。根据拉美经委会人口部的普查数据，居住在出生地以外的拉美国家专业人员、技术人员及相关从业者的数量从 1970 年开始显著增加，到 1990 年已经超过 30 万，到了 2000 年接近 100 万（仅对拉美地区而言，1990 年这种类型的专业技术人员占 33%，2000 年下降到 25%）。同时，这种专业技术人员在拉美内部国际迁移的经济自立人口中所占的比例从 1970 年的 6% 上升到 1990 年的 8%，进而在 2000 年达到 13.5%。[①] 整体而言，尽管专业技术人员占迁移的经济自立人口的比例仍然很小，但是，这种增长趋势值得关注。从国别看，在多米尼加、阿根廷、委内瑞拉、哥斯达黎加和巴拉圭，专业技术人员在迁入的经济自立人口中所占的比重较小，而在巴西、墨西哥和智利，该比重较大。

---

① ECLAC, International Migration, Human Rights and Development In Latin America And The Caribbean (Summary and conclusions), March 2006, p. 35.

（二）低技术劳动力尽管获得较高工资却无法提高就业质量，同时滋生大量非法移民

发达国家总是需要来自欠发达国家的工人。这种需求有时会超越经济周期的直接影响而通过建立二元劳动力市场为各种技能层次（非熟练与熟练）的外国移民提供就业机会。理论上讲，外国工人的流入能够弥补国内劳动力供给的缺口，但是，这种移民也能压低工资的增长，促使资本剩余程度提高。因此，这也是本地工人反对大规模移民的基本原因。

具有最低技能的移民通常在劳动力市场中从事被本地人"鄙视"的工作（例如，初级产业、农业或者个人服务业）。通过减少劳动力成本，雇主可以从这种劳动力流动中攫取利润。如图 5-3 所示，在美国，移民无论是来自拉美地区还是拉美以外地区，其就业分布都具有共同的特征：服务业、工业和商业是移民就业的三大主要行业。根据 2000 年的普查数据，来自拉美地区的移民在服务业就业的数量达到 295 万，占比为 40%。与拉美以外地区的移民相比，拉美地区移民的就业相对集中于农业和建筑业。而从职业分层来看，来自拉美地区的移民通常从事具有较低技能需求的工作，例如，操作员、司机和个人服务业从业者分别占比达 26% 和 25%（见图 5-4）。

此外，低技能劳动力经常面临各种移民规定的严格限制，结果，大量非法移民产生。非法移民一般没有签订正式合同，因而在遇到不利状况发生时缺乏保障，同时他们也缺乏具有社会性质的支持网络，不享有社会福利服务。他们的合法权利与在发展中国家非正规部门就业的工人相差无几，但是，他们的收入却远远高于后者，这也许就是非法移民背后的激励机制。当然，移民法案规定中的不合理因素和执行过程中的偏颇也是产生非法移民问题的重要诱因。例如，1965 年，美国移民法规定了西半球每年的移民限额为 12 万，墨西哥为每年 2 万，这显然是无法满足美

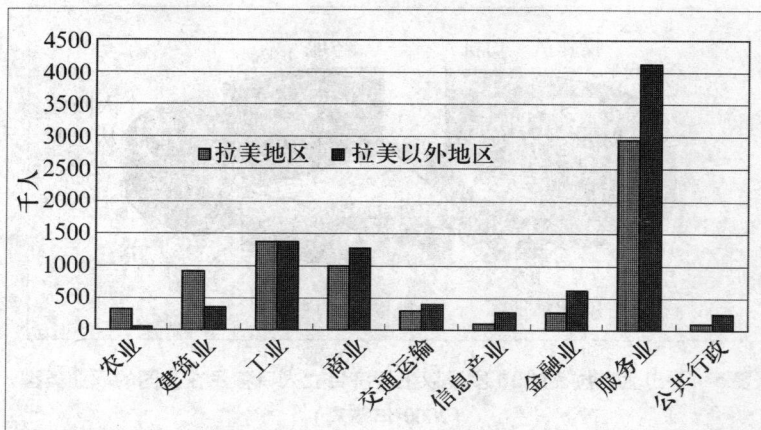

图 5-3 出生在国外的 16 岁及以上经济自立人口移民在美国的就业分布
（2000 年普查）

数据来源：CEPAL, Migración internacional, *América Latina y el Caribe Observatorio Demográfico*, April 2006.

国西部农业劳工需要的，因此导致了大量非法移民入境。而 1986 年美国移民法的出台则引发了移民潮，该法提供了两个"赦免"非法移民的计划，共有 170 万"合法授权工人"和近 100 万的"特殊农业工人"获得了合法身份。这种"赦免"制度的出现，使非法移民存在侥幸心理，在一定程度上促使墨西哥人偷渡到美国，等待赦免机会。从这个角度讲，非法移民都寄希望于通过各种途径获得官方的承认，从而实现通过社会资本积累获得职业层次向上流动的目标。

（三）高技能劳动力在国际市场遭遇"教育贬值"型就业

这种"教育贬值"型就业，即具有熟练技能的移民在其它国家就业时遭遇到的"职业层次与受教育程度不相匹配"现象，在拉美移民中所占比例很高。根据 2000 年的数据，在出

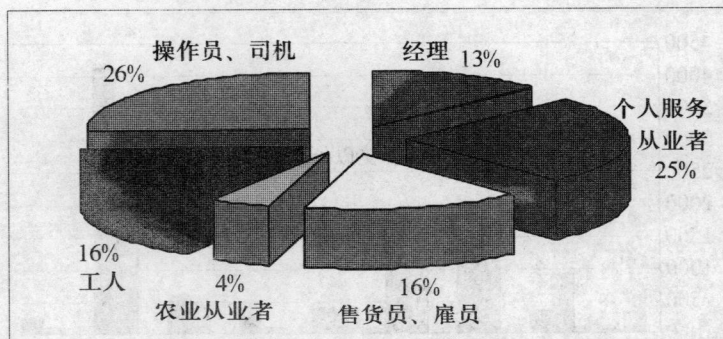

图 5-4　出生在拉美的 16 岁及以上经济自立人口移民在美国的职业类型
（2000 年普查）

数据来源：同图 5-3。

生于拉美和加勒比地区并居住在除本国以外其它国家以及美国的移民中，有 49% 的接受过大学教育的移民没有获得与教育层次相对应的管理或者专业人员的职位，而这种情况发生在本地出生人口中的比例为 32%（见图 5-5）。但是，在外来移民较少的国家，趋势正好相反，即外来移民的就业层次相对于本地工人而言占优。然而，从总体来看，主要国家外来移民的就业趋势对整个地区来说影响巨大，因此，来自拉美地区受过大学教育的外来移民在管理和专业人员层次就业的比例低于相应的本地人口。

　　在美国劳动力市场中，本地人和外来移民之间的就业差距更大，受过大学教育并且在管理和专业人员层次就业的比例依据所获得的教育水平而不同。出生在中美洲的外来移民中具有大学学位并在管理和专业人员职位就业的比例为 40%，墨西哥为 35%，南美洲为 45%，加勒比为 44%，而美国本地人的相应比例为 64%。具有硕士学位或者博士学位的移民更有可能获

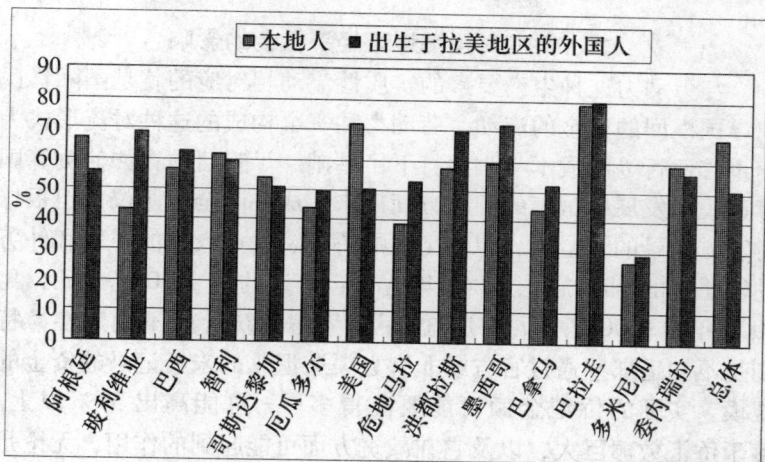

图 5-5　拉美地区和美国：来自拉美地区受过大学教育的移民
获得相应管理和专业人员职位的比例（2000 年）

资料来源：ECLAC, International Migration, Human Rights and Development In Latin America And The Caribbean（Summary and conclusions），March 2006, p. 38.

得管理或者专业人员的职位：中美洲的相应比例为 61%，墨西哥为 56%，南美洲为 80%，加勒比为 85%，而美国本地人口的相应比例达到 86%。[①] 这种"人未尽其才、学未尽其用"的"教育浪费"现象加重了外迁移民对拉美地区所造成的人力资本损失。而且，它损害到未来获得外迁移民回国所带来的收益的可能性。

[①]　ECLAC, International Migration, Human Rights and Development In Latin America And The Caribbean（Summary and conclusions），March 2006, p. 39.

二、侨汇对拉美地区经济社会的影响

与劳动力这种生产要素的实质性流动相对应的就是国际移民向母国汇回的资金的流动。劳动力和资金构成的这种对流形式为衡量移民行为的成本与收益打下了基础。尽管目前在如何测算国际移民向发展中国家的汇款方面还未达成一个全球协议，但根据对官方记录的资金流，包括工人的侨汇、就业人员的补偿和外劳的转账等的全面统计，2005 年这笔金额大约为 1670 亿美元，比 2004 年的 1600 亿美元有所增加①。考虑到统计的不确定性，特别是不知道那些通过官方或非官方渠道汇兑的未经记录的资金的规模，实际的侨汇金额可能要高得多——可能高出 50% 以上。鉴于侨汇数额巨大，以及它在减贫方面可能起到的作用，无论是在发达国家，还是在发展中国家，侨汇对于最高决策者的吸引力都与日俱增。

（一）拉美地区侨汇的规模及特征

侨汇是拉美国家国际移民最重要的一个方面。从世界范围看，流入发展中国家的侨汇从 1980 年的约 150 亿美元增加到 2002 年 800 亿美元，年均增长 7.7%。在地区层次上，流入拉美地区的侨汇的增长率最高，1980～2002 年期间年均达到 12.4%。如图 5-6 所示，2002 年流入拉美地区的侨汇数额达 250 亿美元，占到流入发展中国家侨汇总额的 31.3%。② 从侨汇与 GDP、FDI 和官方发展援助（Aid flows）的对比关系来看，近年来侨汇已经成为继外国直接投资之后拉美地区获得发展资金的第二大主要来源。2001 年侨汇占 GDP、FDI 流入总量以及官方发展援助的比

---

① 该数字的统计口径是根据世界银行的定义：移民侨汇是工人的侨汇、就业人员的补偿和外劳的转账三者的总和。

② 这里的"侨汇"统计口径仅包括工人的侨汇和就业人员的补偿两项。

重分别为 1.3%、32.6% 和 434.6%。从横向比较的结果看，东亚和太平洋地区的侨汇只稍高于官方发展援助，但是，在拉美地区前者对后者的优势十分明显（见表 5-7）。

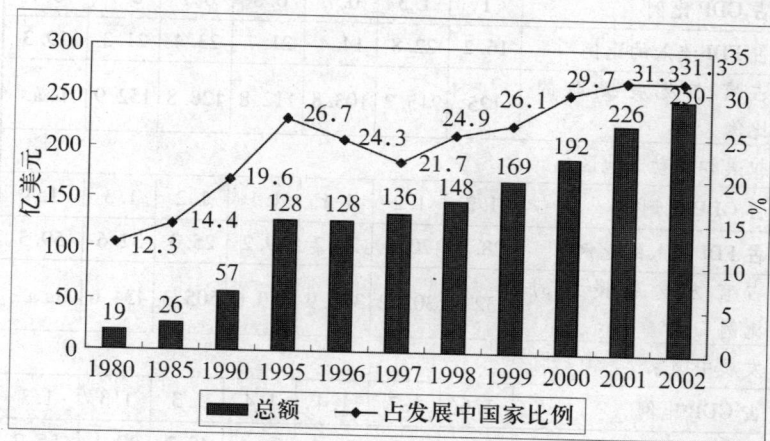

图 5-6 流入拉美地区的侨汇的数额及占流入发展中国家的比例

数据来源：Andrés Solimano, "Remittances by emigrants: issues and evidence", ECLAC, SERIE Macroeconomía del desarrollo 26, 2003.

根据国际劳工组织的数据，2001 年拉美 14 个国家收到的侨汇占地区 GDP 的比重平均为 1.8%，但是，国家之间差异很大（图 5-7）。按照侨汇占 GDP 的比重可以将这些国家划分为三类：小于 5% 的国家有秘鲁、墨西哥、危地马拉、古巴、哥伦比亚、巴西、玻利维亚；处于 5%~15% 的国家有多米尼加、牙买加、洪都拉斯、厄瓜多尔；超过 15% 的国家有尼加拉瓜、海地、萨尔瓦多，其中海地的比重高达 24.5%，这意味着侨汇对于这些国家的宏观经济和微观家庭收入影响巨大。实际上，考虑到通过官方渠道进行的侨汇存在大量少报瞒报现象，以及通过非正式渠道流入的侨汇，其实际规模可能还要大。

表 5-7　侨汇与 GDP、FDI 和官方发展援助之间的对比关系（%）

所选地区	1996	1997	1998	1999	2000	2001	2002 *
东亚及太平洋地区							
占 GDP 比例	1	1.3	0.7	0.8	0.7	0.7	0.7
占 FDI 流入的比例	16.2	22.8	14.4	21.7	23.4	21.3	19.3
占官方发展援助的比例	125	215.2	103.8	112.8	128.8	152.9	n.a.
拉美和加勒比地区							
占 GDP 比例	1.3	1.2	1.1	1.1	1.2	1.3	1.4
占 FDI 流入的比例	28.8	20.6	20.2	19.2	25.3	32.6	59.5
占官方发展援助的比例	232.7	302.2	328.9	359.6	505.3	434.6	n.a.
发展中国家							
占 GDP 比例	1.6	1.7	1.4	1.4	1.3	1.3	1.3
占 FDI 流入的比例	41.2	37	34.1	36.1	40.2	42.1	55.9
占官方发展援助的比例	101.3	134.5	118.3	123.5	127.9	139	n.a.

注：侨汇只包括工人的侨汇和就业人员的补偿两项。2002 年数据为估计值。

资料来源：IMF Balance of Payments Statistics Yearbook（2003），转引自 Andrés Solimano，"Remittances by emigrants: issues and evidence"，ECLAC，*SERIE Macroeconomía del desarrollo* 26，2003.

　　此外，侨汇是稳定的，正如表 5-7 所示，从 1996 年到 2001 年，拉美地区侨汇占 GDP 的比重一直保持在 1.2% 左右。但是，它也可能以与接收国的经济周期反向的方式流动。当接收国经济出现衰退，或因金融危机、自然灾害或政治冲突而出现宏观经济动荡时，侨汇收入可能增加，因为移民可能会在困难时期汇出更多的资金以帮助他们的家人和朋友。侨汇可能因此起到稳定消费的作用，并通过弥补因宏观经济动荡而遭受的外汇损失来帮助稳定接收国的经济。例如，1994～1996 年墨西哥经历了严重的经济危机，这段时期接收侨汇的家庭的数量和年度总额都有显著的增长，而此后，侨汇便基本保持在稳定的水平上。

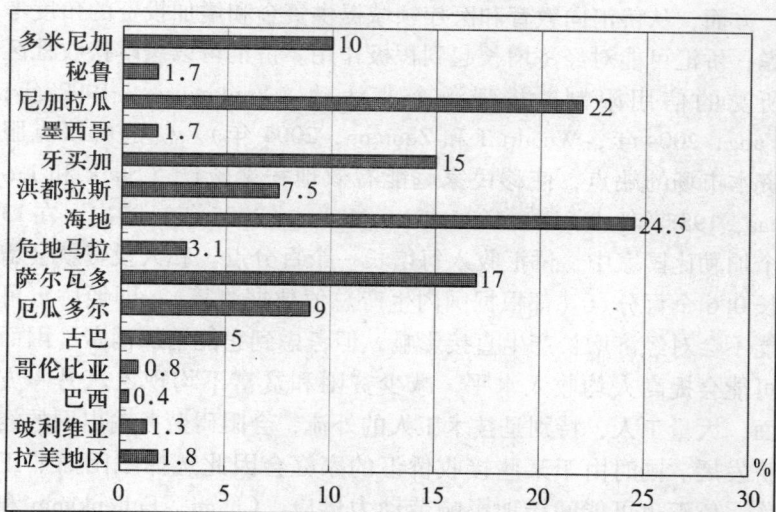

图 5-7 2001 年流入拉美和加勒比地区的侨汇占 GDP 的比重（%）

数据来源：国际劳工组织。

（二）侨汇对拉美国家宏观层面和微观层面的作用

如前所述，在许多国家侨汇相对于其他外部资金流入及占国内生产总值的比例之大表明，侨汇的宏观经济效应对许多国家来说都是很重要的。而从接收汇款的家庭这个微观层次看，侨汇通过增加收款人的收入直接影响着贫困。它们还通过汇款对经济增长、通货膨胀、汇率以及获得资本的渠道方面的效应，间接地影响着收款国的贫困状况。但是，对侨汇的影响加以衡量又是非常复杂的事情（例如反周期式的流动）。由于侨汇的相对稳定性和针对性，侨汇可能带来一些额外的好处。但正如"荷兰病"所揭示的教训一样，大量资金流入也会产生一些不良的副作用。这里仅从经验性研究总结侨汇对接收国宏观经济和家庭的作用。

首先，从宏观层面看，侨汇对经济增长的作用具有两面性。一方面，从侨汇向教育和医疗领域提供资金和增加投资的角度考虑，侨汇可能对经济增长起到积极作用。侨汇可以缓解接收社区所受的信用限制，并刺激企业活动（Funkhouser，1992 年；Yang，2004 年；Woodruff 和 Zenteno，2004 年）。侨汇可以克服资本市场的缺点，使移民家庭能有效地积聚资产（Stark 和 Lucas，1988 年；Taylor，1994 年）。Mishra（2005 年）指出，在 13个加勒比国家中，侨汇收入每增长一个百分点，私人投资就会增长 0.6 个百分点（都根据国内生产总值数据测算）。即便侨汇可能不会对经济增长产生直接影响，但考虑到它能增加消费，因而可能会提高人均收入水平，减少贫困和贫富不均现象。另一方面，大量工人，特别是技术工人的外流，会阻碍劳务输出国的经济发展。同时由于某些接收侨汇的家庭会因此选择赋闲而非工作，侨汇也可能间接地影响劳动力供应。Chami、Fullenkamp 和Jahjah（2005 年）认为，侨汇可能会通过降低侨汇接收者的就业积极性而使经济增长速度减慢。[①]

其次，从微观层面看，移民和留守家庭之间通过侨汇这根纽带构建了一张社会保障网。Lucas 和 Stark 的研究表明，在家庭和外迁者之间存在着既互相依赖又互相独立的关系，而两者之间的汇款往来则可以被视为一种"自愿契约"。具体而言，在迁移的初期，通常由家庭向迁移者提供资助，此时，迁移者是被保险人，家庭是承保人；当迁移者在目的国安顿下来之后，有了稳定

---

① 世界银行编写组：《2006 年全球经济展望：移民及其汇款的经济影响》，中国财政经济出版社 2006 年 3 月版，第 104 页。

的职业和收入，迁移者就开始向家庭提供资助了，两者之间的角色发生了逆转。家庭和迁移者之间这种"自愿契约"的建立有一定的基础，除了互助和利他精神之外，从迁移者的角度看，目的国就业的不稳定、教育开支、继承家庭财产的愿望、维护自己在家乡的社会地位等因素，都可能促使外迁者保持他与家庭之间的这种协作关系。从家庭的角度看，农业生产的风险、采用新技术的风险等，也可能强化家庭成员维系这个"契约"的动机。①换言之，移民通过汇款与其家庭维持某种互利互助的关系，从而抵消因国际移民给留守亲属造成的不利影响。因此，Schiff 进一步分析，移民行为可以分为两种：一种是个人行为，即移民只追求个人效用的极大化；另一种是集体行为，移民的目标是实现移民本人和迁出地的未迁移者整个群体的效用极大化，在这种情况下，移民行为所造成的外部性将被内在化。

第三，侨汇有助于减少贫困，但是对收入分配不平等的影响不太明朗。通常，汇款接收一方是有子女移民到国外工作的低收入家庭。这种向外移民本身就是脱离家乡贫困的一种方式②，而且移民通过进入更富有国家的劳动力市场可以获得更高的收入，然后通过侨汇，改善国内家庭的贫困状况。但是，侨汇在某种程度上也许会造成家庭对侨汇收入的"依赖性"，从而损害侨汇接收者通过教育投资和努力工作以摆脱贫困状态的积极性。根据2002 年的家庭调查，家庭接收侨汇的状况呈现以下趋势（见表5-8）。1、接收侨汇的家庭的比例在国家之间存在很大差异，变

---

① 根据 Stark （1991）、Brown （1997）、Poirine （1997）、Smith （2003） 的文献，侨汇的动机可以归纳为四类：利他型（为了提高家庭的福利）；自利型（通过在家乡购买资产、投资土地及金融资产以积累财富或出于继承家产的目的）；贷款偿还型家庭契约（初期对潜在移民教育等方面的投资换来移民未来对家庭的回报）；共担风险型家庭契约（建立在分散风险理念之上）。

② 当然对于赤贫者而言，他们因为无能力承担旅途费用等成本而无法进行国际移民。

表 5-8　根据贫困状态和居住地区划分的接收侨汇家庭的比例(%)(2002 年)

国家和地区	贫困状态 贫困家庭	非贫困家庭	总计	国家和地区	贫困状态 贫困家庭	非贫困家庭	总计
玻利维亚				墨西哥			
城市	2.5	5.0	3.9	城市	3.8	2.9	3.1
农村	2.6	2.9	2.6	农村	9.1	10.9	10.1
总计	2.5	4.5	3.4	总计	6.3	5.4	5.7
尼加拉瓜				尼加拉瓜			
城市	4.0	7.2	5.9	城市	21.7	29.3	24.9
农村	…	…	…	农村	8.8	12.0	9.7
总计	4.0	7.2	5.9	总计	16.1	24.1	19.0
萨尔瓦多				巴拉圭			
城市	14.1	17.4	16.2	城市	1.0	5.5	3.9
农村	13.2	26.5	18.9	农村	4.8	7.7	5.9
总计	13.6	19.9	17.2	总计	3.8	6.4	5.1

续表

国家和地区	贫困状态		总计	国家和地区	贫困状态		总计
	贫困家庭	非贫困家庭			贫困家庭	非贫困家庭	
危地马拉				秘鲁			
城市	8.9	12.2	10.9	城市	2.1	5.9	4.6
农村	10.4	14.1	11.8	农村	0.1	1.4	0.5
总计	9.9	13.1	11.4	总计	1.1	5.0	3.2
洪都拉斯				多米尼加			
城市	10.6	18.1	13.6	城市	26.2	17.0	20.6
农村	5.6	22.4	8.8	农村	25.2	16.9	20.7
总计	7.7	19.5	11.1	总计	25.8	17.0	20.6
				乌拉圭			
				城市	21.6	12.1	13.0
				农村	…	…	…
				总计	21.6	12.1	13.0

资料来源：ECLAC, Social Panorama of Latin America 2004, p. 144.

化范围从大约 3%（玻利维亚、秘鲁）到大约 20%（尼加拉瓜、多米尼加）。2、在每一个国家，城市和农村接收侨汇的家庭的比例变化也很大。例如，在墨西哥，农村地区接收侨汇的家庭的比例是城市地区的 3 倍，而在尼加拉瓜，城市地区接收侨汇的家庭的比例是农村地区的 2.6 倍。3、接收侨汇的非贫困家庭的比例更高一些，但是，也有国家例外，如多米尼加、乌拉圭和墨西哥。通常情况下，贫困家庭接收的侨汇很有可能占其家庭收入很大比重。但是，这并不意味着侨汇必然会流向最贫困者，因为赤贫家庭的成员通常无能力移民到国外，因此，他们无法享有侨汇带来的直接利益。但是，如果有条件支持在接收侨汇的社区储蓄、消费和投资，那么，贫困者将在中长期内间接受益。

根据 Wodon 等人（2002 年）的研究，在墨西哥南部的格雷罗和瓦哈卡两个国际移民和汇款流入量较大的州，贫困人口由于汇款收入而降低两个百分点。他们认为，这种减贫的效应与政府许多减贫、教育、卫生保健和营养等计划的效应同样巨大。Taylor、Mora 和 Adams（2005 年）从 2003 年的一项调查中发现，在墨西哥农村，国际汇款占到人均家庭收入的 15%。他们的结论是，国际汇款的增加既可减少贫困人口，又可降低贫困差距。

与汇款及贫困间的关系相反，有关汇款与不公平之间关系的家庭调研还没有得出强有力的结论性发现。Stark（1991 年）利用两个靠近美国边界的墨西哥村子的数据研究了侨汇对国内不平等的影响。在这两个村子中既有从农村向城市流动的国内移民又有向美国流动的国际移民。该项研究发现，相比向美国流动的移民的侨汇，来自国内迁移的汇款与受教育年限的关系更为密切，因为迁入美国的移民通常在低技术和劳动力密集的部门就业。Stark（1991 年）进而指出，汇款变化对不平等的影响取决于以下变量：汇款接收者在村子的收入分配等级中所处的位置、汇款占村子总收入的比例以及汇款本身的分布状况。而这些变量又依赖于村民之间人力资本（教育和技能）的差异以及村子中移民机会的分布。[①]

此外，汇款对于不公平影响上的差异还源于地理和历史环境的不同，例如，与高收入的移民目的国的距离远近、早期移民网络的分布是否广泛，等等。邻近高收入国家以及利用已存在的移民网络都会降低移民成本，从而使国际迁移行为成为较贫穷家庭（而且往往受到信贷限制）的一种选择。在墨西哥，向一个拥有国际移民历史的村子汇入的汇款具有使收入均等的效应，而向另一个国际移民相对来说还是新现象的村子汇入的汇款会使收入分布更加不均（Stark、Taylor 和 Yitzhaki，1986 年）。[②]

三、从国际移民角度解释本国城市失业率

自 20 世纪 80 年代以来，拉美国家城市失业状况一直很严重。这是由很多因素造成的，比如产业结构调整、私有化进程，等等。除此之外，我们还可以从劳动力的国际流动角度作一点补充。众所周知，国际移民所追求的一种好处，是降低在劳动力出口国居高不下的失业率。虽然劳动力移居国外可能有助于缓解总的失业状况，但在有关文献中忽略了一种可能性，即这种有利的影响可能被城乡迁移而造成的城市失业增加的代价所抵消。如果我们把用于分析国内移民的托达罗模型进行扩展，那么就会得到一个"农村—城市—国外"的分析框架。在该框架中移民决策依然取决于移出国与预定移居国之间预期的相对收入差别。预期收入差别又进而取决于这两国之间的实际收入差别、移民成本和就业的可能性。由此推理，当个人寻求在国外就业时肯定要出现

---

① Andrés Solimano, "Remittances by emigrants: issues and evidence", ECLAC, *SERIE Macroeconomía del desarrollo No.* 26, 2003, p. 17.

② 世界银行编写组：《2006 年全球经济展望：移民及其汇款的经济影响》，中国财政经济出版社 2006 年 3 月版，第 122 页。

这样的局面：为了获得外国的就业机会，他必须首先来到本国的城市，因为城市具有信息优势和较为成熟的移民网络。在许多发展中国家，这些劳工必须到城市的现代经济部门的招工机构（私人或政府办的）去登记，这些机构为他们提供与国外具体雇主签订的合同。此外，来自城市以外地区的潜在国际移民不仅必须到城市来登记，以获取外国就业机会，而且还得在城市等待，以便使他们的外国就业机会最大化。在等待期间，他们一般是在城市的非正规经济部门工作。在这种情况下，国家通过促进劳动力出口而降低总失业率的政策往往导致更多的劳动力涌入城市，以求获得工资较高的外国就业机会和城市劳工移民国外后空出的城市就业机会，结果，城市的失业问题进一步恶化。

本章小结

经济全球化的发展必然带动人口的流动。从整个移民的历史过程看，在世界范围内国际移民经历了两次全球化高潮期（分别是大约从 1870~1913 年和 1950 年以后）和因战争及经济萧条、政治动荡等原因导致的低迷期（从 1914 年到 20 世纪 40 年代中后期）。相应于这个过程，拉美的国际移民也先后经历"一战前欧洲人大规模向拉美移民"时代以及"二战后有限规模移民"时代。尤其是自 20 世纪 70 年代以来，拉美的国际移民呈现出新的特征。第一，拉美地区向海外移民呈多元化趋势，但美国仍然是主要的迁入国家。第二，拉美地区内部国家之间移民的比例逐渐上升。第三，地区内部女性移民的比例在增加。

影响国际移民的因素从经济层面讲，主要包括：移出国和移入国之间人均收入或者实际工资的差别；移出国和移入国经济周期和经济前景之间的比较；移民成本。从政治层面讲，个人权利受到尊重、经济权利受到保护的民主国家通常是潜在移民的首选国家。从社会层面讲，主要包括社会网络关系的成熟度；社会服务的完善度，特别是在医疗保健和教育方面；国家之间的文化差异。除此之外，还有地理距离和具有针对性的移民政策等因素。但是，在众多因素中，国家之间的人均收入或者实际工资差别还是起主要的决定作用，因为国际间的劳动力流动具有生产要素合理配置的经济学意义。

衡量国际移民的成本与收益是一项非常复杂的工作。一方面，移民对人口增长产生了重要的促进作用，特别是对老龄化问题日趋严重的经合组织国家（OECD）而言，移民甚至是其人口增长的最重要因素。更重要的是，伴随移民而产生的资金、人才和技术等资源的转移给诸多国家带来溢出效应。而另一方面，与移民伴生的种种难题亦使各国政府不胜烦恼。且不说非法移民、偷渡与难民等历来让人头痛的麻烦，仅仅是普遍存在的人才和资金的流失就已经给发展中国家敲响警钟。鉴于信息与数据的有限性，本章仅就拉美国际移民涉及的三个主要问题（国际劳动力市场分割、侨汇的作用及移民对本国城市失业率的影响）作经验性的论述，以期给政策制定者提供一些启示。

第六章　拉美社会分层与社会流动

在西方社会学研究中，社会阶层是借用地质学中的"分层"概念，指称由于经济、政治、社会等多种原因而形成的，在社会层次结构中处于不同地位的社会群体，它是因为社会的等级分化而形成的具有连续性的等级序列。而社会流动（Social mobility）作为社会分层研究中的一个重要学术范畴，是指社会事物、价值，即由人类活动创造、改观的全部事物，从某个社会位置向其他社会位置的全部流动（P. A. Sorokin）。传统上研究这种流动的方法有两种，即阶级视角和阶层视角。[①] 在阶级理论中社会流动是指处在不同结构位置的特定社会群体之间人口交换的过程与结果；而按阶层理论的内在逻辑性社会流动则表现为个人在等级秩序中地位的变化。

Alejandro Portes 是从阶级角度研究拉美社会结构的代表人物之一。1985 年他以马克思主义阶级理论为基础，结合生产的过程和收益分配的方式，即生产工具和劳动力的控制权、各阶层获得报酬的方式，把拉美社会结构划分为五个阶级：统治阶级、官僚技术阶级、正规部门无产阶级、非正规部门小资产阶级、非正规部门无产阶级。2003 年他又与 Kelly Hoffman 以上述研究成果为基础，结合拉美经委会关于就业分层的报告，对债务危机后拉美国家社会结构的变化进行了重新划分，确定为三个阶级、六个

---

① 具体而言，在阶层背景下社会成员是个体化的，可以依据其自身的社会属性特征加以识别；但在阶级理论背景下社会成员总是隶属于特定的社会群体，对他们的识别是依据其群体属性特征。从研究传统的理论渊源看，阶级的观点可追溯到马克思的阶级理论，而阶层分析框架则源自索罗金（P. A. Sorokin）的多元分层理论。

阶层：统治阶级，包括资本家、经理人员和专业人员三个阶层；小资产阶级；无产阶级，包括正规部门的非体力和体力劳动者以及非正规部门劳动者两个阶层。① 而拉美经委会和国际劳工组织的大量报告则从就业阶层的角度来研究拉美的社会流动。因为在现代社会中，一般以个人职业的变化代替社会地位的变迁，而且社会职业阶层结构越来越成为一个社会发展程度的重要标志。本章着重从职业分层和代际机会传递两个角度考察拉美社会流动问题：其一，按职业类型划分的阶层之间有何差别以及相互流动的幅度、模式与原因；其二，影响代际流动的主要因素。

第一节　拉美职业分层与流动演进过程及原因

社会分层和社会流动是对某个国家或地区同一类社会现象所做的两种视角的分析和描述。社会分层是从静态的角度，分析描述社会阶层结构的分化内容、形式、形成的层次和分布形态，是研究社会阶层结构分化的质变过程。社会流动是从动态的角度，分析描述社会阶层结构分化中各层次间的互动、动力机制、时空范围、方向和速度，是研究社会阶层结构分化的量变过程。两者不可或缺，相辅相成。具体而言，社会流动是指社会成员从某一种社会地位转移到另一种社会地位的现象。在一个既定的社会阶层结构里，如果转移流动的方向是由较低社会地位流动到较高社会地位，可称为上升流动，反之，则称为下降流动，这两种流动

---

① 参见 Alejandro Portes, "Latin American Class Structures: Their Composition and Change during the Last Decades", *Latin American Research Review*, Vol. 20, No. 3, 1985; Alejandro Portes, Kelly Hoffman, "Latin American Class Structures: Their Composition and Change during the Neoliberal Era", *Latin American Research Review*, Vol. 38, No. 1, 2003.

统称为垂直流动。有些社会成员从一种职业转移到了另一种职业，但其收入、声望、社会地位却基本相同，是在同一水平线上流动，则称之为水平流动。① 除此之外，社会流动的流向和范围还可划分为代内流动（intra – generational mobility）和代际流动（inter – generational mobility）。前者研究的核心问题是个人社会地位获得的影响因素以及先赋因素与后致因素的关系。后者研究的核心问题是父亲社会地位的传递效应以及社会结构的开放性程度。本节从职业分层角度对拉美社会流动做一详细分析。

一、拉美社会流动的阶段性特征

（一）1950～1980 年生产性劳动力吸纳促进社会向上流动

根据拉美社会学界的解释，"结构流动"指的是由技术经济变革所引起的各个就业层次的相对和绝对规模以及就业内容的变化。而在研究结构流动之前，学者已经开始展开对拉美"生产性劳动力吸纳"② （productive labour absorption）的讨论。起初，在 20 世纪 50 年代末拉美经委会特别重视研究一种没有充分发挥出口潜力的工业化对国际收支产生的负面影响，而从 60 年代末以后开始转向进口替代工业化对生产性劳动力吸纳的效果研究。70 年代初普雷维什（1970 年）和平托（1973 年）分别从"转型与发展"和"结构异质性"两个角度对生产性劳动力吸纳做了系统阐述。他们都认为，1950～1970 年间的工业化动力和方向并不令人满意，因为它没有充分提高生产性吸纳能力或者促进

① 陆学艺，《研究社会流动的意义》，中国社会学网，http：//www. sociology. cass. cn/shxw/shgz/shgz8/t20040823_ 2501. htm

② 生产性吸纳是指，劳动力不论是在部门内部或跨部门转移都应当是由较低的生产率就业向较高的生产率就业转移，例如，由传统农业向现代农业的转移，由手工业向制造业的转移，由非专业服务向专业服务的转移，由农业部门向工业部门的转移，等等。

生产结构同质化。

普雷维什特别强调了因人口增长而带来的劳动力的大幅增长。尽管各国之间存在差异，但是整体而言 1950～1965 年劳动力年均增长 2.6%。农业决没有能力"消化"这种增长，但是如果国内外对农业产品的需求上升、劳动节约型技术不过分强调、同时那些促使劳动力留在农业的项目（诸如土地改革或者采取措施扩大农业边疆）得到更多重视，那么农业吸纳劳动力的能力就会更强。尽管如此，受到城乡移民的推动，1950 年到 1965 年非农劳动力年均增长 3.5%，而农业劳动力年均增长 1.5%。在这种情况下，隶属于工业集团（工业、建筑业和矿业）的职业被寄予"吸纳劳动力"的厚望。然而事与愿违，1950～1970 年在城市地区工业集团吸纳非农劳动力的比例从 35% 降至 30%，而未被工业集团吸纳的劳动力转向服务业，促使非农劳动力在服务业就业的比例从 65% 增至 70%。[①] 再进一步考察服务业，他指出熟练劳动力服务业的就业增长超出了经济发展阶段的内在需求水平，特别是在国家行政机关和公共服务部门。而仅需非熟练劳动力的个人服务业就业和街头商贩也在增加。据此，他得出结论：1950～1970 年尽管该时期经济实现增长，但是劳动力的结构发生扭曲，主要是因为工业集团没有完成"吸纳"劳动力的任务以至于造成服务业超常规增长。

平托则强调自 1950 年后拉美国家的"异质结构"发生了变化，由最初的二元结构（与农业出口相关的综合部门和经济其他部门）转变为三元结构，即初级、中级和现代部门。他同意普雷维什关于生产率差异形成多部门阶层的观点，但是根据可利用的数据他把工业制造业和基础服务业划为现代部门，而把农

---

① Adolfo Gurrieri, Pedro Sáinz, "Employment and structural mobility. Revisiting a Prebischian theme", *CEPAL Review*, No. 80, Aug., 2003, p. 140.

业、手工生产和未分类的服务业划为传统或初级部门。如表6-1
所示，农业劳动力年均增长率较低（前十年平均为1.3%，后十
年平均为1.5%），但是该部门吸纳劳动力的比例约为25%；制
造业劳动力年均增长率在前后两个时期都高于总体平均水平
（分别为3.7%和2.9%），但是该部门吸纳劳动力的比例从
10.3%降至8%；基础服务业与制造业趋势相似，年均增长率和
吸纳劳动力的比例都下降了。而与此相对的是，未分类服务业吸
纳劳动力的比例从7.9%升至13.1%。

表6-1　按经济部门划分的拉美劳动力增长吸纳情况（千人;%）

	1950~1960			1960~1969		
	增加值	分布比例	年增长率	增加值	分布比例	年增长率
总计	14810	100	2.6	18276	100	2.8
总计 （除去未分类活动）	13642		2.5	15891		2.3
农业	3865	26.1	1.3	4465	24.4	1.5
非农商品和基础服务业	4212	28.4	3.1	4590	25.1	2.8
−−矿业	119	0.8	2	147	0.8	2.2
−−制造产业	2150	14.5	2.6	2124	11.6	2.3
制造业	1530	10.3	3.7	1463	8	2.9
手工业	620	4.2	1.5	661	3.6	1.6
−−建筑业	721	4.9	3.2	1118	6.1	4
−−基础服务业	1222	8.2	4.6	1201	6.6	3.4
服务业	6733	45.5	4.7	9221	50.5	4.6
−−商业和金融	1947	13.2	4.1	2559	14	4.1
−−其他服务业	3619	24.4	4.5	4277	23.4	4
−−未分类活动	1167	7.9	7.3	2385	13.1	8.2

资料来源：Pinto，1973，转引自 Adolfo Gurrieri，Pedro Sáinz，"Employment and structur-al mobility. Revisiting a Prebischian theme"，*CEPAL Review*，No. 80，Aug.，2003，p. 143.

20 世纪 80 年代初，随着统计数据和资料逐步丰富，一些拉美经委会的研究得出更加乐观的结论。Kaztman（1984 年）认为，工业化在生产性劳动力吸纳方面起到重要作用，服务业逐步融入这个过程，产生了更高的生产率，而且非正规性在这两个部门都没有增加。但是，他的证据并不令人信服，因为许多拉美国家在1950 ~ 1970 年期间的经历并未如他所述，而有关 1970 ~ 1980 年的数据又太少以至于无法清晰说明这段时期所发生的情况。而国际劳工组织拉美就业规划处（PREALC）结合 70 年代初和 80 年代初的研究成果为 1950 ~ 1980 年劳动力吸纳情况做出更加完整的解释。他们认为，该时期劳动力吸纳过程呈现两种明显的矛盾倾向：一方面就业不足下降有限（正如普雷维什和平托所证明），另一方面经济现代部门对劳动力的生产性吸纳加快（源于一些学者所强调的重大结构转变）。换言之，该时期较高的生产性吸纳能力伴随着持续的就业不足。

如表 6-2 所示，1950 ~ 1980 年期间最显著的变化就是大量劳动力由农业部门转移到非农部门：农业劳动力占总劳动力的比重由 1950 年的 54.7% 降至 1980 年的 32.1%，同期非农劳动力比重由 44.1% 升至 67.1%。但是，农业部门劳动力的减少并未引起预期中的传统农业劳动力比重的大幅下降。1950 年和 1980 年相比，传统农业劳动力在农业中所占比重基本上没有变化，分别为 59.5% 和 58.8%。非农劳动力占总劳动力比重大幅提高的同时，其中非正规部门劳动力所占比重并无明显下降，仅由 30.6% 降至 28.9%（表 6-3）。因而单从农业和非农业两个部门看，隐性失业现象基本保持原状。但是，如果从这两个部门隐性失业者的总和衡量，就业不足（传统农业加非正规部门就业）占总劳动力的比重从 1950 年的 46.1% 降至 1980 年的 38.3%（表 6-2），这说明城市有能力在不扩大非正规部门相对比重的情况下吸纳来自农村的移民。此外，由于非农劳动力急剧增加以及就业不足现象在两个

部门基本保持原状，非农部门的隐性失业比重相对增加，由 1950
年的 29.3% 升至 1980 年的 50.6%（表6-4）。

表6-2　1950~1980 年拉美劳动力分布（占就业劳动力总数的%）

	1950		1980	
	农业	非农业	农业	非农业
非正规/传统	32.6	13.5	18.9	19.4
正规/现代	22.1	30.6	13.2	47.7
	54.7%	44.1%	32.1%	67.1%

注：矿业部门劳动力未包含在内，因而在总量上出现小的差异。
资料来源：Tokman and García（1981 and 1984）；García（1982），转引自
Adolfo Gurrieri, Pedro Sáinz, "Employment and structural mobility. Revisiting a
Prebischian theme", *CEPAL Review*, No. 80, Aug. 2003, pp. 145 – 146.

表6-3　1950~1980 年拉美劳动力分布（占农业和非农业就业劳动力总数的%）

	1950		1980	
	农业	非农业	农业	非农业
非正规/传统	59.5	30.6	58.8	28.9
正规/现代	40.5	69.4	41.2	71.1
	100%	100%	100%	100%

资料来源：同表6-2。

表6-4　1950~1980 年拉美劳动力分布（占正规就业和非正规就业总量的%）

	1950			1980		
	农业	非农业		农业	非农业	
非正规/传统	70.7	29.3	100%	49.4	50.6	100%
正规/现代	42	58	100%	21.7	78.3	100%

资料来源：同表6-2。

拉美就业规划处指出，不论怎样，在非农部门中正规就业占总劳动力的比重显著增长，由 1950 年的 30.6% 升至 1980 年的 47.7%（表6-2）。据此，他们认为这一时期在拉美地区持续的就业不足与劳动力由低生产率部门向高生产率部门的大量转移并存，换言之，城市中的正规部门具有较高的生产性吸纳能力。拉美学术界普遍认为，上述研究不仅以广泛的普查资料为基础，而且得出的结论也比较接近实际。

在此背景下，20 世纪 80 年代出现两项具有代表性的关于结构流动的研究成果（详见第一章第三节）。一项是由菲格拉和赫内勒蒂（Filgueira 和 Geneletti）于 20 世纪 80 年代初完成的，主要研究生产性吸纳对社会分层和流动的影响。他们认为，从 1950 年到 1970 年经济活力和人口变化引起劳动力结构发生巨大变化，导致拉美地区出现一种大规模的向上结构流动：从农业向非农活动流动；之后在非农活动中从体力向非体力阶层流动。另一项是由拉美经委会于 1989 年完成的。他们认为从 1950 年到 1980 年，特别是从 1960 年到 1980 年，拉美的确发生了大规模的生产性吸纳，这改变了职业结构，促进了更大范围的结构流动。但是，两者对就业结构的划分比较简单，造成对"中等就业阶层"的高估。以 1989 年的研究为例，劳动力从非农体力阶层向非体力阶层转移被认为是结构流动的另一来源，但是，非农体力阶层向低水平的非体力阶层转移是否意味着生产性吸纳和结构流动尚存争议。因为非体力阶层可以再细分为上下两个层次：上层包括雇主、领导者、经理和专业人员；下层包括独立商业者、低层管理人员和商业职工。根据 5 个国家数据的简单平均，上层约占 40%，下层约占 60%。鉴于相似的生产率和收入水平，非农体力阶层向非体力阶层下层转移被视为一种水平流动显得更为合适。如果把这个下层划入低等就业阶层，那么 1980 年前后拉美的平均结构如下：高等阶层约占 5%，包括雇主、领导者和经理层；中等阶层占 15% ~ 20%，包括专业人员、技术人员和小企业主；低等阶层占 75% ~ 80%，包括非体力阶层下层、非农体力阶层和农业体力阶层。[①]

（二） 1980 ~ 2000 年异质性增加和经济低迷导致社会流动停滞或以向下流动为主

以 1982 年债务危机爆发为标志，拉美国家的工业化和经济发展进入了一个崭新的阶段。此后 20 多年间，拉美国家的社会流动出现了某种程度的逆转。这导致对社会流动的研究也由前期关注体力劳动者和农村地区，即 1950 ~ 1980 年的向上结构流动，转到关注 80 年代后非体力劳动者和城市职业分层上面来，而后者的结构流动所带来的收入变化已经远不如前者那样显著。因此，社会分层化是一个动态的过程，在拉美突出表现为明显的阶段性和结构不平衡性。整体而言，整个 80 年代和 90 年代拉美的职业分层变化不利于向上的社会流动和收入分配的改善。在 90 年代末根据收入高低可将职业划分为三个层次（表 6-5）。

首先，高收入阶层仅占劳动力的 9.4%，这部分人构成了新自由主义经济模式中的"社会统治和特权阶层"，他们在人数比例上与改革前比变化不大，但是他们的相对地位和权力明显上升。其中"雇主"阶层涵盖大、中、小和微型企业四类企业主，因而，其收入和受教育年数的平均数掩盖了他们之间的巨大结构差别。

其次，中等收入阶层包括技术人员和管理人员，其人数占到 13.9%。该阶层是在战后时期成长起来的，这表明在该地区的某些国家社会流动性逐渐增加。他们受教育程度与高收入阶层相差无几，但是，平均收入仅为贫困线的 5 倍。这表明：一方面，90

---

① 参见 Adolfo Gurrieri, Pedro Sáinz, "Employment and structural mobility. Revisiting a Prebischian theme", *CEPAL Review*, No. 80, Aug., 2003, pp. 151 – 152.

表6-5　拉美(8国)1997年就业分层的若干特点(8国加权平均数)

就业阶层	占就业劳动力%	平均收入(相当于人均贫困线倍数)	平均受教育年数
1、雇主	4.3	15.8	8.9
2、企业领导、经理	2.0	11.6	11.5
3、专业人员	3.1	12.1	14.9
1+2+3	9.4	13.7	11.4
4、技术人员	6.0	5.3	12.1
5、管理职员	7.9	4.8	10.6
4+5	13.9	5.0	11.2
6、商业劳动者	13.4	3.6	7.3
7、工人、手工业者、驾驶员	25.3	3.4	6.1
6+7	38.7	3.5	6.5
8、私人服务者	14.9	2.2	5.5
9、农业劳动者	19.6	1.8	2.9
8+9	34.5	2.0	4.0
6+7+8+9	73.2	2.8	5.3
10、未分类者	3.5	4.0	6.8
11、合计	100	4.1	6.8

资料来源："Social Panorama of Latin America 1999–2000", ECLAC, Nov. 2000, p. 65.

年代私营企业现代化、国家机构萎缩等因素造成技术人员、医生、会计师、银行职员等的就业地位和收入不断恶化，从而意味着拉美国家中产阶级地位的下降；另一方面，受过良好教育的工人供给充足与经济吸纳劳动力能力有限的矛盾造成"教育贬值"和收入"下行"。

最后，低收入阶层占到 73.2%。在这个阶层中，除了商业劳动者中可能有少部分人在教育与收入水平方面与管理职员接近以外，基本上都是受教育程度与收入水平很低的劳动者，其平均收入仅为人均贫困线的 2.8 倍，不足以使一个典型的拉美家庭（平均规模为 4 口人）脱离贫困线。① 简言之，至少就就业和职业收入而言，90 年代的拉美社会没有朝着一个更加平等的"中产阶级"社会方向发展，而是走向了就业两极分化、收入持续恶化的相反道路。

这里还需要强调两个问题。第一，教育作为社会流动渠道的作用在弱化。通常情况下，由教育水平衡量的职业等级应该与职业收入等级相一致，但是，90 年代以来"教育与职业收入错配"的现象逐渐显现出来。例如，具有最高教育水平（14.9 年）的专业人员理应获得最高的平均收入。然而，这一阶层的平均收入低于具有相对较低教育水平（8.9 年）的雇主阶层，这说明拥有生产性资产对于提高收入水平是极其重要的。再如，拥有和高收入阶层中"企业领导、经理"相似教育水平（11.5 年）的中等阶层（11.2 年），其平均收入（5 倍）却远远低于前者（11.6

---

① 商业劳动者是一个完全不同的阶层，它既包括像领工资的售货员、街边商贩这样收入低于平均水平的劳动者，也包括诸如商人（非雇主）以及掌握更多技能的企业职员这样收入高于平均水平的劳动者。后者的收入与技术人员相近，但是，把他们归入该阶层不会改变对整体的判断，因为他们在商业劳动者中的份额很小。同理可知，在私人服务业和农业劳动者中都有很小一部分人在大、中型企业就业，但是，把他们归入就业的最底层不影响对就业分层趋势的判断。

倍），向下几乎接近商业劳动者和"蓝领"工人的收入。如果进行国家之间的横向比较，我们发现同一职业所达到的教育水平在不同国家是不同的。以巴西和智利为例，随着阶层等级由高到低排列，相同职业阶层所受过的教育年数差异趋于扩大。与此同时，尽管智利整个阶层的教育水平（10.4 年）高于巴西（6.1 年），但是，智利的收入水平，尤其是中低阶层的平均收入却与巴西相应阶层的劳动者的收入接近。① 由此可以判断，虽然提高教育水平对改善收入分配、进而促进劳动力向上流动有重要作用，但是，仅仅发展教育的政策不足以改善低阶层的收入状况。第二，90 年代的拉美家庭倾向于通过提高就业密度（occupational density）来抵消阶层分化所带来的收入分配上的负面效果。众所周知，决定家庭人均收入的因素主要有家庭规模、成员数量、就业成员数量以及可获得的来源于非职业收入的收入，等等。其中，该家庭中主要养家糊口之人的职业对家庭平均收入的影响是非常关键的。因此，家庭按人均收入划分所处的层次与该成员的职业分层紧密相连。为了克服主要养家糊口之人的收入对家庭生活水平的约束，特别是在中低层次的家庭中，大约有 50% 的家庭至少保持 2 名成员积极地进入劳动力市场。从这个角度看，当主要养家糊口之人的职业收入不足时，增加就业密度便成为一种避免或减少贫困恶化或者提高社会流动的有效方法。90 年代以来拉美妇女劳动参与率的提高就是这种趋势的反映。

　　下面从就业类型和收入变动角度具体考察一下拉美主要国家在 1980～1998 年间的社会流动状况。总体而言，80 年代的经济衰退和 90 年代的低速增长以及由此引起的生产模式的改变不利于劳动力向上流动。尽管 90 年代就业扩张在一定程度上实现了

---

① ECLAC, "Social Panorama of Latin America 1999－2000", Nov., 2000, pp. 75－84.

劳动力由低生产率职业阶层向高生产率阶层的流动，但是，在更多情况下，劳动力流动的方向却是相反的，大多数人的生活水平实际上是恶化了。

如表6-6所示，80年代和90年代在某些国家私人部门就业的专业人员和技术人员比例上升，如哥斯达黎加、墨西哥、巴拿马和乌拉圭；在巴西和委内瑞拉该比例先上升后下降，而在哥伦比亚变动趋势恰好相反。该阶层的平均收入尽管在90年代重新增长，但是，增长的幅度不足以使收入回到1980年左右的水平。公共部门就业比重在80年代以后大幅下降，降幅达到30%左右，例如，在哥斯达黎加、巴拿马、乌拉圭和委内瑞拉。然而，90年代私人部门就业的增长不足以弥补公共部门工作岗位的损失。该阶层的平均收入变化情况因国家而异，例如，在哥伦比亚、巴拿马和乌拉圭，90年代末的平均收入超过80年代初的水平，但是，同期在委内瑞拉，平均收入却下降了68%（从9倍下降到2.9倍）。

整个80年代，在私人部门就业的非专业和技术人员比例虽然略有下降或保持不变，但是他们的平均职业收入显著下降了。例如，在委内瑞拉该阶层（无论是在雇员超过5人的企业，还是在雇员小于5人的微型企业）的收入下降幅度超过了自谋生计的工人阶层。到了90年代，该阶层的就业比重在某些国家上升了，但是平均收入并没有明显提高，而在委内瑞拉平均收入继续下降（表6-6）。对于"自谋生计和不领工资的家庭成员"而言，在巴西、哥伦比亚、墨西哥、乌拉圭和委内瑞拉，其就业比重在90年代上升了，但是，他们的收入状况没有得到明显改善。处于职业结构最高层次的雇主阶层所受的最大影响主要体现在平均收入上。例如，80年代在哥伦比亚、哥斯达黎加和乌拉圭，该阶层的平均收入降幅达40%～50%。进入90年代，就业比重上升和收入水平下降的趋势得到一定缓解，但是，在大多数国家

表 6-6　拉美 8 国城市地区就业类型及其平均收入

国家	年份	雇主		工资收入者										自谋生计工人和不领薪酬家庭成员	
				公共部门		私人部门						总计*		非专业和非技术工人	
						专业和技术人员		非专业和非技术人员							
								企业规模 >5人		企业规模 ≤5人		家庭服务			
		%	AI	%	AI	%	AI	%	AI	%	AI	%	AI	%	AI	%	AI
阿根廷（大布宜诺斯艾利斯）	1980	4.7	19.3	-	-	-	-	47.5	7.2	10.1	5.1	3.9	3.1	33.9	5.8	32.2	5.2
	1990	5.4	20.6	-	-	-	-	51.7	5.2	11.6	3.6	5.7	3.5	25.6	7.9	23.0	7.2
	1998	5.0	24.2	-	-	-	-	52.9	6.4	15.8	3.9	4.8	2.6	21.6	8.6	-	-
巴西	1979	4.4	21.8	-	-	7.5	9.4	49.7	4.8	10.7	2.5	7.5	5.8	20.2	5.8	19.3	5.2
	1990	5.2	16.1	-	-	14.3	8.2	34.2	3.8	17.3	2.6	6.2	3.8	22.8	3.8	21.5	3.4
	1997	4.7	19.1	-	-	10.2	9.9	39.3	4.2	9.7	2.5	8.6	4.2	27.5	4.2	25.8	3.7
哥伦比亚	1980	4.0	17.1	10.6	4.8	5.4	8.3	46.8	2.2	-	-	6.8	2.1	26.4	4.4	24.6	3.7
	1991	4.2	7.4	11.6	3.9	4.9	5.3	44.1	2.4	-	-	5.6	1.3	29.6	2.4	27.3	2.2
	1998	4.1	10.9	9.5	5.7	6.4	6.9	40.1	2.7	-	-	4.6	1.6	35.3	3.2	32.9	2.9
哥斯达黎加	1981	4.1	13.1	28.0	8.9	2.7	11.4	32.1	4.8	10.0	3.5	5.5	1.9	17.5	7.3	16.7	6.9
	1990	5.5	6.8	25.0	7.3	6.1	9.0	29.5	4.3	9.7	3.2	4.4	1.5	19.7	3.7	17.6	3.4
	1998	8.5	8.4	19.7	8.2	8.8	9.0	30.2	4.8	10.6	3.2	4.8	1.8	17.4	3.8	15.4	3.6

续表

国家	年份	雇主		工资收入者											自谋生计工人和不领薪酬家庭成员			
				公共部门		私人部门									总计*		非专业和非技术工人	
						专业和技术人员		非专业和非技术人员				家庭服务						
								企业规模 >5人		企业规模 ≤5人								
		%	AI	%	AI	%	AI	%	AI	%	AI	%	AI		%	AI	%	AI
墨西哥	1984	2.6	14.8	-	-	6.2	8.8	63.1	4.4	-	-	2.6	1.7		25.6	4.2	24.7	4.1
	1989	3.3	21.7	-	-	9.0	6.9	64.7	3.1	-	-	2.7	1.4		20.3	4.8	18.9	4.4
	1998	4.8	18.2	-	-	12.7	6.7	40.6	3.4	15.5	2.0	4.1	1.3		22.4	3.0	20.5	2.6
巴拿马	1979	2.1	6.5	35.8	7.1	4.6	13.6	34.1	5.0	-	-	6.1	1.4		17.3	3.0	17.0	2.9
	1991	3.4	11.8	26.6	7.4	7.4	9.4	27.0	4.1	5.2	2.6	7.0	1.3		23.4	2.5	22.4	2.3
	1998	3.5	15.4	23.5	8.0	10.8	10.0	29.9	4.1	6.4	2.6	6.6	1.4		19.3	3.7	18.2	3.4
乌拉圭	1981	4.4	23.6	22.8	5.0	3.9	10.0	33.0	4.1	8.8	3.0	7.5	1.8		19.5	8.6	17.7	8.1
	1990	4.6	12.0	21.8	4.0	5.1	7.6	30.1	3.7	10.3	2.5	6.9	1.5		21.3	5.1	19.0	5.1
	1998	4.5	11.5	16.3	5.9	6.5	9.8	32.0	4.6	10.6	3.0	7.2	1.8		23.0	4.0	19.9	3.5
委内瑞拉	1981	6.0	11.6	23.9	9.0	5.2	14.9	19.6	6.9	20.2	6.7	4.1	4.1		18.9	5.2	18.0	4.9
	1990	7.5	11.9	21.4	4.0	5.8	6.6	30.0	3.6	6.5	2.5	6.3	2.1		22.5	4.5	21.4	4.3
	1998	5.0	11.2	15.7	2.9	5.0	5.8	24.7	2.4	10.8	1.7	3.1	1.4		35.8	4.2	34.1	3.9

注:AI 指平均收入,用"是人均贫困线的倍数"衡量。表中所缺省的数据省已经包含在上一级的总计水平中。总计 * 中包括专业和非技术人员。

资料来源:ECLAC, Social Panorama of Latin America 1999－2000, Nov., 2000, p. 104.

雇主阶层的平均收入仍低于 1980 年左右的水平。

　　简言之，80 年代和 90 年代拉美国家就业阶层比重和平均收入的变化都反映出劳动力生产性吸纳和向上结构流动的有限性。倘若拉美地区在长期内保持每年 7% 的经济增长速度，社会的结构流动就会得到改善，但是，实现这个目标确实很困难。因此，未来的政策要考虑转变发展模式以确保处于弱势的城市和农村劳动者提高生产率，而不是把提高生产性吸纳能力和促进社会向上结构流动的美好"愿望"唯一交给自发运行的市场机制。

二、20 世纪 90 年代社会流动及阶层分化的主要原因

（一）公共部门萎缩导致中产阶级分化

　　20 世纪 90 年代国家职能的转变对劳动力市场产生重要的影响。拉美国家公共部门就业比例实际上都下降了。平均而言，公共部门就业由 80 年代初期占经济自立人口的 16% 下降到 90 年代末的 13%，降幅几乎接近 20%。这个平均数掩盖了某些国家的巨大差异。例如，1990～1997 年，阿根廷公共部门就业下降32%，玻利维亚下降 33%，哥斯达黎加下降 22%，巴拿马下降28%。[①] 这种变化对拉美国家社会分层的影响是巨大的。通常，拉美中产阶级的来源和发展与国家在促进社会和经济发展方面的作用紧密相连。国家所扮演的角色包括创造公共部门就业、雇佣行政人员执行关于教育、医疗、公共设施以及住房等的政策。Echeverría 研究了公共部门就业对中产阶级的重要性，指出在 70 年代拉美 60% 的专业人员是公务员。

　　由公共部门就业比例下降引起的失业公务员的社会地位变化方向是不确定的，有可能因国家情况不同而存在差异。在某些情

---

　　① Emilio Klein, Víctor Tokman, "Social stratification under tension in a globalized era", *CEPAL Review* 72, 2000, p. 23.

况下，失业的公务员有资格获得补偿，他们可以利用这部分资金设立自己的企业，成为独立的承包商，或者成为微型企业主。这时他们的社会地位也许得到改善。但是，在更多情况下，这些冗员造成向下的结构流动。实际上，在许多国家被公共服务和公共部门解雇的人员都经历了贫困和地位丧失的痛苦，特别是对于那些不是专业人员以及不是凭借教育资历而是依赖于所处职业地位而获取社会承认的人来说，情况更糟。而对于那些留在公共部门的人员来说，他们同样失去了社会地位。随着经济调整政策的推行，国家的管理作用在降低，同时主流意识又在"贬低"国家在社会中的作用，因此，公共部门的地位远不如从前。然而，公务员仍然享有就业稳定、社会保障充分等诸多社会福利。尽管境况无法达到预期，但是，以上福利还是使他们避免了劳动力市场中的不利因素。而且，不是所有留下来的公务员的地位都在恶化。有一部分公务员尽管占比很小，但是，因为所承担的责任和面对私人部门需求的专业化程度提高，他们的收入和地位都得到了改善。其中，在以下机构工作的公务员改善得特别明显：新的经济形势催生的必需机构（税收征缴机构和海关等）、金融体系监管机构以及专为规范社会保障和设施私有化行为而设立的机构。因此，90年代公共部门也因工资和地位差异扩大了异质性，但这并不意味着所产生的经济效率是负面的。通过增加工资差距为某些公共部门就业者的社会流动和争取更高的社会地位创造机会，整个部门经济效率得到提高。

（二）企业私有化带来社会异质性

20世纪90年代，私有化对劳动力市场的运行产生了重要影响，特别是在某些制度方面，例如劳动力市场的灵活性。公共企业私有化造成公开失业率上升，这种情况也发生在私人部门。一部分人无法找到稳定的工作，结构上向下流动，时常在就业不足和失业之间转换。另一些人从事与相关公共部门企业有关的工作。其余的人则成为企业主，自己经营业务，而这些业务在大多数情况下与他们先前供职的大企业有联系。换言之，当工人和雇员因企业私有化而被解雇时，原来的一些业务，包括某些必要业务，通过与更小规模的企业签订转包合同而外包出去，这样一来便形成一个转包产业链。通常这种情况发生在建筑行业，而在90年代末初级产品部门、基础设施、电信、商业和金融服务业也出现这种趋势。

外包这种形式使企业具有更大的灵活性，能让他们降低由宏观经济波动引起的调整成本。尽管缺乏对就业和收入的宏观评估，但是，国家的案例研究表明这种外包的影响是异质性的。例如，在智利的国家矿产部门，为了减少生产成本，大量冗员被裁减下来，他们随同业务外包这种基础形式离开企业。虽然丧失了就业的稳定性和显著的非工资收益，但是，他们的工作条件得到改善，事故发生率降低。而另一方面，在其他一些国家，被解雇的人员的收入和再就业状况恶化。尤其是在转包形式十分普遍的国家和部门，不稳定就业成为常态。在这种情况下，工作的临时性、社会保障的缺乏以及工会、集体谈判和培训机制的缺失成为就业的主要特征。

（三）跨国公司催生新兴阶层和强化依赖性阶层

国有企业私有化增加了跨国公司的介入程度，由此也产生出一个新的经理阶层。该阶层不仅来自于私有化的公共企业，而且来自于私有企业，行业来源主要包括商业、金融服务和工业。这个阶层的主要特征是收入很高、用国际视角看问题、秉承"全球化重新界定了国界和本地利益"的公司理念。他们倾向于在劳动关系中应用国际标准，而排斥国内和本地特征。

与此同时，在拉美某些地区，跨国公司常以一种特殊的形式——客户加工业出现。鉴于劳动力成本通常对生产总成本产生巨大的直接影响①，出于降低劳动力成本的考虑，一个公司常将其生产过程的某部分转移到另一个国家。在中美洲地区，到1997 年这种类型的工厂提供 25 万个工作岗位，占到正规工业部门就业比例的 30%，占出口增加值的比例为 20%，占工业 GNP 的比例约为 10%。② 这种影响是非常显著的，特别是对劳动力市场中的弱势群体而言，尤其是妇女，她们大都从这种客户加工业中获益。因为这是该群体参与劳动市场的一种重要途径。由此，拉美地区形成一个对跨国经济活动依赖性很强的社会阶层。但是，有研究表明在这种类型的工厂中，劳工标准、甚至是人权没有得到充分的重视。

（四）微型企业与非正规部门迅速扩张

20 世纪 90 年代以来微型企业成为拉美地区就业的主要渠道。它降低了正规部门工资型就业在流动中的传统作用。在微型企业就业的工资收入者的数量逐渐超过在大中型工业企业工作的蓝领工人。微型企业发展的趋势反映出它们与国际经济之间的关系。尽管大多数微型企业面向国内市场，但是，它们通过出口逐渐增加了与世界经济的联系，特别是当企业作为转包链的一部分参与跨国公司装配工业的时候。

一直到 70 年代末拉美社会分层都是沿着相对直线的方式前进的，劳动力也经历了一种明显的结构流动。正如 Germani、Stavenhagen、Medina Echeverría 的研究所指出的，这是一种长期的向上流动趋势，即由低劳动生产率职业向高劳动生产率职业流动。具体而言，就是从农业转向制造业和服务业，从蓝领工人转向非体力职业。但是，90 年代以来随着经济政策的调整以及国

---

① 在一个典型的中美洲国家的客户加工工厂，劳动力成本占总成本的 54%，而美国的劳动力成本是中美洲国家的 4.5 倍（EmilioKlein，VíctorTokman，2000）。

② Emilio Klein, Víctor Tokman, "Social stratification under tension in a globalized era", *CEPAL Review* 72, 2000, p. 25.

家融入经济全球化，劳动力市场内部的异质性在增加，尤其是在微型企业部门。一方面，一些微型企业出现高度资本化、与动态市场联系紧密、逐渐雇用具有高技能劳动力的特征，另一方面，更多的微型企业仍然保持着使用资本和劳动力的传统。总之，微型企业分化和非正规部门膨胀是造成 90 年代拉美社会流动乏力的主要原因之一。

第二节　教育机会对拉美代际流动的影响

不平等是拉美地区历史上和当前面临的主要难题之一。为了更好地解决这个难题有必要对导致该地区高度不平等的原因作深入的分析，其中个人家庭背景占据重要地位。不平等主要是由与个人家庭背景相关的"机会缺乏"引起的，还是主要源于与家庭背景无关的单纯个体特征差异？这是值得研究的问题。不平等程度相似的两种不同社会所达到的社会福利也许显著不同，这取决于家庭特征在决定个人一生命运中是否扮演重要的角色。通常而言，一个主要由家庭背景导致机会不平等的社会可能被认为更加不公平。代际流动是指社会群体父代和子代之间在阶层位置上的纵向变化。如果家庭出身、种姓而不是能力、努力等因素构成决定地位获得的主要因素，并形成一种阶层之间缺乏流动的结构性后果，那么这个社会是封闭性的，反之则是开放性的。本节主要从教育资本传递角度阐述拉美代际流动的特征。

一、拉美国家个体的教育成就具有高度的内生继承性

20 世纪 60 年代中期，布劳和邓肯对美国阶级结构和职业地位获得进行了开创性的研究，他们运用路径分析的方法建立了"地位获得模型"，这一模型同时涵盖了个人的代内流动和代际

流动。布劳和邓肯认为，个人职业地位的获得，受到先赋因素和自致因素的共同作用，并且先赋因素一方面对个人职业地位的获得存在直接影响，另一方面，先赋因素还作为中介变量存在，通过影响个人的自致因素而间接影响了个人的职业地位获得（Blau 和 Duncan，1967 年）。① 所谓先赋因素是指个人与生俱来的优势或劣势条件，社会流动研究将种族、性别、父母的教育水平及职业地位等都视为重要的先赋因素，认为这些因素影响着子女的命运。所谓自致因素是指个人通过努力所获得的后天的能力、资质和条件。社会流动研究所关心的自致因素包括教育成就和职业地位，并认为这些因素对个人社会流动机会有重要影响。

区分和讨论家庭背景等先赋因素在子女地位获得过程中的作用大小及变迁，其重大意义在于，这是辨别一个社会是否开放以及具体衡量社会开放性程度的指标。20 世纪 90 年代以来，一些学者开始通过评估家庭背景决定孩子获得教育水平的程度来衡量代际流动。Behrman 等人在研究拉丁美洲代际流动的基础上得出结论：经济增长本身并不能带来机会的平等，而改善教育是能够迅速做到这一点。② 尽管过去 20 年拉美国家一直在努力提高正规教育体系的覆盖面，但是个体的家庭出身及所属社会经济地位依然是他们获取教育机会和与社会融合的决定性因素。拉美国家的经历表明，教育机会、进而工作机会在很大程度上是内生继承的。目前，在其父母没有完成初等教育的年轻人中仅有 30% 能够完成中等教育。相比而言，在其父母至少接受 10 年学校教育

---

① 王甫勤，《西方社会流动研究综述》，载《兰州学刊》2008 年第 8 期，第 203 页。

② Jere R. Behrman, Alejandro Gaviria, Miguel Székely, "Intergenerational Mobility in Latin America", *Economía*, Vol. 2, No. 1, 2001, p. 29.

的孩子中有75%能够完成中等教育。①

　　表6-7和表6-8分别显示了年轻人所达到的教育成就与父母所受教育水平之间的关系。从1990年到2000年，无论是在城市还是农村，无论是对哪一组国家还是对孩子所达到的哪一级教育成就，总体而言比例都在增加，这说明拉美的正规教育体系覆盖面逐渐提高。但是，从每个年份的横截面看，在每一组国家中达到特定教育成就的孩子所占比例会因父母受教育水平不同而存在显著差异，但总体趋势是前者随着后者的增加而增加。以城市地区的低水平组②（玻利维亚、萨尔瓦多、危地马拉、洪都拉斯、巴拉圭和委内瑞拉）为例。2000年，在父母受教育水平少于6年的家庭中完成中等以上教育（至少12年）的孩子所占比例为33%，而在父母受教育水平大于12年的家庭中完成相同教育成就的孩子所占比例升至91%。同理，在高水平组，上述相应的比例从36%升至90%。这表明家庭的教育背景将直接影响子女的受教育机会，父母受教育程度越高，子女取得同等教育成就的比例越大。

表6-7　在拉美城市地区按父母受教育水平划分的20～24岁年轻人
　　　　完成至少9年、12年和14年教育的比例（取简单平均数,%）

组别	受教育年限	年份	总计	父母受教育水平[a]			
				0～5年	6～9年	10～12年	13年或以上
低水平组[b]	≥9年	1990	65	49	81	90	96
		2000	69	51	81	94	96
	≥12年	1990	43	28	53	74	84
		2000	53	33	63	77	91

---

　　① ECLAC, A decade of social development in Latin America, 1990 – 1999, Chile, 2004, p. 186.

　　② 这里按中等教育覆盖面所达到的水平划分组别。

续表

组别	受教育年限	年份	总计	父母受教育水平^a			
				0~5 年	6~9 年	10~12 年	13 年或以上
	≥14 年	1990	19	10	21	39	57
		2000	20	8	18	31	57
中等水平组^c	≥9 年	1990	62	49	76	93	96
		2000	70	51	79	89	96
	≥12 年	1990	43	29	53	75	88
		2000	54	32	59	75	92
	≥14 年	1990	16	7	20	39	60
		2000	23	7	22	36	62
高水平组^d	≥9 年	1990	77	58	80	91	96
		2000	79	58	75	94	97
	≥12 年	1990	52	30	51	72	88
		2000	60	36	51	75	90
	≥14 年	1990	16	6	12	26	48
		2000	22	6	12	29	54

a：户主和配偶平均受教育年限。b：玻利维亚、萨尔瓦多、危地马拉、洪都拉斯、巴拉圭和委内瑞拉。c：巴西、哥伦比亚、哥斯达黎加、厄瓜多尔、尼加拉瓜和墨西哥。由于缺乏这两年的可比性数据，多米尼加不包含在该组内。d：智利、巴拿马和乌拉圭。由于缺乏这两年的可比性数据，阿根廷和秘鲁不包含在该组内。

资料来源：ECLAC, A decade of social development in Latin America, 1990 - 1999, Chile, 2004, p. 187.

整体而言，农村地区年轻人受同等教育的比例低于城市（表6-8），这反映出教育体系覆盖面的区域不平衡特征。在农村地区，整个20世纪90年代出身不同家庭教育背景的年轻人完成至少9年教育的比例同样存在很大差异。例如，2000年在低水平组在父母受教育水平少于6年的家庭中完成至少9年教育的孩子所占比例为18%，而在父母受教育水平大于10年的家庭中取得相同教育成就的孩子所占比例升至90%。在高水平组，上述相应的比例从41%升至92%。这表明教育覆盖面的提高并没有成功弥补家庭出身不同的年轻人所取得的教育成就之间的鸿沟。

表6-8 在拉美农村地区按父母受教育水平划分的20~24岁年轻人
完成至少9年和12年教育的比例（取简单平均数,%）

组别	受教育年限	年份	总计	父母受教育水平[a]		
				0~5年	6~9年	10年或以上
低水平组[b]	≥9年	1990	14	12	64	69
		2000	21	18	59	90
	≥12年	1990	7	6	34	58
		2000	11	9	41	65
中等水平组[c]	≥9年	1990	24	20	55	90
		2000	34	28	63	94
	≥12年	1990	13	10	32	64
		2000	22	15	44	87
高水平组[d]	≥9年	1990	44	31	72	89
		2000	55	41	70	92
	≥12年	1990	28	17	52	76
		2000	37	24	49	78

a：户主和配偶的平均受教育年限。b：萨尔瓦多、危地马拉和洪都拉斯。由于缺乏这两年的可比性数据，玻利维亚、巴拉圭和委内瑞拉不包含在该组内。c：巴西、哥伦比亚、哥斯达黎加、尼加拉瓜和墨西哥。由于缺乏这两年的可比性数据，厄瓜多尔和多米尼加不包含在该组内。d：智利和巴拿马。由于缺乏这两年的可比性数据，阿根廷、秘鲁和乌拉圭不包含在该组内。

资料来源：ECLAC, A decade of social development in Latin America 1990 - 1999, Chile, 2004, p. 189.

综上所述，可以得出如下基本判断。第一，受教育机会和家庭教育背景之间的关系表明，子女所取得的教育成就在很大程度上受制于父辈业已存在的不平等模式。这将导致一个刚性的社会结构，进而减少社会流动性。第二，父母受教育水平差距越大，子女获取相同教育成就的比例差距越大。而对于具有相同教育背景的家庭而言，子女获取更高教育成就的难度越来越大。第三，教育成就的不平等不仅体现在受教育年限上，而且体现在教育质量上。公立和私立学校之间的教育质量差距很大。尽管上述数据不能用来分析教育质量的鸿沟，但显而易见的是，受教育年限越多的年轻人通常接受的教育的质量越高。第四，尽管拉美国家的教育改革涉及课程设置、制度规范和财政资源分配等方面，但是如果不着力提高来自中低阶层年轻人完成中等教育（12 年）的比例，那么教育改革的效果会大打折扣。

二、教育不平等在中长期内限制了获取体面就业
和改善收入分配的机会

拥有教育资本（受教育年限和教育质量）是获取高报酬就业的主要途径，甚至对于大多数人而言，是唯一的途径。然而，由于先赋因素的内生继承性，自致因素所能达到的教育成就便受到影响，进而影响到所从事的职业和相应的收入水平。换言之，个人的命运在代际间的传递过程是：起始于家庭出身，成形之学校教育，终止在职业收入。如表 6-9 和表 6-10 所示，尽管拉美国家所处的教育水平不同①，但是在决定个人社会分层与流动的方式上教育、职业和收入之间的关系具有高度的一致性。

以教育水平和从事的职业类型关系为例（表 6-9）。在城市

---

① 按照 20 世纪 90 年代中期中等教育毛入学率指标对国家进行分组。

表 6-9 拉美国家按职业和教育水平划分的每周工作至少 20 小时的 20～29 岁年轻人分布比例
（1999 年，城市和农村地区）

国家 分组 b	受教 育水 平	总计	专业人员 和技术人员	管理 人员	行政雇 员和会 计师	营业员 和售货 员	工业、交 通运输和 仓储工人	建筑 工人	保姆、服 务员和保 安人员	农业 劳动者
低水 平组	总计	100	11.3	3.7	15.9	16.5	33.6	7.1	9.2	2.7
	0～8	100	1.2	1.6	5.1	16.9	43.7	11.7	15.2	4.7
	9～12	100	8	3	20.5	19.5	34.9	5.2	7.3	1.7
	≥13	100	38.1	9.2	27.1	10.1	11.2	1	2.3	1
中等 水平 组	总计	100	10.3	2.5	14.5	19.5	32.3	4.8	11.5	4.5
	0～8	100	0.7	0.8	3.9	17	42.8	9.2	17.5	8.1
	9～12	100	4.9	2.1	18.9	24.4	33.5	3.5	10.3	2.4
	≥13	100	37.4	6.8	25.6	16.7	9.7	0.4	3	0.4
高水 平组	总计	100	13.9	2.5	16.2	16.4	30.9	5.4	11.6	3.2
	0～8	100	0.7	1	3.2	12.4	42	11	20.8	8.9
	9～12	100	3.8	1.9	17.3	20.5	36.3	5.1	12.5	2.7
	≥13	100	41.5	5	25.6	11.5	11.2	1	3.5	0.7

续表

国家分组b	受教育水平	总计	城市地区 职业类型							
			专业人员和技术人员	管理人员	行政雇员和会计师	营业员和售货员	工业、交通运输和仓储工人	建筑工人	保姆、服务员和保安人员	农业劳动者
所有国家	总计	100	11.6	2.9	15.4	17.6	32.4	5.7	10.8	3.5
	0~8	100	0.9	1.1	4.1	15.7	42.9	10.5	17.6	7.2
	9~12	100	5.6	2.3	19	21.7	34.7	4.5	9.9	2.2
	≥13	100	38.8	7.1	26.1	13	10.6	0.7	2.9	0.7

农村地区

国家分组 b	受教育水平	总计	专业人员和技术人员	管理人员	行政雇员和会计师	营业员和售货员	工业、交通运输和仓储工人	建筑工人	保姆、服务员和保安人员	农业劳动者
低水平组	总计	100	4.7	1.8	1.6	7.3	18.2	12.7	4.7	49.1
	0~8	100	0.6	1.7	0.5	5.8	17	12.9	5.4	56
	9~12	100	11.4	1.1	6.7	15.2	24.9	9.4	2.9	28.6
	≥13	100	73.3	1.6	6.2	5.5	4.8	1.3	0.9	6.4
中等水平组	总计	100	3.5	1	3.6	10.6	24.6	4.6	7.9	44.3
	0~8	100	0.5	0.6	1	8.2	23.6	5.2	7.8	53.2
	9~12	100	6	1.3	9.4	19.7	29.4	3.5	8.9	21.7
	≥13	100	37.2	5	15.6	16	11.4	4	4.1	6.7
高水平组	总计	100	4.1	1.6	4	8	23	3.6	7.5	48.3
	0~8	100	0.2	0.7	0.4	6	19.7	3.3	7.9	61.9
	9~12	100	4.2	2.2	6.1	10.9	30.1	5	7.4	34.1
	≥13	100	29.4	3.7	15.2	9.5	18.2	0.9	5.7	17.4

续表

农村地区

| 国家分组 b | 受教育水平 | 总计 | 职业类型 | | | | | | | |
			专业人员和技术人员	管理人员	行政雇员和会计师	营业员和售货员	工业、交通运输和仓储工人	建筑工人	保姆、服务员和保安人员	农业劳动者
所有国家	总计	100	4.1	1.4	3	8.9	21.9	7.3	6.7	46.9
	0~8	100	0.5	1	0.7	6.8	20.4	7.5	7	56.1
	9~12	100	7.6	1.4	7.7	16.2	27.9	5.9	6.4	26.8
	≥13	100	48.4	3.5	12.2	10.9	10.5	2.4	3.3	8.9

a：对国家数据取简单平均数；b：根据联合国教科文组织（UNESCO）统计局（UIS）数据，按照 20 世纪 90 年代中期中等教育毛入学率对国家指标对国家进行分组。低水平组包括玻利维亚、萨尔瓦多、危地马拉、洪都拉斯、尼加拉瓜、巴拉圭和委内瑞拉（仅出现在有关城市地区的一部分表格中）。中等水平组包括巴西、哥伦比亚、哥斯达黎加、厄瓜多尔（城市地区）、墨西哥、尼加拉瓜和多米尼加（城市地区）、智利、巴拿马、秘鲁和乌拉圭（城市地区）。高水平组包括阿根廷（城市地区）。

资料来源：ECLAC, *A decade of social development in Latin America 1990 - 1999*, Chile, 2004, p. 193.

地区，总体而言，完成"后中等教育"（13 年及以上）的年轻人主要从事专业人员和技术人员、管理人员的工作，占比达到 45.9%；完成中等教育（9～12 年）的年轻人主要从事行政雇员和会计师、营业员和售货员、工业、交通运输和仓储工人的工作，占比达到 75.4%；教育水平低于 8 年的年轻人主要从事工人、保姆、服务员和保安人员工作，占比达到 71%。也就是说，受教育水平越高，年轻人从事高技术含量职业的几率越大，从国家分组情况同样可以看到这种趋势。相比而言，农村不如城市那样拥有相对充足的高质量劳动力供给和广泛的职业分布，因此，在农村高质量劳动力的职业集中度很高。例如在完成"后中等教育"（13 年及以上）的年轻人中主要从事专业人员和技术人员、管理人员工作的，占比达到 51.9%。在低水平组国家的农村地区这一比例高达 74.9%。完成中等教育（9～12 年）的年轻人主要从事工业、交通运输和仓储工人与农业劳动者两种职业，两者所占比例相差不大。而受教育水平低于 8 年的年轻人中有一半以上是农业劳动者。由此可以看出，教育不平等导致的职业分化在农村比城市严重。

以教育水平和职业收入关系为例（表 6-10）。无论是在城市还是农村，随着受教育水平提高，职业平均月收入水平也逐渐提高。而且从国家分组看，就整体收入水平而言高水平组国家高于低水平组国家。具体而言，在城市地区，总体上在完成"后中等教育"（13 年及以上）的年轻人中主要从事专业人员和技术人员、管理人员这两种职业的，其平均月收入分别是人均贫困线的 6.4 倍和 10 倍。但对于完成中等教育（9～12 年）的年轻人而言，相同职位的平均月收入则降至人均贫困线的 3.7 倍和 8 倍。这从另一方面反映出家庭出身和内生继承的教育成就所带来的差异。此外，还有一种现象值得关注。总体上，对应于表 6-9 中完成中等教育（9～12 年）的城市年轻人，他们主要从事行政

表6-10 拉美国家按职业和教育水平划分的
每周工作至少20小时的20～29岁年轻人平均收入（按人均贫困线的倍数衡量）（1999年ᵃ，城市和农村地区）

国家分组ᵇ	受教育水平	职业类型 城市地区								
		总计	专业人员和技术人员	管理人员	行政雇员和会计师	营业员和售货员	工业、交通运输和仓储工人	建筑工人	保姆、服务员和保安人员	农业劳动者
低水平组	总计	2.8	4.3	7.4	3.2	2.4	2.5	2.5	1.6	1.8
	0～8	2.1	2.5	5.4	2.1	2	2.2	2.4	1.5	1.7
	9～12	2.8	2.8	6.3	3.1	2.4	2.8	2.7	1.7	1.5
	≥13	4.4	4.7	8.4	3.6	3.1	3.6	3.5	2.6	3.1
中等水平组	总计	3.3	6.7	9.5	3.5	2.9	2.9	3.1	2	2.4
	0～8	2.4	2.7	4.4	2.8	2.4	2.6	2.6	1.7	2.3
	9～12	3.1	3.9	10	3.2	2.8	3.2	3.6	2.5	2.9
	≥13	5.5	7.3	10	4.1	4.5	3.9	4	3.8	3.4
高水平组	总计	4	6.6	10.6	4.3	3.6	3.6	3.6	2.9	2.8
	0～8	2.9	4.1	5.4	2.9	2.8	3	3.2	2.6	2.4
	9～12	3.7	4.8	7.1	3.8	3.6	3.7	3.9	3.2	3.1
	≥13	5.9	7	12	4.9	4.4	4.7	4.1	3.5	5.4

续表

国家分组 b	受教育水平	城市地区 职业类型								
		总计	专业人员和技术人员	管理人员	行政雇员和会计师	营业员和售货员	工业、交通运输和仓储工人	建筑工人	保姆、服务人员和保安人员	农业劳动者
所有国家	总计	3.3	5.9	9.1	3.6	2.9	3	3.1	2.1	2.3
	0~8	2.4	2.9	5.1	2.6	2.4	2.6	2.7	1.9	2.1
	9~12	3.2	3.7	8	3.3	2.9	3.2	3.3	2.4	2.5
	≥13	5.2	6.4	10	4.2	4	4	3.8	3.2	4

农村地区

国家分组b	受教育水平	总计	专业人员和技术人员	管理人员	行政雇员和会计师	营业员和售货员	工业、交通运输和仓储工人	建筑工人	保姆、服务人员和保安人员	农业劳动者
低水平组	总计	2.1	4.5	4.4	3.8	2.3	2.7	3.2	1.7	1.7
	0~8	1.8	3	3.8	2.9	2	2.6	2.9	1.8	1.7
	9~12	2.7	4.9	6.3	4	2.6	3.1	3.4	2.1	1.3
	≥13	4.3	4.7	4.1	4.6	2.8	3.6	6	3	4.5
中等水平组	总计	3.2	6	7	4.9	3.1	3.5	4	2.8	2.6
	0~8	2.8	3.4	4.5	4.3	2.8	3.3	3.9	2.4	2.5
	9~12	3.7	5.3	6.9	4	3.3	4	3.5	4.1	3.4
	≥13	6.4	7.5	11.2	6.1	4.2	6.1	5	4.9	3.9
高水平组	总计	3.2	8.4	14	4.2	3.2	3.9	3.7	2.4	2.4
	0~8	2.5	3	4.8	5.1	2.6	3.8	3.4	2.1	2.2
	9~12	3.3	5.3	10.8	4	3.7	3.9	3.8	2.7	2.7
	≥13	6.8	10.5	31.7	6.1	3.9	4.1	6.4	2.4	3.7

续表

农村地区

国家分组 b	受教育水平	总计	职业类型							
			专业人员和技术人员	管理人员	行政雇员和会计师	营业员和售货员	工业、交通运输和仓储工人	建筑工人	保姆、服务员和保安人员	农业劳动者
所有国家	总计	2.8	6	7.3	4.4	2.8	3.3	3.6	2.3	2.2
	0~8	2.4	3.2	4.3	3.9	2.5	3.2	3.4	2.1	2.2
	9~12	3.3	5.1	7.4	4	3.1	3.7	3.6	3.1	2.5
	≥13	5.7	7.1	14.2	5.6	3.8	5	5.4	3.9	4.1

a:对国家数据取简单平均数;b:根据联合国教科文组织(UNESCO)统计局(UIS)数据,按照20世纪90年代中期中等教育毛入学率指标对国家进行分组。低水平组包括玻利维亚、危地马拉、洪都拉斯、巴拉圭和委内瑞拉(仅出现在有关城市地区的一部分表格中)。中等水平组包括巴西、哥伦比亚、哥斯达黎加、厄瓜多尔(城市地区)、墨西哥、尼加拉瓜和多米尼加。高水平组包括阿根廷(城市地区)、智利、巴拿马、秘鲁和乌拉圭(城市地区)。

资料来源:ECLAC, A decade of social development in Latin America 1990–1999, Chile, 2004, p.195.

雇员和会计师、营业员和售货员、工业、交通运输和仓储工人的工作，其职业平均月收入仅是人均贫困线的 3 倍左右，不足以体现该教育水平能够带来的福利。这表明，尽管中等教育覆盖面提高，但是后代子女持续面临教育贬值的压力。

总之，从经济学角度讲，"代际社会流动"是指后代收入或工资水平及其升降可能性与家长的相关程度。由于人力资本与劳动生产力存在直接联系，因此社会流动与教育成就密切相关。拉美国家的经历表明，家长的社会经济背景对后代的教育成就影响较大，进而间接影响后代进入不同职业类型的机会和所获得的收入水平。从这个角度讲，旨在提高出身中低阶层子女受教育机会并促进教育平等的教育改革十分重要。而未来改革的重点应该从增加教育资源数量转到如何分配教育资源上，而在这一过程中教育体系之外的相关公共政策（如收入再分配和收入支持政策）也不可或缺。

第三节 促进拉美社会流动的政策思考

不管从公平还是从效率的角度，各国都应该消除与政策相关的影响社会流动的障碍，提高经济机会的公平。这是因为较低的社会流动会浪费或有碍发挥人的技能与天赋，而公平机会的缺乏将影响个体的动机、努力程度，进而影响生产力，影响经济的整体效率与增长潜力。在社会发展的过程中，特别是在快速而剧烈的社会变化过程中，各阶级阶层之间必然会产生各种利益的摩擦、矛盾和冲突。不管人们承认不承认，这些摩擦、矛盾和冲突是客观存在的。一个社会要想能够持续、稳定、协调的发展，就要建立阶级阶层利益的整合机制、矛盾和冲突的化解机制以及社会分层秩序的稳定机制。

一、社会阶层结构在经济增长和社会发展关系中的作用

经济增长，在通常意义上可以用 GDP（国内生产总值）增长率和人均 GDP 增长率来衡量，而在经济学意义上，社会发展取决于三个因素：其一是旨在完善社会平等、保障社会融合的长期社会政策；其二是能够创造充足、高质量就业的经济增长；其三是生产部门结构异质性的减少（目标是缩小不同经济活动和单位之间的生产率鸿沟）。[①] 从理论上讲，经济增长和社会发展两者之间可以互相促进，进入良性循环。

如图 6-1 所示，从经济增长到社会发展这一过程看，经济增长的成果通过收入分配制度在家庭和政府之间进行分配。如果贫困家庭得到的收入更多，则他们将通过对食品、教育和医疗服务的支出更大程度地促进人类发展，因为在这些家庭中上述支出是极度匮乏的。而对于政府而言，改善社会发展的作用将通过提高社会公共支出而实现。然而，这个过程不是自发形成的：经济结构、生产性资产所有权、政策选择等因素都有可能对其产生影响。从社会发展到经济增长这一过程看，人力资本的提高（获得教育、享受医疗服务、参加职业培训等）可以通过提高全要素生产率促进经济增长。而民众广泛参与决策是发展的三大战略性原则之一[②]。通过参与形成的政治经济制度能更好地发挥市场配置资源的功能。最终，要素市场对劳动和资本的有效配置，以及全要素生产率的提高形成经济增长的三种源泉。

[①]　José Antonio Ocampo, "A new look at the development agenda", *CEPAL Review* 74, 2001, p. 15.

[②]　德尼·古莱认为，发展的三大战略性原则是：第一，"拥有足够"才能"更佳存在"；第二，普遍团结一致；第三，民众广泛参与决策。参见（美）德尼·古莱：《残酷的选择：发展理念与伦理价值》，社会科学文献出版社 2008 年 6 月版，第 118~147 页。

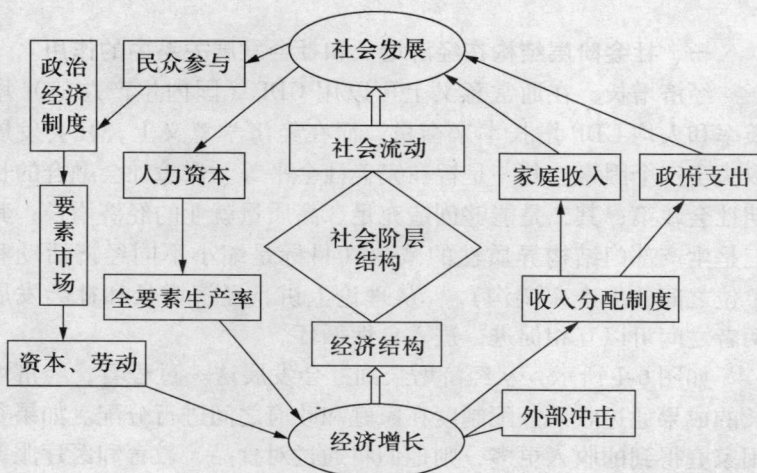

图 6-1　社会阶层结构、经济增长和社会发展关系框架

在经济增长和社会发展的互动过程中，静态的社会阶层结构可以说是一个国家社会结构的骨架，而动态的社会流动则是保持社会稳定的一个重要协调机制。经济增长会引起经济结构发生改变，社会结构尤其是社会阶层结构也要与之作协调性的调整，从而为经济增长和经济结构变化提供相适应的骨架以作支撑。如果正常的社会流动渠道被阻塞，那么僵化、封闭的社会结构就会积累不稳定因素，甚至引发激烈的社会冲突。只要制度安排合理，政策引导适当，随着经济结构、产业结构和职业结构的发展变化，社会阶层结构是能够发生相应的调整和改变的。前两节分别从职业分层与流动和代际社会流动两个角度考察了拉美社会流动的特征，不难发现拉美社会结构依然属于"金字塔型"，尚未完成向"橄榄型"现代社会结构（中产阶级在国家政治经济和社会生活中占主导地位）的转变。

具体而言，从职业分层看，虽然进口替代工业化通过"生产性吸纳"引发了社会结构向上流动，但是其中也隐藏着就业不足的"虚假"成分。而以80年代初的债务危机为起点，拉美的发展进程发生一次大的逆转，长达20年左右的经济衰退与低迷以及结构异质分化导致社会流动停滞或以向下流动为主。从代际社会流动看，来自家庭社会经济背景的先赋因素（如父母受教育水平）而不是自致因素在决定后一代教育成就上起到更大的作用，进而间接影响到子女的职业选择和收入水平。上述局面无不与经济增长与社会发展失衡有关，主要体现在三个方面。第一，无论是进口替代时期还是结构改革时期经济增长都无法创造出充足、高质量的就业，这限制了职业结构升级的渠道。第二，经济增长对减贫的影响具有非对称性。经济衰退周期中社会贫困现象的增加往往并不能被经济扩张周期中的改善所抵消。尤其是20世纪八九十年代出现中产阶级贫困化，大大限制了"新贫困"家庭对后一代子女的教育投资，从而构成社会向上流动的障碍。第三，收入分配不公一直很严重。尤其是财产所有权的高度集中成为不平等"再生产"以及人们享有福利机会不平等的重要因素。这一方面固化了代际流动的继承性，另一方面削弱了代内个体凭借自致因素向上流动的动力。

二、促进拉美社会流动的政策思考

上述分析表明，拉美国家社会流动机制的模式一方面得益于经济增长、经济结构、产业结构变化的直接推动，另一方面源于社会流动机制的多元化和社会流动渠道的开通。但是，现有的社会阶层结构还不能适应拉美经济发展的要求。在中长期内，拉美国家应该降低先赋因素在社会流动机制中所占的比重，同时提升自致因素的地位，使其逐渐成为社会流动机制中的主导规则，从而促进社会流动变得更加公正、合理和开放，并在此基础上加快形成一个与经济发展和经济结构变化相适应的现代社会阶层结构。

首先，建立公平的竞争机制和强有力的监督机制，为社会分层与流动提供有序的环境。要引导各种公正合理的开放性流动机制（尤其是重视个人能力并鼓励个人努力的自致因素）成为稳定的、发挥主导作用的机制，借此鼓励社会成员个人奋发努力，加快培育社会中间阶层的壮大，从而促进社会阶层结构向橄榄型转化。

其次，协调产业结构调整和职业结构升级，为非正规就业向上流动开通渠道。社会分层的基础是职业结构，而职业结构又对应于产业结构。拉美国家的经历表明，无论是在进口替代工业化阶段还是外向发展模式阶段，劳动力的产业转移与产业结构调整都缺乏协调，这就造成就业不足及非正规就业持续存在。以客户工业为主的墨西哥和中美洲国家和以初级产品出口为主的南美洲国家产业结构调整的路径将各不相同。

再次，发展教育、提高人力资本投资，减少由此产生的代际不平等。受教育水平的高低对收入分配的影响显而易见。因此，人力资本投资的增加将有助于改变既有的收入分配格局，有利于国家竞争力的提高。近些年，拉美国家已经把教育和培训作为消除贫困和缩小差距的有效途径和关键举措。未来的教育改革除了要着力提高来自中低阶层年轻人完成中等教育（12 年）的比例，还要关注教育资源的分配制度。

最后，有必要制定长期的扶贫计划和措施，关注新出现的新贫困阶层。反贫困一直是拉美地区坚持的一项长期战略。然而90 年代以来随着中产阶级贫困化加深，一种新城市贫困阶层对拉美的公共政策提出了挑战。该阶层虽然不符合传统贫困线和赤贫线的标准，但是他们的绝对收入已经下降，身份归属感缺失，即使他们拥有较高的教育水平，也避免不了从事低技术要求的工作。这种向下的社会流动结构已经严重阻碍了社会发展。一旦中产阶级分化，社会秩序将面临不稳定的风险。因此，国家除了通过制定针对弱势群体的扶贫计划、建立专项基金等措施来减少传统贫困，还要以创新的视角关注和研究针对新贫困阶层的政策。

本章小结

社会分层化是一个动态的过程，在拉美突出表现为明显的阶段性和结构不平衡性。社会阶层由 1950～1980 年的向上结构流动转向 90 年代因异质性增加而产生的社会流动分化。总体而言，整个 80 年代和 90 年代拉美的职业分层不利于向上的社会流动和收入分配的改善。主要原因是：第一，公共部门萎缩和中产阶级分化；第二，私有化增加了社会异质性；第三，跨国公司对劳动力市场产生了深刻的影响；第四，微型企业对就业增长的贡献存在差异。从代际社会流动看，来自家庭社会经济背景的先赋因素（如父母受教育水平）而不是自致因素在决定后一代教育成就上起到更大的作用，进而间接影响到子女的职业选择和收入水平。

上述局面无不与经济增长与社会发展失衡有关，主要体现在三个方面。第一，无论是进口替代时期还是结构改革时期经济增长都无法创造出充足、高质量的就业，这限制了职业结构升级的渠道。第二，经济增长对减贫的影响具有非对称性。经济衰退周期中社会贫困现象的增加往往并不能被经济扩张周期中的改善所抵消。尤其是 20 世纪八九十年代出现中产阶级贫困化，大大限制了"新贫困"家庭对后一代子女的教育投资，从而构成社会向上流动的障碍。第三，收入分配不公一直很严重。尤其是财产所有权的高度集中成为不平等"再生产"以及人们享有福利机会不平等的重要因素。这一方面固化了代际流动的继承性，另一方面削弱了代内个体凭借自致因素向上流动的动力。

在中长期内，拉美国家应该降低先赋因素在社会流动机制中所占的比重，同时提升自致因素的地位，使其逐渐成为社会流动机制中的主导规则，从而促进社会流动变得更加公正、合理和开放，并在此基础上加快形成一个与经济发展和经济结构变化相适应的现代社会阶层结构。首先，建立公平的竞争机制和强有力的监督机制，为社会分层与流动提供有序的环境。其次，协调产业结构调整和职业结构升级，为非正规就业向上流动开通渠道。再次，发展教育、提高人力资本投资，减少由此产生的代际不平等。最后，有必要制定长期的扶贫计划和措施，关注新出现的新贫困阶层。

第七章 劳动力市场改革与
危机中的就业政策

20 世纪 80～90 年代，拉美地区进行了广泛而深刻的经济结构改革。虽然整个过程备受瞩目且学界涌现出大量有关这场改革的研究成果，但是人们对改革背景下劳动力市场的关注却较少。为弥补这方面的缺陷，20 世纪 90 年代以来学者逐渐增加了对经济自由化对工人和工会影响的研究。例如，经济自由化是导致了更加稳定的还是更加波动的就业关系？自由化背景下劳工制度和经济表现的关系如何？劳动法是否对拉美国家在经济自由化中的调整和重建形成障碍？研究结果表明，普遍存在一个共识，即在拉美许多国家就业条件变得更加不稳定，同时实际工资下降。但是在解释劳动力市场产生上述变化的原因上学者的观点存在分歧。有些研究认为，经济改革导致了就业机会和收入的减少（Tardanico 和 Menjívar；Veltmeyer, Petras 和 Vieux）。与此相对，有些研究认为，大多数政府没有改变劳动法，结果导致劳动力市场表现糟糕（Edwards 和 Lustig；Márquez）。由此，人们对劳动力市场发展前景也看法不一。许多学者认为在新自由主义政策主导下劳动力市场状况不可能改善。而 Márquez、Edwards 和 Lustig 等人则对未来前景持有谨慎乐观的态度。他们相信，如果劳动法向自由化方向改革，劳动力市场状况将得到极大提高。[①] 本章在

---

① 参见 John P. Tuman, "Labor Markets and Economic Reform in Latin America: A Review of Recent Research", *Latin American Research Review*, Vol. 35, No. 3. 2000, pp. 173 - 187.

总结劳动力市场改革措施和效果的基础上，重点关注拉美国家应对当前全球金融危机的就业政策，以此进一步探讨劳动力市场中灵活性和保障性之间的关系。

第一节　劳动力市场的灵活性与保障性

在内向发展时期，拉美仿效工业化国家建立了一套旨在应对工业和第三产业就业快速增长以及满足新兴社会阶层需要的劳工制度。在这个制度框架下拉美国家寻求通过国家直接干预和工人与雇主间的集体协议来规范劳动关系。然而，该框架的有些特征区别于工业化国家，例如该地区的劳动力市场制度只局限于一小部分劳动力；在许多国家工会高度依赖于某些政治势力或国家，导致在一定程度上劳工谈判让位于政治谈判、企业和工会之间的谈判协议让位于法律规范；许多国家的社会政治动荡引发劳工制度上的"反复"，等等。随着市场一体化和竞争压力加剧，内外部环境的变化作用到劳动力市场，由此引发20世纪90年代对劳工制度改革的强烈需求。但是，旨在推进更大灵活性的改革并未满足劳动力市场的双重目标，这意味着劳动力市场的最大灵活性并不必然是最优的灵活性，而灵活性改革并不是最大化放松监管。

一、灵活性与保障性的关系

劳动力市场的灵活性可以简单描述成一种面对内外部变化进行调整和适应的能力。文献中通常从四个方面进行阐释。从就业保护看，雇主能自由雇佣和解聘是有关灵活性争论的核心。就业保护是把"双刃剑"，既减少就业流向的"进入"，也减少"退出"，因此对就业和失业的净效应是不明确的。但是，从总体上降低"流动"水平很可能限制企业应对经济变化的能力。从工资灵活性看，包括最低工资、工会活动和工资谈判协调一致程度在内的各种规范制度可能会限制工资的变化。从企业内部或运行看，这涉及企业构建或重组内部生产过程和根据生产效率使用劳动力的能力，通常包括劳动时间、工作内容、技能需求或技术变化的灵活性。从供给方面看，工人也许需要在劳动时间上满足工作和家庭需求的灵活性，或者需要在职业流动过程中得到权益转移的便利性。理论上而言，限制劳动力市场的灵活性将导致就业创造率低于潜在水平；劳动力市场调整缺乏效率，特别是劳动力在不同职业和部门之间的流动性降低；人力资本培训受限；劳动力市场呈现二元结构，受劳动法保护和以高工资为特征的正规部门与以缺乏保护和低工资为特征的非正规部门并存。因此，旨在提高灵活性的劳动力市场改革呼之欲出。但是，仅从现有文献看，劳动力市场灵活性对工业化国家就业的影响尚未形成共识。[①] 而发展中国家的劳动力市场因为现实中存在一个规模巨大的非正规经济而具有高度的灵活性，这意味着对灵活性的讨论不可能与非正规性相分离。但是，阿根廷和智利的经历表明，灵活性不是就业增长的主要驱动力。例如，20 世纪 90 年代阿根廷实施的灵活性政策降低而不是提高了就业弹性，导致经济的快速增长伴随着失业的增加或持平，而另一方面，该时期智利劳动力市场重新走向监管，但在亚洲金融危机前就业是持续增长的。从这个角度讲，很难给劳动力市场灵活性的恰当水平做出定义。

Amadeo 和 Camargo（1993 年）从劳动力市场和劳动力投入两个方面分析劳动力的灵活性。前者包括就业的灵活性（对于雇主而言，雇佣和解聘的障碍较低；对于工人而言，在不同工作

---

① 参见 Gerry Rodgers, Labour Market Flexibility and Decent Work, *DESA Working Paper* No. 47, July 2007.

之间的流动障碍较低）；工资的灵活性（保持劳动力边际生产率和实际工资的高度相关性）；劳动力的灵活性（工人在不同部门或地区之间转换工作的障碍较少）。而后者作为一种生产要素事关在既定实际工资和就业水平下适应外部条件变化的能力，通常包括人力资本的灵活性（有能力适应既定工作变化或工作转换所引起的新的需求）和企业提高劳动生产率的倾向。在此框架下，作者得出三点重要结论。第一，新的经济环境需要劳动力市场和劳动力投入更大的灵活性。第二，劳动力市场和劳动力投入两者之间存在潜在的冲突，劳动力市场更大的灵活性会导致短期合同和不稳定就业的增加，而劳动力投入中的人力资本开发和提高生产率的需求恰恰需要更稳定的就业。第三，劳动力市场的最优灵活性低于最大水平，这将导致"人力资本投资较少、熟练劳动力缺乏以及提高生产率的激励不足"。[1]

为了应对劳动力市场的挑战，某些欧盟国家推出了"灵活保障模式"（flexicurity）。灵活保障，由灵活（flexible）和保障（security）两词合成，因为最早于 20 世纪 90 年代在丹麦实施，故被称为"丹麦模式"，现已被欧盟成员国在各自发展基础上进行移植和推广。丹麦劳动力市场灵活保障模式是指，劳动力市场的雇主方有雇佣和解聘的灵活性，而劳动方失业后享有良好的社会保障，劳动力市场在灵活性和保障性两方面取得很好的平衡，不仅保障了劳动力市场的平稳高效运行，更使社会利益冲突在协商中得到解决，促进经济社会和谐发展[2]。但是，这种模式也面临不少挑战。例如，在不破坏这个体制运行的前提下能否降低由财政支出增加所引发的过重税收负担？能否抑制这种"慷慨"

---

① 参见 Jürgen Weller, Economic Reforms, Growth and Employment: Labour Markets in Latin America and the Caribbean, ECLAC, 2001, pp. 151 – 152.

② 具体政策包括四大支柱：灵活的劳动力市场、社会保障体系、积极的劳动力市场政策和终身学习战略。

的失业保障所引发的道德风险？如何给予非熟练工人、辍学青年、年长者及外来移民等这些特殊群体额外的支持和激励以提高他们的就业机会？拉美国家经济社会的特征有其特殊性。第一，非正规部门在劳动力市场中占有很大比重，因此，劳动力市场准入问题更多的是体现在就业不足、生产率停滞、社会和劳工保护缺乏上而非失业上。而且非正规性是一种异质、动态的现象，不同的劳工制度都有针对它的政策选择。第二，灵活保障模式对公共支出要求很高，而拉美国家整体上缺乏这种筹措资金的能力。第三，在拉美，尽管民主政治制度已广为普及，但是灵活保障模式在设计和持续调整过程中所需的社会对话机制尚不健全。第四，劳动力市场改革因未纳入拉美国家经济增长和发展的长期战略而往往发生短视行为。第五，拉美国家的结构异质性（如人口特征、城市化进程、产业结构和非正规就业等）将限制这种模式的发挥。因此，"灵活保障"并不存在唯一的模式，也不存在唯一的实现路径。拉美国家应该根据历史、文化特征，结合经济、社会和政治现实探索各自的劳动力市场模式以适应外部环境变化的需要。

尽管如此，拉美国家仍能从灵活保障模式中获得启示。最重要的是，劳工制度的不同组成部分并非相互冲突，而是具有相互支持和促进的作用。而且，鉴于结构异质性以及劳工制度的政治敏感性，劳动力市场应该坚持渐进性改革。对于主要政策而言，失业保护不再关注"保留"工作，而是保护收入；积极的劳动力市场政策在于建立信心；而劳动力市场监管的终极目标是创造高质量的就业。

二、金融危机与灵活性改革的时机

2008～2009 年全球金融危机留给世人的重要启示之一就是要对资本市场进行合理的监管。但是对于劳动力市场而言，放弃监管、推进彻底的灵活性改革的呼声似乎并不鲜见，特别是有些国际组织或机构是这方面的积极倡导者。例如，OECD 认为，在衰退期间和从中期来看，更灵活的劳动力市场是一种关键的调整机制。世界银行的政策建议也是如此。尽管世行建议短期政策要稳定就业和收入，但是它认为过度严格的就业保护法律限制了企业雇工，结果导致次优的就业水平，这是经济下滑时期一个重要的特征。而仅有国际劳工组织，鉴于它的宗旨和理念，支持穷国和富国实施旨在保护和改善劳工标准的规范。实际上，许多人认为，金融危机引发的经济衰退给消除劳动力市场法规提供了一个契机。

但是，肆无忌惮地推行劳动力市场灵活化通常忽视了三个关键因素。第一，拥有"劳工友善型"（labour - friendly）法规的国家通常工资不平等程度较低。第二，目前谈论的灵活性是指一种政府不对雇佣和解聘或就业条件施加任何限制的就业制度，即理论上雇主和工人能够就各自的便利自由地选择就业条件。但是，在现实中灵活性只利于雇主。在经济繁荣时期，这种灵活性的不对称特征还不明显，然而在经济衰退时期，当企业被允许削减工资或大批解雇工人以降低成本的时候，雇主的灵活性就演变成工人的不稳定性。第三，在应对经济危机过程中仅仅关注加速劳动力市场的调整，将损害长期的经济增长潜力。如果法规变化进而形成一种刺激结构，促使工人改变集体行动从而落入"低工资－低生产率"的陷阱，那么损害长期增长率的情况就会发生。此外，灵活性所引发的高流动率，或许会减少对工人获取有利于人力资本形成的职业培训的激励。① 最近的经验研究也表明，将劳动力市场灵活性与经济表现"挂钩"的共识正在开始

---

① 参见 Anis Chowdhury, The Great Recession of 2008 - 2009 and Labour Market Flexibility - Which way Now? http：//www. voxeu. org/index. php? q = node/4412

衰退。例如，OECD 的立场（2006 年）不再突显 20 世纪 90 年代中期推崇劳动力市场灵活性时的那种自信。它承认，确定一套独特的、最优的能够产生并维持经济繁荣的劳动力市场制度并非易事。许多管理劳动力市场的规范制度是可以与优异的经济表现相兼容。Berg 和 Kucera（2008 年）的研究也认为，在现有的证据基础上，人们无法支持放松劳动力市场监管就将加快就业创造和促进经济高速增长的观点。

由于每个国家所处的发展阶段不同，每个国家人口特征和产业结构各异，因此，在没有建立起完善的社会保障体系之前，发展中国家不应该贸然推进劳动力市场彻底的灵活性改革，尤其在经济危机期间更要保护和尊重劳工权益。下面两节就分别分析 20 世纪 90 年代拉美国家劳动力市场改革效果及应对当前全球金融危机的就业政策，以期为实现劳动力市场的双重目标（既要鼓励市场效率又要保护结构性弱势群体）寻求一种均衡的发展路径。

第二节 20 世纪 90 年代以来拉美劳动力市场改革

在 20 世纪 70 年代和 80 年代的大部分时间里，大多数分析家认为拉美劳动力市场运行良好（Squire 1981 年，Gregory 1986年）。[①] 但是，在全球、地区和国家三个层面蔓延开的技术进步和经济变化改变了其他市场的运行规则，进而对劳动力市场施加了新的影响。针对新古典主义强调对扭曲的要素和商品市场进行

---

① ECLAC, Labour Markets, Worker Protection, and Lifelong Learning in a Global E-conomy: Experiences and Perspectives of Latin America and the Caribbean, April 2008, p. 23.

改革而忽视劳动力市场改革的缺陷，90 年代拉美国家开始实行劳工制度改革，这项改革也被视为拉美"第二代经济改革"的一部分。[①]

一、劳动力市场改革进程及措施

劳动力市场改革的进程、力度和范围在拉美各国差异较大。20 世纪整个 80 年代只有少数国家，特别是智利，其次是巴拿马，采取了重大措施促进劳动关系走向灵活化。而其它国家，例如阿根廷、巴西、乌拉圭，优先考虑的是重建被军事独裁压制的集体劳工权利，同时扩大个人劳工权利。巴西通过一项宪政改革使其在这方面处于领先地位。根据 Lora 研究，从 1985 年到 1995 年，仅仅有 5 个国家进行了显著的劳动力市场改革：阿根廷（1991 年）、哥伦比亚（1990 年）、危地马拉（1990 年）、巴拿马（1995 年）、秘鲁（1991 年）。而根据 ILO 的深入研究，1990 年之后阿根廷和秘鲁进行了最广泛的劳动力市场改革。巴西、哥伦比亚、厄瓜多尔、巴拿马也对劳动关系的关键制度进行了改变，而智利、危地马拉、尼加拉瓜、委内瑞拉和多米尼加灵活性改革范围稍小。其他国家（包括墨西哥）的劳动立法没有发生显著变化。这里值得注意的是，这些法律变化并不代表着整个地区或者个别国家所采取的模式都朝着更大的灵活性迈进。许多国家延长了假期并颁布法律提高对特殊群体的保护。而且，在 90 年代前半期，巴西、智利、哥伦比亚和哥斯达黎加通过法律变化

---

① 新古典主义认为，拉美地区的劳动力问题源于要素和商品市场的扭曲。这些扭曲限制了经济增长并形成一种不利于使用劳动力的生产性结构。因此，消除这些扭曲将提高就业水平和工资水平，这尤其有利于受教育水平较低的工人。因此，改革初期的设想是劳动力市场的主要积极成果来源于非劳动市场的改革（如贸易和金融改革或消除城市偏见，等等），只是到了 90 年代人们才逐渐重视劳动力市场面向灵活化的改革。

加强了工会地位，而在阿根廷和秘鲁工会地位被削弱。在智利，从 80 年代开始实施的某些放松管制措施被扭转。

从支持劳动力市场改革的理由看，在深刻的技术变革和经济全球化形势下，原来规范劳工市场的各种准则和体制中包含许多不合理的成分，造成劳动力市场"刚性"太强。例如，关于劳工合同的限制；关于解雇职工的限制；关于集体谈判的制度；工会的影响力过大等。因此，改革的基本方向是，放弃对劳工市场的调控，最大限度地消除对由市场自由配置劳动的限制，降低劳动成本，增加劳动力的流动性以达到促进企业竞争和创造就业机会的目的。采取的措施通常包括：取消关于解雇职工的限制，减少解雇时资方提供的补偿费用，取消最低工资制，降低非工资福利待遇，取消关于工资和劳动条件的严格规定，劳动合同灵活化，取消集体劳工谈判，等等（表7-1）。

具体到每个国家，受到政府对提高国际竞争力的重视程度、工会和其他政治参与者势力、雇主压力、国际金融机构压力等因素的影响，劳动力市场改革的特点和范围也各有不同。在阿根廷，尽管 90 年代末开始实施新的改革以重建某些先前被撤销的权利，但是整个 90 年代国家一直在稳步推进旨在追求"外部数量弹性"（external numerical flexibility）（或消除聘用和解雇限制）和降低劳动力成本的改革。主要涉及临时合同及其相关的社会保障成本（1991 年，1995 年和 2000 年）、解雇限制（1991 年和 1998 年）以及整体的非工资劳动力成本（1994 年）。这种灵活性改革以及弱化劳工监察的做法导致阿根廷"隐性"工人的数量大幅增加。

在巴西，劳动法规改革同样是以促进就业合同更加灵活为目的，但是这些变化受到更多的限制，而且巴西的大部分改革是在 90 年代后半期引入的。主要改革包括颁布合作社法（the Law of Cooperatives），允许工人创建合作社向不签工作合同的企业提供

表7-1 20世纪90年代拉美劳动力市场改革措施一览

	增加劳动力灵活性					提高劳动力市场中弱势群体的地位	刺激劳动力的需求
	增加劳动力市场灵活性的措施			增加劳动投入的措施			
	流动性	雇用灵活性	工资灵活性	人力资本灵活性	提高生产率		
劳工立法改革	减少解雇成本;公共卫生改革	减少雇用和解雇成本;定期合同;失业保险	定期合同;取消指数化措施;减少非工薪劳动力成本	—	提高生产率	扩大工会权利;保护特殊群体	定期合同;减少非工薪劳动力成本
工资和就业政策	内部调节的再培训计划	减少公共部门	"谨慎"的工资政策	面向需求的培训	面向中小企业的商业发展规划;培训补贴	对特殊群体实行培训和工资补贴;最低工资	紧急计划;商业发展规划
企业层次的实践与集体谈判	—	转包合同;定期合同	生产率和工资挂钩	发展内部劳动力市场;多功能性	创新工人参与的方式;参与式工资	工人参与式规划;工会领导人的培训	—

资料来源:Jürgen Weller, Economic Reforms, Growth and Employment; Labour Markets in Latin America and the Caribbean, ECLAC, Chile,2001,p. 165.

服务，同时承认社会权利和劳工权利。此外，1994 年在实行近 30 年官方工资政策之后巴西引入自由谈判工资制度，使工资"去通货膨胀指数化"（de – indexed from inflation）。1998 年临时工作合同合法化，允许每周工作时间最多至 25 小时，并且减少劳工权利。同年另一项法律规定了社会权利减少的固定期限合同。

　　而在墨西哥，虽然有一些涉及灵活性方面的项目处于讨论中（例如有关解雇的规定、遣散费、临时和其他特殊合同的创建以及对分包和工作时间的规定），但是，劳动法并没有得到改革。尽管如此，集体谈判实际上还是引起许多变化。基于对 90 年代中期在墨西哥所签订的集体协议的分析，De la Garza（2002 年）认为大多数协议保证了功能上的更大灵活性和数量上的适度弹性。①

　　自 2000 年以来，整体而言拉美国家没有再推进更广泛的旨在扩大灵活性的改革，所采取的措施都集中在小型和微型企业或者特殊部门。而最近一些改革开始强调集体劳动关系，使其符合国际劳工组织的标准和加强集体谈判的作用。而且，一些国家改革了个人劳动关系使其更具保护性。例如，智利减少了每周工作时间，并增加了对无正当理由解雇的赔偿比例。阿根廷也提高了赔偿标准，特别是对工作年资较少的工人。总之，拉美劳动力市场改革呈现三个特点：第一，在 20 世纪整个 80 年代和部分 90 年代，鉴于就业结构中的非正规性增加，正规的劳动力市场制度覆盖面在缩小。第二，在整个 90 年代（甚至更早），劳动力市场改革的目标显然（但不限于）是实现更大的灵活性，但是范围和程度却存在差异。有些国家实施深刻和广泛的改革，而其他

---

　　①　Christoph Ernst, Janine Berg and Peter Auer, Employment Challenges and Policy Responses in Argentina, Brazil and Mexico, *CEPAL Review* 91, April 2007, p. 105.

国家变化甚微、缺乏一种明确的战略方向。第三，21 世纪以来劳动力市场灵活性改革势头减弱，措施变得更加温和。一些国家关注的重点是在个人和集体劳动关系上向工人提供更大的保护。

二、对拉美劳动力市场改革的评价问题

首先，劳动力市场制度是具有不同程度正规性的一套机制，它们规范劳动力市场中的参与者。主要包括监管个人和集体劳动关系的立法、失业保护体系和积极的劳动力市场政策三部分。对于劳动立法而言，过度强调灵活性的倾向在新世纪到来之际得到纠正。曾经引入更大灵活性的国家，例如阿根廷、智利和秘鲁最近都修正了改革措施，重新开始关注保护性的某些方面。对于失业保护体系而言，传统的工具是支付失业补偿（遣散费）和向失业者提供收入支持。遣散费会随着在职工作的年限增加，因而对年龄大的工人有利。鉴于此，它也被视为一种稳定老工人就业、阻碍被排斥群体（青年人和妇女）获得工作岗位的措施。该工具因为不鼓励劳动力流动和阻碍生产率提高而受到批评。而收入支持措施包括个人账户和失业保险两种。前者是由法律规定雇主向个人工人账户进行定期储蓄而形成。这种方式会提供更大的保障性，因为定期储蓄和在失业情况下的存款支取不依赖于雇主的财务状况。而后者一般是靠雇主、工人（多数情况下）和国家（某些情况下）缴费提供融资。但是，拉美国家失业保护体系的共同特征是覆盖面有限，因为它们仅与正规就业体系"挂钩"。对于积极的劳动力市场政策而言，主要包括四部分：直接和间接创造工资型就业；职业技术培训；劳动中介服务；支持自我就业和微型企业。相对于前两部分的改革，劳动力市场政策较少产生争议，因为它们不影响劳动力市场主要参与者的利益，而且通过激励生产率和降低交易成本能够对劳动力市场运行产生积极的效果。然而，这些政策的实施受制于政府的收入，而

且政策效率尚处于评估之中。

　　其次，尽管90年代拉美劳动力市场改革取得了一定的成绩，例如，促成了社会对话，产生了对培训作用的新态度，工会重新定位，生产率和工资之间的关系得到强调，集体谈判采取了新的方式，等等，但是，按照劳动力市场的目标衡量，改革并没有达到预期的效果。通常，劳动力市场制度要实现两个目标，其一，提高市场的效率；其二，保护处于结构性弱势的群体，使他们享有充足的工作条件。20世纪90年代拉美国家的劳动力市场改革产生两个最直接的后果。一是各种非合同工和临时工的数量大大增加。Martínez和Tokman（1999年）认为，改革确实加速了新增就业岗位的创造，但是大部分新增就业是不稳定的。如表7-2所示，非正规部门占城市就业人口的比重由1990年的42.7%上升到2003年的47.4%，大量女性集中在家庭服务业中。临时合同的增加在某种程度上是预期的结果，但是，非契约型工资就业的增长却是始料未及的。二是社会保障的范围在逐渐缩小。纳入社会保障体系的就业者所占比例从1990年的63.3%下降到2002年的55.5%，此后到2005年略微增加到56.7%。值得强调的是，保护水平下降也影响到工资收入者，他们中享有保障的比例从1990年的72.4%下降到2005年的68.2%。①

　　最后，劳动力市场有别于其他市场，其制度来源于各自国家的政治和文化背景。试图在不同国家实行统一的规范框架将是徒劳的。但是，有效区分劳动力市场的四个层次对于我们判断未来拉美劳动关系的走向是大有益处的。一是，贸易一体化将形成超国家的劳动制度。人们不情愿将劳动力市场的制度安排与贸易联

---

　　①　ECLAC, Labour Markets, Worker Protection, and Lifelong Learning in a Global E-conomy: Experiences and Perspectives of Latin America and the Caribbean, April 2008, p. 16.

表7-2 1990~2004年拉丁美洲城市就业结构(%)

年份	非正规部门				正规部门		
	总计	自谋职业 a	家庭服务	微型企业 b	总计	公共部门	小型、中型和大型私人企业 c
拉美							
1990 总计	42.7	22.2	5.8	14.7	57.3	14.4	42.9
男性	39.4	21.6	0.5	17.3	60.6		
女性	47.4	23.2	13.8	10.4	52.6		
1995 总计	46.1	24.0	7.4	14.8	53.9	15.3	38.6
男性	42.7	23.9	0.8	18.0	57.3		
女性	51.0	24.1	17.0	9.9	49.0		
2000 总计	46.9	24.6	6.7	15.6	53.1	13.3	39.8
男性	44.5	25.3	0.6	18.6	55.5		
女性	50.3	23.7	15.4	11.2	49.7		
2002 总计	46.5	23.9	6.8	15.8	53.5	13.9	39.7
男性	44.3	24.7	0.7	18.9	55.7		
女性	49.4	22.8	15.2	11.3	50.6		
2003 总计	47.4	24.4	7.0	16.0	52.6	13.7	38.9
男性	44.5	24.5	0.7	19.3	55.5		
女性	51.0	24.1	15.4	11.5	49.0		

a 包括自谋生计工人(行政性、专业和技术工人除外)和家庭工人;b 指员工在5人以下的企业;c 指员工超过6人(含6人)的企业。

资料来源:2005 Labour Overview:Latin America and the Caribbean, ILO, Lima, 2005, p. 91.

系起来，因为这种联动将阻碍比较优势的发挥。但是，随着一体化趋势的加强，这种超国家水平的规范将在国家层面的劳工制度形成上发挥重要的作用。二是，国家将在劳动力市场制度上继续发挥主导作用，例如，在相关立法、劳工管理、司法行为以及决定最低工资水平上。而且，在讨论劳工规范的制定是否应从国家和公共部门下放到企业主和工会之间谈判的较低层次的问题时，还应充分考虑到大部分劳工没有工会代表这一因素，尤其是在目前逐年增加的小企业和非正规部门中。三是，部门层次的谈判有利于各方在共同利益问题上达成协议，节约交易成本。四是，鉴于专业化和差异化程度加深以及企业规模千差万别，企业层次上的谈判也非常重要。因此，在这个层次上劳工关系也更加多样化。简言之，未来的劳动力市场框架是建立在集体谈判工具和公共规范两者有效结合的基础之上。

第三节 应对 2009 年国际金融危机的就业政策

劳动力市场状况可以直接反映经济危机影响的范围和程度。发端于 2007 年夏季美国次贷危机的全球金融危机在造成发达国家集体陷入衰退之后，通过贸易和金融渠道又传递至新兴市场国家。自 2008 年第四季度开始，金融危机对拉美和加勒比地区的冲击逐渐加深，尤其体现在实体经济和贸易领域。根据拉美经委会的预测，2009 年该地区经济下滑 1.9%，贸易量下降 13%，外国直接投资下降 40%，贸易条件下降 10.8%，经常账户赤字占 GDP 的比重为 2.3%。所有这些都对劳动力市场产生负面影响。根据拉美经委会和国际劳工组织 2009 年 10 月份发布的数据，2009 年该地区城市失业率将达到 8.5%，比 2008 年（7.5%）提升一个百分点，这意味着又将有 250 万人加入失业大军，使失业总人口达到 1840 万。尽管从 2009 年第二季度开始全球经济呈现触底反弹迹象，但是拉美劳动力市场各项指标改善的程度滞后于经济复苏。以往经济衰退的经历表明，就业恢复一般滞后于生产恢复 4~5 年。

一、国际金融危机对劳动力市场的冲击

劳动力市场通常是联系经济产出与家庭收入的纽带。最近二十年，拉美地区人均 GDP 曾经历过三次大范围的下降。第一次是在 1995 年，墨西哥比索危机导致整个地区人均 GDP 下降 1.2%，阿根廷、墨西哥和乌拉圭降幅至少在 2%。第二次是在 1999 年，受亚洲金融危机影响人均 GDP 下降 1.2%，南美洲国家在 1998~2000 年感受到冲击，而危机对中美洲国家和墨西哥没有造成影响。第三次是在 2001 年和 2002 年，受网络泡沫破灭和阿根廷经济危机共同作用，人均 GDP 分别下降 1.1% 和 1.8%。[①] 这三次衰退通过就业渠道对家庭收入（尤其是中低收入家庭）产生最严重的冲击，因为就业收入通常在家庭收入中所占的比重较高。而根据拉美经委会 2009 年 7 月份的经济调查报告，2009 年人均 GDP 预计下降 3.1%，这无疑将恶化已经连续 5 年（2004~2008 年）改善的劳动力市场状况，进而对拉美完成千年目标的减贫任务形成挑战。

2009 年上半年外部需求萎缩继续影响到国内市场的投资和私人消费，从而给资本市场和家庭预期带来负面作用。工业产量下降，特别是，近些年增长最快的部门之一建筑业大幅缩减。此外，国际需求的萎缩和甲型流感的暴发严重影响到墨西哥、中美洲和加勒比等国家的旅游业。这些因素使大部分拉美国家第二季度 GDP 同比继续下滑：阿根廷下降 0.8%；委内瑞拉 2.4%；巴

---

① CEPAL, 2009 Social panorama of Latin America (briefing paper), p. 15.

西 1.2%；智利 4.5%；哥伦比亚 0.5%；墨西哥 10.3%；秘鲁 1.1%。仅有乌拉圭经济同比增长 0.2%。值得说明的是，作为地区大国巴西经济在经历了连续两个季度的大幅下滑之后，第二季度环比出现积极的复苏迹象。在这种宏观经济背景下，虽然拉美地区失业率前两个季度都维持在 8.5% 的水平，但是，第二季度同比上涨程度（1 个百分点）大于第一季度（0.6 个百分点）。而就业率第二季度仅比第一季度增加 0.1 个百分点（图 7-1）。这些都说明危机对劳动力市场的冲击日益加深。

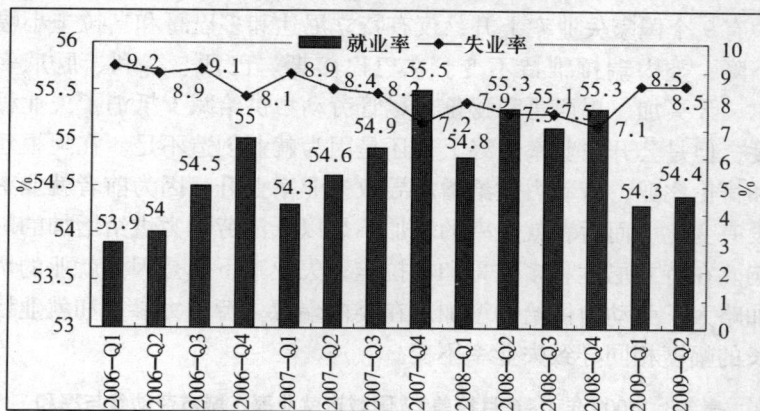

图 7-1　拉美九国就业率和失业率变化情况
（2006 年第 1 季度到 2009 年第 2 季度）

资料来源：ECLAC/ILO, The employment situation in Latin America and the Caribbean：Crisis in the labour markets and countercyclical responses, September 2009, p. 5.

具体而言，第一，就业率急剧下降，失业率上升，劳动参与率差异性变化。

整体而言，上半年该地区就业率为 54.4%，同比下降 0.7 个百分点。如表 7-3 所示，就业率下降最大的是巴巴多斯、智

利、厄瓜多尔、牙买加和墨西哥，而巴西和秘鲁下降程度较小，
阿根廷基本保持不变。委内瑞拉、哥伦比亚、特立尼达和多巴哥
以及乌拉圭同比上涨。而劳动参与率变化呈现差异性：阿根廷、
委内瑞拉、哥伦比亚、特立尼达和多巴哥以及乌拉圭参与率上
升；巴巴多斯、厄瓜多尔、牙买加、墨西哥、秘鲁、巴西和智利
下降，后两者程度稍小。整个地区参与率的小幅下降抑制了失业
率的飚升。在这种就业趋势和劳动力供给模式下，上半年整体失
业率为 8.5%，同比增加 0.8 个百分点。在所考察的 12 个国家
中有 9 个国家失业率上升，仅有特立尼达和多巴哥和乌拉圭小幅
下降，委内瑞拉维持不变。在巴巴多斯、巴西、智利、厄瓜多
尔、牙买加、墨西哥和秘鲁，尽管劳动力供给减少抵消了失业程
度，但是公开失业率最终上升还是因为就业创造不足。在阿根廷
和哥伦比亚，劳动力供给增加导致失业率上升，因为前者就业率
没有变化，而后者就业率的增加不足以抵消劳动力供给增加的影
响。在特立尼达和多巴哥和乌拉圭，失业率下降是因为就业的增
加略大于劳动力供给的增加。在委内瑞拉，劳动力参与和就业增
长的幅度相同导致失业率不变。

表 7-3　2009 年 1~6 月拉美 12 国城市就业率、城市劳动参与率和
失业率同比情况（%）

	城市就业率		城市劳动参与率		城市失业率	
	2008 年 1~6 月	2009 年 1~6 月	2008 年 1~6 月	2009 年 1~6 月	2008 年 1~6 月	2009 年 1~6 月
阿根廷	54	54	58.8	59.1	8.2	8.6
巴巴多斯	62.3	60.2	67.7	67	7.9	10.1
巴西	52	51.7	56.7	56.5	8.3	8.6
智利	51.6	50.4	56.1	56	8	10
哥伦比亚	55	55.5	62.5	64	11.9	13.4
厄瓜多尔	56.7	55.1	60.8	60.2	6.6	8.5

续表

	城市就业率		城市劳动参与率		城市失业率	
	2008 年 1~6 月	2009 年 1~6 月	2008 年 1~6 月	2009 年 1~6 月	2008 年 1~6 月	2009 年 1~6 月
牙买加	58.2	56.6	65.3	63.8	10.9	11.3
墨西哥	58	56	60.8	59.8	4.6	6.3
秘鲁	63.1	62.2	69	68.3	8.6	8.9
特立尼达和多巴哥	59.8	60.4	63.1	63.6	5.3	5
乌拉圭	57.1	58.1	62.3	63.2	8.3	8.1
委内瑞拉	59.7	59.9	64.8	65	7.9	7.9

资料来源：ECLAC/ILO，The employment situation in Latin America and the Caribbean：Crisis in the labour markets and countercyclical responses，September 2009，pp. 17 - 19.

第二，女性和青年劳动力在劳动力市场中受冲击严重。

就劳动力供给而言，大部分国家整体参与率水平下降与男性参与率大幅下降有关，而女性参与率下降很少或者甚至上升。2009 年上半年按加权平均计算，男性参与率下降 0.5 个百分点，而女性参与率上升 0.1 个百分点，这表明在长期内男女性参与率的差距在持续缩小。然而，从行业分布看，尽管女性参与率有上升趋势，但是她们中大多数流向非正规程度较高的服务业。以墨西哥为例，男性在农业和建筑业中的就业率大大高于女性，而女性在服务业中所占的比重相当高，超过 50%。在墨西哥遭受国际金融危机冲击最严重的时期（2008 年第四季度和 2009 年上半年），女性在服务业中就业的比重从 2008 年 10 月的 50.5% 上升到 2009 年 2 月的 53.5%，此后至 9 月份一直维持在 52% 的水平[1]（图 7-2）。

———————————

[1]　数据来源于 CEIC 数据库。

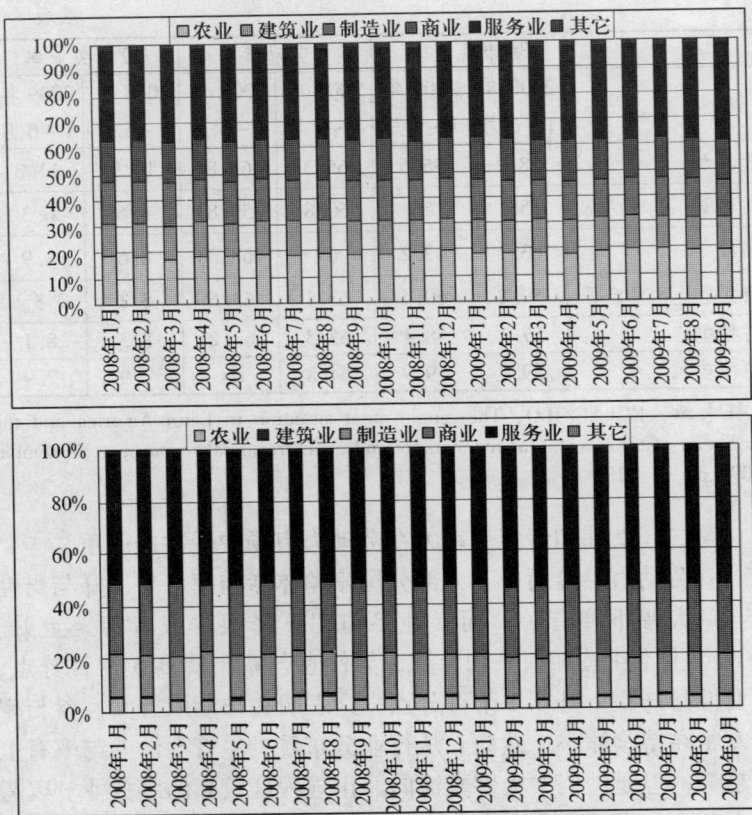

图 7-2　2008 年 1 月至 2009 年 9 月墨西哥男女性就业分布

（上图为男性就业分布，下图为女性就业分布）

资料来源：作者根据 CEIC 数据库中有关墨西哥劳动力市场的数据绘制。

　　而按年龄分组，青年劳动力（14～24 岁）的参与率出现下降趋势，这表明危机期间就业机会锐减导致青年人因找工作受挫而退出劳动力市场。就失业状况而言，在 8 个提供按性别分类失业信息的拉美国家中，2009 年上半年女性失业率是男性失业率的 1.4

倍（存在最大差距的是乌拉圭，达到 1.8 倍，墨西哥最小，只有 0.9 倍）。[①] 2009 年上半年青年劳动力失业率上升较快，同比增加 2 个百分点以上的国家有智利、哥伦比亚、墨西哥和秘鲁，仅有乌拉圭没有变化。其中，智利上升最快，从 19.8% 上升到 22.9%（图 7-3）。

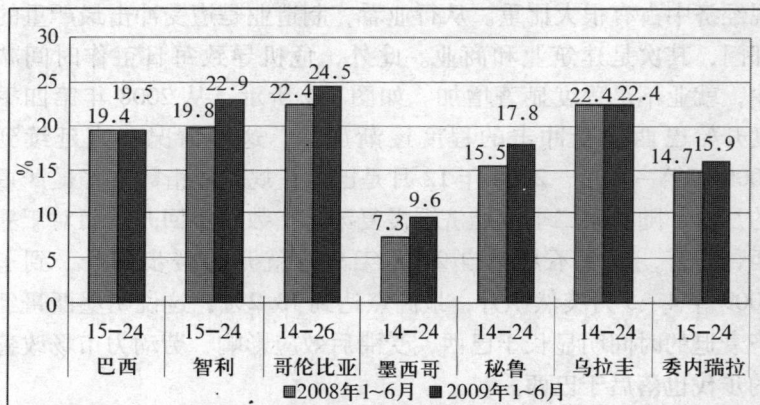

图 7-3　2009 年 1～6 月拉美 7 国城市青年失业率同比情况

注：委内瑞拉、智利和墨西哥的数据是全国数据。

资料来源：ECLAC/ILO，The employment situation in Latin America and the Caribbean：Crisis in the labour markets and countercyclical responses，September 2009，p. 8.

第三，就业质量明显下降，非正规就业增加。

按职业类型划分，经济活动减少直接导致工资型就业（Waged work）增长放缓，特别是在私人部门。2009 年上半年在智利、哥伦比亚和秘鲁，工资型就业分别下降 1.2%、0.1% 和 0.1%，其中在哥伦比亚，公共部门的工资型就业比私人部门减

---

① ECLAC/ILO，The employment situation in Latin America and the Caribbean：Crisis in the labour markets and countercyclical responses，September 2009，p. 7.

少得多。与此同时，"独立的个体劳动者"（Own – account work-ing）就业保持较快增长，在一定程度上填补了工资型就业下滑留下的空缺。在委内瑞拉、智利、哥伦比亚和秘鲁，这种类型的就业分别增长 3.8%、2.4%、5.9% 和 2%。[①] 上述两方面表明，劳动力市场正逐渐趋于非正规化，因为独立的个体劳动者在非正规经济中占有很大比重。从行业看，制造业是遭受冲击最严重的部门，其次是建筑业和商业。此外，危机导致每日工作时间减少，就业不足程度显著增加。如图 7-4 所示，从 2008 年第四季度开始巴西遭受冲击的程度逐渐加深，这种情况一直延续到2009 年第一季度。2008 年 12 月是巴西正规就业指数下降最严重的月份，随着第二季度经济缓慢复苏，指数稳步回升。而对于墨西哥而言，就业不足率自 2008 年 9 月就开始缓步攀升，到了2009 年 4 ~ 5 月突然飙升，最高点达到 13.2%，这说明墨西哥经济衰退的时间明显长于巴西，受滞后效应影响，劳动力市场改善的步伐也落后于巴西。

二、拉美国家应对危机的就业政策

与劳工政策和劳动力市场政策相比，就业政策的范围比较广泛[②]，它与社会和经济形势密切相关，包括影响就业程度和质量的各种经济和社会领域的措施手段，如扩大贸易、产业结构调整、教育、医疗和社会保护等。从这个角度讲，拉美国家为了缓解国际金融危机对劳动力市场的冲击，推出了各种公共政策（表7-4），其中一些是新措施，另一些则是强化原有政策。综合

---

① ECLAC/ILO, The employment situation in Latin America and the Caribbean: Crisis in the labour markets and countercyclical responses, September 2009, p. 9.

② 劳动力市场政策的含义相对狭隘，主要指公共部门对劳动力市场的干预。劳工政策则更多地与劳资关系和劳动条件相联系。本节关注的是更广泛意义的就业政策。

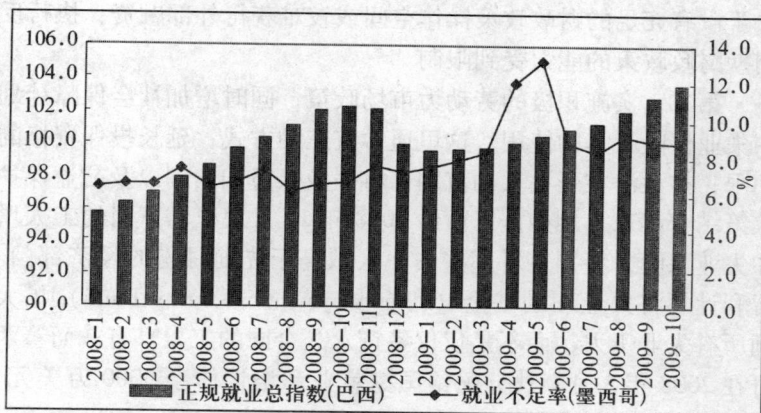

图7-4 巴西正规就业指数（2008年12月＝100）
和墨西哥就业不足率变化情况
（2008年1月至2009年10月）

资料来源：作者根据CEIC数据库中有关巴西和墨西哥劳动力市场数
据绘制。

起来，主要有五个方面。

第一，实施反周期的财政和货币政策，使经济调整对就业和
工资水平的影响最小化。特别是，通过实施准备就绪的、劳动力
密集型项目增加公共支出，弥补私人投资的减少。据估计，为应
对危机该地区公共投资平均增加20%。巴西自2007年就开始实
施含有较大比例公共投资的"增长加速计划"（PAC），针对本
次危机它将某些预定在2010～2011年执行的项目提前至2009
年。阿根廷也增加了基础设施投资。该国将2009年预算支出从
85亿美元扩大到147亿美元。相关文献表明，增加公共支出对
创造就业和恢复经济的作用大于减税，而且，在许多情况下增加
支出有利于社会公正的实现。但是，在项目执行速度上，增加公
共支出比减税面临更大的挑战。而且，许多中美洲和加勒比国家

由于没有充足的财政政策操作空间或较难获得外部融资，执行反周期财政政策的能力受到限制。

第二，实施积极的劳动力市场政策，同时增加社会保障计划中失业保险工具的使用。这里通常有三种方式：延长投保资格的期限；扩大潜在受益人的范围；将失业保险和培训以及就业保护政策结合起来。例如，巴西给 2008 年 12 月底以前下岗的工人增加失业保险，特别是对那些失业人数高于先前月份的经济部门。智利计划将失业互助基金（Unemployment Solidarity Fund）扩大到所有失业工人，而不是仅仅签订永久合同的工人享有。而墨西哥在 2008 年 3 月额外分配给国家就业和培训体系 5000 万美元，用于扩大国家就业服务的覆盖面和质量（表 7-4）。这里的关键是，如何协调劳动力市场政策和社会保护政策有效地为失业者服务。在制度设计上两者具有很强的互补性，两者联合既能保护劳动者又能增加他们的人力资本、提高未来的就业能力。

第三，继续广泛实施早已存在的积极的劳动力市场政策，主要是发挥劳动中介机构的作用，同时做好工人培训。对于前者，洪都拉斯正在为到美国的移民工人提供服务，而墨西哥则通过"加墨劳动力流动试验项目"支持想到加拿大旅游部门工作的公民。对于后者，职业教育和专业训练越来越受到重视，它们能够提高劳动者就业能力并鼓励人力资本投资。秘鲁还为因危机丢掉工作的工人设立岗位再培训项目。哥斯达黎加等国家还通过向家庭提供金融援助的方式要求学生延长求学时间，目的是避免这些潜在的劳动力提前进入需求已陷入疲弱的市场进而推高失业率。

第四，继续实施政府的直接和间接就业创造政策，发挥它们的反周期作用。作为结构调整和稳定化政策的一部分，20 世纪 60 年代和 80 年代的紧急就业计划提供了成功的经验。"直接就业创造"旨在向最脆弱的家庭提供收入而非就业本身以应对不利的经济环境。而在私人部门的"间接就业创造"是在公共部

表 7-4 拉美主要国家推出的应对危机的就业和社会政策

（截止到 2009 年 7 月 31 日）

拉美国家	就业政策	社会政策
阿根廷	1. 通过取消雇主缴费给予劳工成本期限为一年的 10% 的补贴, 然后以 5% 的补贴再延长一年。 2. 通过激励措施改进就业正规化。 3. 免除 10 人（含）以下企业纳入正规监管所欠下的所有资本和利息。 4. 雇员超过 10 人的企业, 所欠债务可以分期付款。纳入正规管理的雇员在 5 年内的养老金缴费将得到承认。 5. 政府宣布给公务员工资增加 15.5%。分两步进行：2009 年 6 月增加 8%（在 7 月份工资中支付）；8 月份增加 7%（在 9 月份工资中支付）。	
巴西	1. 给 2008 年 12 月底以前下岗的工人增加失业保险, 特别是对那些失业人数高于先前月份的经济部门。 2. 继续执行最低工资调整政策（2009 年预计调高 12%）。	维持 Bolsa Familia 项目和纳入《增长加速计划》（Growth Acceleration Programme）的工程项目的支出水平不变。

续表

拉美国家	就业政策	社会政策
智利	1、拨出额外预算给劳动力密集型就业或投资计划；如果失业率增加或者经济增长减速超过预期水平，政府就开始使用这部分资金。 2、（额外的）雇工补贴提上议程。 3、向年龄介于18岁和24岁之间的低工资劳动者提供补贴。 4、计划将失业互助基金（Unemployment Solidarity Fund）扩大到所有失业工人，而不是仅仅订永久合同的工人享有。 5、政府建议通过税收激励的方式鼓励企业保留和培训员工。如果雇员工培训发生支出而增加投入的员工基金的水平，那么该项措施将会因企业为劳工培训商职方面（最长期限为5个月）还成共识，在此期间，工人不必工作，但是需要接受培训，而且只得到相当于他或她最近6个月的平均收入一半的收益，最高不超过320美元。这部分收入由企业支付，同时失业保险提供补贴。	从3月起，全国170万个低收入家庭中的非劳动者将得到直接补贴，每个非劳动者可一次性得到70美元补助。全国因此受益的人口将超过350万。

续表

拉美国家	就业政策	社会政策
哥伦比亚	1、第4868号法令规定最低工资为207美元，增长7.67%。 2、"国家学徒服务"（National Apprenticeship Service）计划将资源投资于青年"公共安全"培训课程。该计划将使技术和技艺培训岗位翻一倍，在城市地区为那些生活在贫线以下的16－26岁失业者提供25万个新增岗位，预算资金为1.3亿美元。	1、尽管公共支出在削减，但是通过一般参与体系（General System of Participation）保护社会投资。在不考虑经济增长率的情况下计划增加投资水平。 2、家庭行动计划（Families in Action Programme）覆盖的家庭增加150万户。 3、交通补助提高到25美元。 4、2009年政府在社会支持项目上的支出预计为12.9亿美元，分配如下：7.1亿美元用于家庭行动项目；2.3亿美元用于高龄者项目；3.2亿美元用于援助残疾人、穷人和弱势人口。社会项目预计比2008年（9.1亿美元）增长42%。

续表

拉美国家	就业政策	社会政策
哥斯达黎加	1、针对失业工人及其家庭非劳动者的社会保障覆盖期限从 3 个月增至 6 个月。 2、草拟法律使雇主和雇员之间达成协定，据此，企业可以减少工作时间，但是不能减少雇工人。 3、做出规划使劳工立法现代化，并引入更加灵活的机制，例如每周 4 天工作日和工作时间按年计算。 4、危机影响到企业的雇员培训。给接受培训的雇员发放补助的条件是，企业保证工作岗位稳定而且支付社会缴费。	1、政府增加在社会事务上的支出。部分支出用于粮食、交通和汽油的补贴。在教育和住房上的社会支出同时增加。 2、哥斯达黎加社会保障基金中非缴费型养老金增加 15%。 3、在全国最穷的 37 个区，计划在周末给托儿中心提供儿童餐。 4、扩大 Avancemos 项目受益人的数量，给年轻人提供更多的补助。 5、修改定价程序，以使下跌的石油价格能够更加迅速地传递至公共交通费用。

续表

拉美国家	就业政策	社会政策
墨西哥	1. 2008年3月额外分配给国家就业和培训体系5000万美元，用于扩大国家就业服务的覆盖面和质量。 2. 2008年12月将2009年的最低工资提升4.6%。 3. 在全国家庭经济和就业项目（ANFEFE）的框架下，采取如下措施：①联邦一级的临时就业项目比原计划增加40%，在2009年达到1.6亿美元②1.4亿美元用于"就业储备计划"，以此保护那些最易受危机冲击并宣布裁员的企业的劳动力来源③在失业情况下扩大储蓄能力提取对失业工人的覆盖面④扩高国家就业服务。 4. "就业储备计划"将支持制造、非电子、电子机械及设备装配和维修、运输和汽车部件这些中国技术中止的受影响的工人。1.4亿美元将用于支持50万个工作岗位。2009年2月11日该计划开始实施，与ANFEFE形成互补。 5. 2009年2月9日做出两项修订以加强ANFEFE的职责。一是改革国家社会保障法律条款以提高失业情况下享受退休基金工作职工住房基金（INFONAVIT）人可支配的退休条款，更加灵活地利用住房条款。二是改革国家基金会能划入退休储蓄中一些条款。 6. 如果城市失业者参加社会项目，政府将给他们提供每月最高110美元的补助（期限为4-6个月），这项工作将通过城市临时就业计划实施。预计将有6万名城市工人受惠于此。	1. 2008年4月30日在此先地区执行一项粮食支持计划，旨在改善其他的政府粮食计划覆盖未被覆盖到的偏远地区家庭的食物和营养状况。

续表

拉美国家	就业政策	社会政策
墨西哥	7、2009 年 3 月 25 日就业储备计划宣布新更加灵活的规定,旨在使受危机冲击最严重的企业更易获得支持。改变的规定主要国扩展至支持期限追溯至 2008 年 11 月和 12 月②计划的覆盖范围扩展至建筑业、电子产品、汽车部件这些遭受危机冲击特别严重的部门③企业申请技术上中止工作情况不再需要登记或者获得调解和仲裁委员会的首肯④该计划不再局限于工资收入是最低工资 1 到 10 倍的工人。现在不考虑工资水平,企业至多可以选择将工资册上 75% 的工人⑤包含进去。 8、2009 年 5 月上述计划的准入规则变得更加灵活。主要变化有:降低条件,减少企业所需信息;只要危机继续存在,每个工人就可得到 4 美元的额外补贴;以下降的日销售额而不是减少的工资支出额为标准计算给企业的补贴;工人的滞留期以 2009 年 1—2 月为参考计算。 9、启动"生产率支持计划",通过短期的职业培训和向中小企业提供专家技术咨询,使 10.5 万名工人受益。 10、一项总计为 1400 万美元的紧急项目已经通过"国家就业服务"安排就业,它计划向 5 万多名在全国主要旅游地从事旅游业的工人提供就业岗位。这个支持项目将惠及低收入工人群体,由长达 2 个月月工资为最低工资 1—2 倍的工人组成。	2、世界银行批准一笔 15 亿美元的贷款,用于拓展政府一项名曰"机遇"的社会项目。

续表

拉美国家	就业政策	社会政策
秘鲁	1、促进工人正规化就业。 2、设立特殊项目帮助因这次危机失业的工人寻找其他就业机会。 3、直接执行"建造秘鲁"（Building Peru）项目（即紧急创造就业）的工程，加快工程启动进度。 4、为了增强工人的购买力，政府批准一项计划，据此，2009年工人可以100%取回在职期间的两项支出。允许工人取回的比例将随时间的推移而减少。2009年从工资划入社会保障和养老金体系的两项支出将由公共基金提供，这也会增强工人购买力。	1、筹集额外资源投资于维护和装备教育和医疗机构，正在扩大社会项目（平等基金和粮食补充计划）预算。
乌拉圭	1、通过国家就业委员会劳动力复原基金（JUNAE）提供培训补贴（500万美元），包括对培训本身接受培训的部门工人的部门工资进行补贴。	
委内瑞拉	1、宣布最低工资增加20%。	

资料来源:ECLAC, The reactions of the Governments of the Americas to the international crisis: an overview of policy measures up to 31 July 2009, July 2009.

门和私人部门达成共识的前提下把补贴作为宏观经济政策的组成部分，例如智利的"ProEmpleo"项目。2009 年 8 月 14 日，阿根廷总统克里斯蒂娜·费尔南德斯宣布，阿根廷政府将投入 15 亿比索（约合 3.9 亿美元）资金，通过社区互助社等形式创造 10 万个新的就业岗位。根据这项促进就业计划，阿根廷政府将在人口集中的布宜诺斯艾利斯省等地区推广社区互助社这一临时就业形式。每个社区互助社有 50 至 70 名失业者，他们将被组织起来从事挖掘下水道，铺设自来水管道，修缮学校、居民住宅和社区中心等社区公共建设项目。政府将为他们提供固定工资和税收优惠，帮助他们通过临时就业渡过金融危机的难关。①

　　第五，按年龄和性别特征推出目的性很强的就业计划。针对青年人失业率较高这一事实，阿根廷、洪都拉斯和墨西哥实施了"Mi Primer Empleo"计划，巴西、智利、哥伦比亚、秘鲁、乌拉圭和委内瑞拉实施了"ProJoven"计划。以智利为例，为促进年轻人就业，智利政府 2008 年出台了"就业补贴计划"，由国家财政出资 1.02 亿美元，采取承担年轻人部分工资和向用人单位提供补贴的方式，鼓励企业聘用 18 岁至 24 岁的年轻人。面临越来越严峻的就业形势，智利国家培训与就业委员会 2009 年还推出了"2009 学徒计划"，向雇用 25 岁以下年轻人的企业提供工资补贴。企业每雇用一名没有工作经验的年轻人，政府将为企业提供资金，用于部分支付这名年轻人的工资。此外，政府还将向企业提供岗位培训资金。② 为满足低收入妇女作为家庭户主或工资收入者的特殊需求，阿根廷、智利和乌拉圭也推出相应计划。除了低收入妇女和青年人，其他处于高风险的重要人群是技能较

---

　　① 参见新华网，http：//news. xinhuanet. com/world/2009 – 08/15/content _ 11886675. htm

　　② 参见新华网，http：//news. xinhuanet. com/world/2009 – 02/24/content _ 10886747. htm

少、受教育水平低下的独立个体劳动者以及在中小型、微型企业就业的依附性强的工人。针对他们，政府增强了传统的微型企业支持计划的力度。

三、劳动力市场变化趋势及政策展望

在 2009 年 9 月 24~25 日召开的二十国集团匹兹堡全球峰会上，各国领导人承诺要把创造"有质量的就业"放在经济复苏的核心地位。可持续和平衡的增长框架要求结构改革完善更具包容性的劳动力市场、制定积极的劳动力市场政策和实施高质量的就业和培训项目。因此，拉美国家应该继续执行反周期的经济政策使经济复苏基础更加稳固，同时要将就业目标纳入长期的发展战略，实现增长的可持续性和公正性。

（一）趋势判断

在全面把握劳动力市场问题时，要同时观察就业率、失业率和劳动参与率的变化趋势。如果在失业率攀升的同时，劳动参与率上升，这也许并不表明失业问题有多么严重，因为失业率的上升在很大程度上可能是由于过去退出劳动力市场的人又重新回到市场上寻找工作。如果失业率上升，劳动参与率保持不变，这意味着劳动力供给的总量并没有发生大的变化，只是在愿意供给劳动的总体中，失去工作的人增加了，这很可能是因暂时的经济波动或经济结构调整所引起的。最严峻的问题莫过于失业率上升的同时伴随着劳动参与率的下降。这意味着失去工作的人在不断增加，而且在失去工作的人中，由于长时间无法找到工作而沦为"遭受挫折的劳动者"的人数也可能在增加。拉美国家要重点监控和防止这种情况发生。

（二）就业政策展望

至于就业政策，就目前来看公共投资和紧急就业计划是应对本次危机的主要举措。但是，从长期看来拉美非正规就业将给宏

观经济政策带来更加严峻的挑战。

首先是公共投资面临的挑战。一是，投资所需的资源分配因前6年所积累起来的"财富"较为容易进行，但是，投资效率却面临着项目从立项、批准、招标再到实施这种周期性内生的时滞问题。这就是包括智利、巴拉圭和秘鲁在内的一些国家特别强调把简化公共招标程序作为应对危机措施一部分的原因。以巴拉圭为例，2008年及以前年份公共投资的平均有效执行率刚刚超过预算的50%，因此，从短期而言可支配资源的执行比额外资源的分配更为关键。有鉴于此，智利和巴西都积极推进预算的执行效果。2009年上半年智利的预算执行率达到55%，同比增长7.4%。而巴西在2009年第一季度的执行率较2008年同期增长20%。二是，短期内投资要避免流向对未来经济发展具有重要战略意义的部门（通常是资本密集型），而应多选择劳动密集型项目。例如，公路维修等活动会对就业创造产生重要效果，因为高达90%的资源会用于雇佣劳动力。实现劳动力密集型投资的一种可能方式就是中央政府将权力下放给部门、省级或者市级政府。公共投资的这种权力下放要比由中央政府各部委统一执行具有优势，尤其在危机时期有些优势更加明显。例如，权力下放后的决策过程会使当地居民更加致力于工程项目及其合理的使用和维护；所实施的项目规模化整为零，其结果是不需要昂贵的招标工作，这意味着同一笔投资会创造更多的就业岗位而减少对重型机械的需求；本地公司更有可能使用当地劳动力参与投标，这样有利于繁荣本地经济。但是，这种通过权力下放执行公共投资的方式也存在劣势，即地方政府或机构的管理能力有限。因此，中央政府要协助地方政府和机构提高项目管理能力。

其次是紧急就业计划面临的挑战。虽然在危机时期它能够纠正公共投资因缺乏就业优先评估机制而偏好资本的倾向，但是本身对资本品投入较低且缺乏对资本品使用的监督措施会导致紧急就业计划的适用性、质量和可持续性受到影响。

再次是就业政策"命中目标"面临的挑战。上述两种措施都面临锁定目标人群和目标地区的问题，换言之，在经济繁荣时期公共政策重点往往集中于那些找工作困难的群体，例如青年人和妇女，而在经济危机期间政策必须优先保证家庭中男女性户主的就业，而对于身处危机中的青年人来说，最佳策略也许是鼓励他们留在学校、延长求学时间，待危机结束后再进入劳动力市场。因而，政策虽说在危机期间很难发挥"锦上添花"的作用，但是应该力求达到"雪中送炭"的效果，把实惠真正落实到"需求迫切"的受益人和受益地区。同时，公共政策应该确保项目收益的性别平等。妇女通常在传统的公共投资项目招工中遭受"歧视"，因为建筑行业一般被认为是由男性主导的部门。但是，与公共投资有关的许多工作并没有给"偏好男性劳动力"提供充足且客观的理由。例如，在拉美一些国家，大量妇女从事道路维护的工作。对于紧急就业计划而言，锁定目标的挑战又有所不同，因为主管部门会有更多的机会去设定受益人资格标准，但是，项目执行能力严重依赖于主管部门的机制效率以及劳动力市场正规化的程度。

最后是非正规就业面临的挑战。从目前世界就业的变化趋势和拉美实际情况看，非正规就业在相当长时期内还将持续存在或有增长。拉美国家应该通过分析非正规就业的原因、区分不同类型以及测算对整个经济的影响，进而以制度创新来应对政策挑战。一是，鉴于在拉美地区大多数就业机会终究是在小型企业里，尤其是在微型企业里，所以，针对这类企业旨在降低交易成本（如信贷支持、放松管制、提供公共服务）的公共政策应该得到鼓励。若这些企业获得长足发展，其雇用的劳动力就可以获得更高的人力资本，他们向上流动到正规部门的可能性就会增加。二是，随着经济全球化和信息技术的发展，灵活的就业形式层出不穷。政府可以通过放松一些不必要的管制，降低经营活动的进入"门槛"，促进创业机制的形成，为经济发展增添新的活力和动力。三是，区分不同国家正规就业和非正规就业的联系。针对低收入国家，政策的重点在于推进由农业占主导的劳动生产率低下的经济向以劳动密集型制造业和服务业为主的经济的转型。针对中等收入国家，政府可以从改善商业环境、保障劳动者权益、发展社会保障和福利项目、促进社会融合等方面采取行动。

本章小结

针对新古典主义强调对扭曲的要素和商品市场进行改革而忽视劳动力市场改革的缺陷，20世纪90年代以来拉美国家开始实行劳工制度改革，这项改革也被视为拉美"第二代经济改革"的一部分。然而，劳动力市场有别于其他商品市场，它的制度规范要实现双重目标：第一，提高市场的效率；第二，保护处于结构性弱势的群体，使他们享有充足的工作条件。理论上而言，劳动力灵活性是达到这个双重目标的一种工具，但是它本身并不是目的。按照 Amadeo 和 Camargo 的分析，劳动力的灵活性包括劳动力市场和劳动力投入两个方面。然而，它们之间可能是互相冲突的，而且劳动力市场的最优灵活性并不是灵活性的最大化。

实践表明，截至90年代末旨在推进更大灵活性的劳动力市场改革并不令人满意。但对其解释原因却各有不同。一部分人认为，尽管有些变化，但是劳动力市场改革是不充分的，因为刺激经济增长和就业创造需要更广泛的放松管制。与其他任何一项改革一样，劳动力市场改革也应该遵循相同的逻辑。而另一部分人认为，劳动力市场改革应该对90年代拉美国家出现的工作条件恶化、生产性就业创造能力弱化负有责任。这里的关键问题是，改革的任务并不是放松管制，而是发展一种合适的制度安排。自2000 年以来，整体而言拉美国家没有再推进更广泛的旨在扩大灵活性的改革，一些国家关注的重点是在个人和集体劳动关系上向工人提供更大的保护。这足以说明，拉美国家在实现劳动力市场的双重目标（既要鼓励市场效率又要保护结构性弱势群体）上正在寻求一种务实的发展路径。

在处理劳动力市场灵活性和保障性的关系上，一个恰当的政策顺序也许会有助于提高劳动力市场的运行效果。特别是在一个宏观经济不稳定、信任度低的社会环境中，任何一项触及法律所赋予的工人权利的改革尝试都将对工人就业和收入形成冲击。因此，在改革劳动力市场中那些有可能阻碍适应性调整的"刚性"要素之前，或许首先引入保障性要素（例如与积极劳动力市场政策相协调的失业福利体系）是有利的。"灵活保障"并不存在唯一的模式，也不存在唯一的实现路径。拉美国家应该根据历史、文化特征，结合经济、社会和政治现实探索各自的劳动力市场模式以适应外部环境变化的需要。

2008～2009 年全球金融危机对拉美的劳动力市场产生显著冲击。尽管 5 年来（2004～2008 年）劳动力市场一直在改善的趋势被打断，但是，得益于前期的经济扩张和反周期的经济政策，形势并不如以往危机和预期得严重。通过研究发现，就业政策在应对危机中发挥了重要作用。因此，从这个角度讲，要把创造"有质量的就业"放在经济复苏的核心地位。可持续和平衡的增长框架要求结构改革应该完善更具包容性的劳动力市场、制定积极的劳动力市场政策和实施高质量的就业和培训项目。"后危机时代"拉美国家应该把就业目标真正纳入长期的发展战略，实现增长的可持续性和公正性。

第八章 总结与政策思考

　　劳动力流动不是一个简单的人口现象，它与社会、经济的发展互为因果。从宏观上来看，它能将劳动力从低生产率的部门转移到高生产率的部门，提高整个经济的效益；从微观上来看，它是个人对于更好的就业机会和更高收入的一种追求。一般来说，劳动力流动能提高个人和家庭乃至整个社会的经济福利，它在一定程度上反映了个人的主动性和创造性，从而反映了一个国家或地区的人口和经济的活力。

　　20世纪后半期拉美国家经历了进口替代工业化内向型发展时期，以及债务危机之后的经济结构改革的外向型发展时期。伴随着不同的发展模式，拉美国家的劳动力流动呈现出自己鲜明的特征，例如，进口替代工业化对农业剩余劳动力的吸收能力低于预期；大规模、无序流动的农村剩余劳动力造成拉美的"超前"城市化；具有反周期特征的非正规就业成为提供新增就业的主体，贸易自由化与就业之间的关系面临外向发展模式的考验，等等。这些特征既不同于发达国家的经验，又不同于其他发展中国家的现状，其中有很多现象是传统理论所不能解释的。因此，有必要深入研究这些现象背后的原因，以此完善相关论述。

　　本书所强调的劳动力流动主要有三层含义：其一，经济发展模式转换过程中产业结构变动引起的劳动力流动，即产业转移；其二，由城市化以及国际移民引起的劳动力流动，即地域转移；其三，在全球化背景下由职业阶层变动引起的劳动力流动，即社会流动。根据所建立的理论与分析框架（见导言），其逻辑起点是拉美国家普遍存在的双重二元经济，时间起点始于20世纪70

年代。对于前者而言，这种双重性不仅体现在分布于广大农村地区的农业与集中于城市地区的非农产业上面，而且体现在两者的内部，农业又包含农民农业与商品农业，而非农产业又划分为城市正规部门和非正规部门。换言之，拉美农村剩余劳动力的流动是在农民农业、商品农业、非正规部门和正规部门这个四元经济中进行的。对于后者而言，时间上的选取一是考虑自 20 世纪 60 年代中期至 70 年代初拉美大多数国家人均 GDP 达到 1000 美元，标志性特征明显；二是这个时期是拉美两种不同发展模式的交替期，可以进行比较。但是，针对具体情况，例如拉美人口爆炸、劳动力高速增长、城市化快速发展等，都不是发生在 70 年代，因此，为了保持历史的完整性，在涉及具体问题论述时，时间会追溯得更久远一些。

第一节 对拉美劳动力流动若干特征的总结

一、拉美人口变动影响到劳动力供给

人口变动对劳动力市场的影响主要体现在劳动力供给方面，它包括：一是劳动力供给的绝对数量，二是劳动力供给的年龄结构，三是劳动力供给的质量。

拉美（不含加勒比国家）的人口自然增长率在 1960～1965 年达到高峰值。从 1965～1970 年开始，出生率相对于死亡率迅速下降，加之自 1955 年之后拉美在整体上逆转为人口净迁出，最终导致人口增长率逐年降低。尽管 60 年代后期拉美已渡过人口出生的高峰期，但是由于新生人口逐步进入劳动年龄，劳动年龄人口（15～64 岁）的相对比重自 1970 年开始逐年增加，到 2005 年其占总人口的比重达到 64.5%，相对于 1970 年

（53.4%）增加 11 个百分点。从社会负担状况来看，自 1970 年至今，拉美处于低龄人口相对减少又尚未进入老龄化的阶段，劳动年龄人口比重大，负担轻，虽然相应地就业压力较大，但总体来说对经济发展是有利的。

　　劳动力参与率是影响劳动力供给的又一重要因素，它是由实际劳动力与潜在劳动力的比值决定的。从 1950 年到 2000 年，拉美国家总体参与率经历了先下降后上升的变化趋势。以 1970 年为分界点，之前，总体参与率的下降主要是由男性劳动力参与率下降所致，其中教育体制扩张是重要的因素，而城市化恰恰强化了这个过程。而在 1970 年以后一直到 90 年代，总体参与率迅速上升，这是由男性参与率近乎停滞而女性参与率逐步增长所致。这种劳动力的性别分工通过以下三种方式得到强化。首先，持续的城市化进程提高了妇女的劳动参与率，并促成妇女参与率在城市高于农村的趋势。其次，受教育程度较高的妇女劳动参与率较高，因此，教育水平的提高将促使妇女更多地参与劳动力市场。最后，"典型女性"从事的经济活动的扩张（贸易和服务业）、传统意义上某些"典型男性"活动中女性就业的增加以及新增的面向妇女的工作机会（客户加工业和出口型农业）都促使妇女融入劳动力市场。

　　作为体现人力资本投资的教育因素是影响劳动力供给质量的重要方面。提高劳动力的教育水平会产生两个结果。第一，它延缓了劳动参与率的增长趋势。第二，劳动力的组成结构发生变化。平均而言，劳动力市场的新进入者受教育程度高于以前年龄组水平。特别是，由于教育水平的"门槛"在提高，最年轻一组的劳动力的文盲率已降至很低水平。

二、拉美劳动力产业转移与产业结构调整缺乏协调

　　如果以 1982 年债务危机爆发为分界点，我们可以将劳动力

的产业转移划分为两个阶段：进口替代工业化阶段和出口导向发展模式下的结构调整阶段。

在进口替代工业化时期，产业转移表现为现代非农产业的"生产性吸纳"与"就业不足"并存。具体而言，从流动部门看，农村现代农业吸纳劳动力的能力相对下降，导致农村传统农业滞留一部分农村劳动力，而大量农村剩余劳动力出于生存的目的转移到城市中，增加了城市经济自立人口的供给压力。受益于进口替代工业化政策而保持着历史上最高增长纪录的城市工业部门，尽管表现出很强的就业创造能力，却不足以完全吸纳一直在增长中的城市劳动力，结果，非正规部门就业逐渐扩大。从产业结构看，1960～1980年拉美国家农业和服务业就业比重变化滞后于产值比重变化的程度随着经济发展水平的提高而逐渐下降，但是，随着工业产值在国民生产总值中的比重上升，其劳动力就业比重的滞后程度却几乎没有变化。这说明在进口替代工业化时期拉美现代工业的生产性吸纳能力相对不足。与此同时，1960～1980年拉美国家服务业就业的扩张速度领先于工业。造成上述现象的原因主要包括：第一，土地改革没有实质性改变农村生产关系，人地矛盾突出；第二，农业和现代非农产业中的技术进步与选择均不利于劳动力的吸纳；第三，进口替代工业化的高投资相对于转移劳动力所需的资源不足；第四，大规模的城乡移民带来城市劳动力供给压力。

债务危机之后，对应于出口导向的外向发展战略，拉美地区的产业结构调整也呈现出新的特点。首先，农业产值占GDP比重不再继续下降，在80年代中期略有上升，进入90年代，稳定在7%左右，这与工业增速下降、拉美国家经济再度回归资源密集型加工产业模式有关。其次，在第二产业中，矿业（个别年份除外）、能源（电力、气和水）和建筑业虽有波动但变化甚微，而制造业产值所占比重呈下降趋势，这说明拉美地区出现了

"去工业化"现象。最后，在第三产业中，运输和社会服务业产值比重继续上升，而商业和金融服务业则随经济状况的好坏而小幅波动。对应于上述"去工业化"和"第三产业化"趋势，拉美地区的就业结构也发生相应变化。总体趋势是第一产业就业下降，第三产业就业上升。而第二产业就业在进口替代工业化时期的相对扩张能力在整个90年代明显减弱。

　　未来拉美劳动力产业转移的趋势如下。在农业内部，驱使农业劳动力（特别是年轻劳动力）离开土地从事非农产业的"推力因素"依然存在，因此，劳动力的产业转移将持续下去。即使小农经济的缺陷被克服，农业生产本身及涉农领域中的劳动生产率和劳动收入也比该部门创造的直接就业增长得快。在制造业部门，随着重组过程的结束，建立在较高生产率和竞争力水平上的企业将能够面对国内外市场的竞争。倘若制约生产能力的宏观经济状况得到改善，那么，该部门对就业的积极作用将逐渐释放出来。至于第三产业，产出和就业的增长将是长期的趋势。因为传统的可贸易生产部门的竞争力逐渐依赖于一个具有服务多样化的有效运转的体系，例如，技术研发、高效的金融体系、营销和售后服务等。医疗和教育，作为提高竞争力的体制性因素也将发挥重要的作用。尽管两者不与生产过程直接相关，但是，它们能够创造出大量高质量的就业。

三、地域转移的社会经济影响远比迁移者个体行为重要

　　人口由农村向城市流动的直接后果就是城市化，而城市化的发展又增强了人口的集聚效应，形成迁移的引力源，进一步推动人口由乡村向城镇流动。根据托达罗模型，城乡收入差距（或者说预期收入的差距）构成了迁移动机的主要方面。在拉美，虽然最低工资政策和剩余劳动力的存在易于缩小组织程度不高的企业、甚至是现代部门的基础工资差距，但是，当生产性更强的

　　企业组织形式和更强的劳动力组织谈判能力结合在一起的时候，工资水平就会受到影响，结果造成不仅基本工资差异（农业和城市中通常接纳较多劳动力转移的行业，如建筑业之间的差距）依然存在，而且城市工业工资和最低工资的差距继续扩大。因此，拉美国家的城乡劳动力流动在1950～1980年从未停止过，且规模巨大。

　　拉美国家的城市化进程启动于20世纪20年代，之后步入快速发展时期，但是，该地区的城市化呈现出"超前"性。首先，人口城市化超前于工业产值的变化。其次，地区发展不平衡，人口向首位城市集中。再次，就业不足转变为城市公开失业，城市贫困逐渐凸现。最后，落后地区因具有较高人力资本的劳动力流出而陷入贫困陷阱。简言之，拉美国家城市中劳动力供给（包括流入城市的农村剩余劳动力）远远大于劳动力需求的总量矛盾，劳动力（包括流入城市的农村剩余劳动力）技能与素质不适应市场需求的结构性矛盾，造成城市经济中的"第三产业化"、城市格局中的"贫民窟包围城市"。

　　用于分析国内移民的托达罗模型同样可以扩展到国际移民。因此，在众多影响移民决策的因素中，国家之间的人均收入或者实际工资差别起到主要的决定作用。自20世纪70年代以来，拉美的国际移民呈现出如下特征：第一，拉美地区向海外移民呈多元化趋势，但美国仍然是主要的迁入国家；第二，拉美地区内部国家之间移民的比例逐渐上升；第三，地区内部女性移民的比例在增加。在劳动力流动过程中，有如下问题值得关注：第一，"人才流失"影响本国人力资源的储备，长期内不利于经济可持续发展；第二，低技术劳动力尽管获得较高工资却无法提高就业质量，同时滋生大量非法移民；第三，高技能劳动力在国际市场遭遇"教育贬值"型就业，"人才浪费"现象突出。此外，侨汇已经成为继外国直接投资之后拉美地区获得发展资金的第二大主要来源。但是，对侨汇的评价是一件复杂的事情。仅从现有的经验性研究来看，在宏观层面，侨汇对经济增长的作用具有两面性。在微观层面，移民和留守家庭之间通过侨汇这根纽带构建的社会保障网十分重要。虽然侨汇有助于减少贫困，但是对收入分配不平等的影响不太明朗。

四、阶层变化引起的社会流动反映出结构异质性在增加

社会分层是一个动态的过程，在拉美呈现出明显的阶段性和不平衡性。以1982年债务危机爆发为分界，对社会流动的研究由前期关注体力劳动者和农村地区，即1950～1980年的向上结构流动，转到关注80年代后非体力劳动者和城市职业阶层上面来，而后者的结构流动所带来的收入变化已经远不如前者那样显著。换言之，社会流动已由1950～1980年的向上结构流动转向90年代因异质性增加而产生的阶层分化。

整个80年代和90年代拉美的职业分层变化不利于向上的社会流动和收入分配的改善。同时，教育作为社会流动渠道的作用在弱化。而且，90年代的拉美家庭倾向于通过提高就业密度来抵消阶层分化所带来的收入分配上的负面效果。从代际社会流动看，来自家庭社会经济背景的先赋因素（如父母受教育水平）而不是自致因素在决定后一代教育成就上起到更大的作用，进而间接影响到子女的职业选择和收入水平。

上述局面无不与经济增长与社会发展失衡有关，主要体现在三个方面。第一，无论是进口替代时期还是结构改革时期经济增长都无法创造出充足、高质量的就业，这限制了职业结构升级的渠道。第二，经济增长对减贫的影响具有非对称性。经济衰退周期中社会贫困现象的增加往往并不能被经济扩张周期中的改善所抵消。尤其是20世纪八九十年代出现中产阶级贫困化，大大限制了"新贫困"家庭对后一代子女的教育投资，从而构成社会

向上流动的障碍。第三，收入分配不公一直很严重。尤其是财产所有权的高度集中成为不平等"再生产"以及人们享有福利机会不平等的重要因素。这一方面固化了代际流动的继承性，另一方面削弱了代内个体凭借自致因素向上流动的动力。在中长期内，拉美国家应该降低先赋因素在社会流动机制中所占的比重，同时提升自致因素的地位，使其逐渐成为社会流动机制中的主导规则，从而促进社会流动变得更加公正、合理和开放，并在此基础上加快形成一个与经济发展和经济结构变化相适应的现代社会阶层结构。

第二节　关于拉美劳动力流动和就业的政策思考

劳动力流动之形式显然是动态的、表面的，它的归宿点依然是就业，因此，在研究劳动力的产业转移、地域转移和社会流动时始终绕不开对就业问题的分析。也正因为如此，本书尝试做出一种努力，立足新视角，将流动研究与就业联系起来，在总结拉美经验教训的基础上争取能为发展中国家解决相关问题提供一些重要的启示。

第一，保持经济高速增长只是改善就业状况的必要非充分条件。

1950～1980年，拉美国家基本上是在进口替代工业化模式下推动其经济发展，并取得了长达30年的持续、稳定的经济增长。该时期国内生产总值与人均国内生产总值年均增长率分别为5.6%和2.8%。然而，这种高增长却掩盖了就业不足（城市非正规部门和传统农业就业）状况，例如，从1950年到1980年就业不足所占比重仅下降了4个百分点。因此，当拉美地区遭遇80年代的经济衰退（年均增长率仅为1.2%），失业与非正规就业问题就立刻暴露出来。而受墨西哥、巴西和阿根廷金融危机的影响，1991 年至 2002 年拉美宏观经济的大幅波动不利于降低失业率，2009 年国际金融危机又打断了劳动力市场在 2003～2008 年经济扩张期中持续改善的趋势（见图 8-1）。拉美的历史经验表明，经济增长不能自动地解决就业问题，它只是改善就业状况的必要非充分条件。

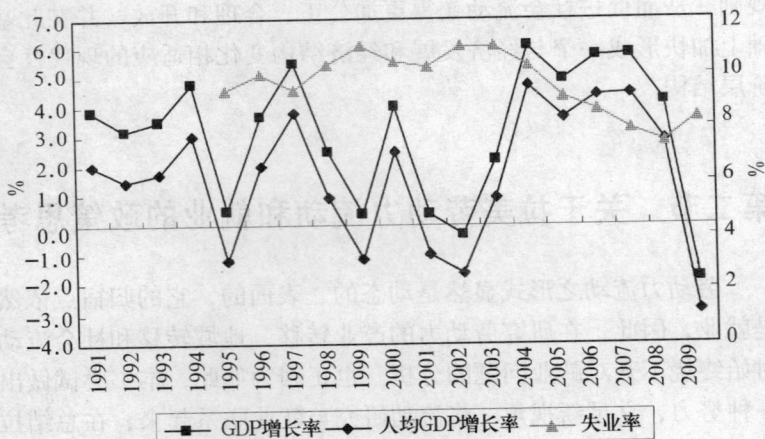

图 8-1　1991～2009 年拉美地区经济增长率、人均 GDP 增长率和失业率关系

注：经济增长率和人均 GDP 增长率均以 2000 年美元不变价格为基础核算。从 1991 年开始，失业率的统计根据阿根廷、巴西、智利和墨西哥的统计方法改变，做了相应调整。

资料来源：2005 年和 2009 年拉美经委会统计年鉴；América Latina y el Caribe：Series históricas de estadísticas económicas，1950－2008，CEPAL，2009.

　　换言之，就业创造不是由经济增长速度唯一决定。从图 8-2 的分解因素可以看出，就业创造能力低可能源于经济增长低迷、经济增长对劳动力市场作用不足或者宏观因素影响就业弹性。如果经济增长低迷是就业创造能力低下的主要原因，那么就要继续区分与劳动力市场有关和无关的因素，前者包括人力资本和参与率等。而正规部门是联系经济增长和劳动力市场之间的重要渠道，它在经济结构中的比重直接影响就业创造能力。对于宏观因素而言，汇率有可能有利于投资而排挤劳动力。如果经济增长主要由资本和技术密集型部门驱动，那么这些部门对劳动力的吸纳自然较低，而僵化的制度因素也有损于正规就业的创造能力。有鉴于此，发展中国家一方面要防止经济的大起大落，为解决就业问题创造良好的宏观环境和留出更大的政策空间；另一方面，在制定国家发展战略时有必要把就业目标纳入整体或部门的政策体系，尽可能满足发展目标的多样性。

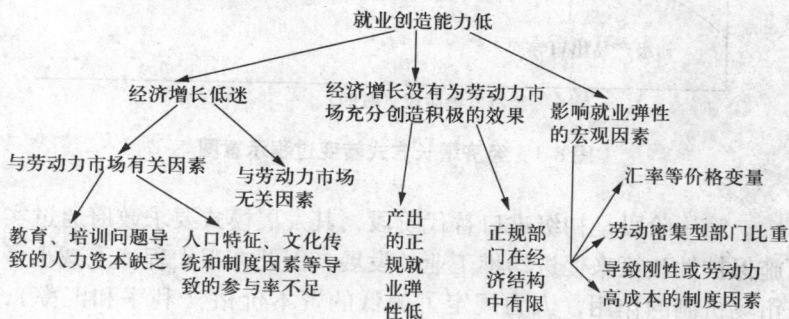

图 8-2　就业创造能力影响因素分解
作者根据拉美经委会相关文献资料归纳整理。

第二，适时调整经济发展模式，使其与人口（劳动力）变动相适应。

就动力而言，经济发展阶段一般沿着资源驱动型、资本驱动型、劳动力驱动型和生产率驱动型经济增长方式转变的路径逐渐达到更高的水平。在这一过程中拉美国家恰恰错失了利用劳动力资源丰富这个比较优势的时间窗口（图 8-3）。具体而言，对应于增长方式转变Ⅱ，在一个存在着国际贸易、要素国际流动以及技术

转移的开放的二元经济中，经济发展对就业的影响通常经历三个
阶段。

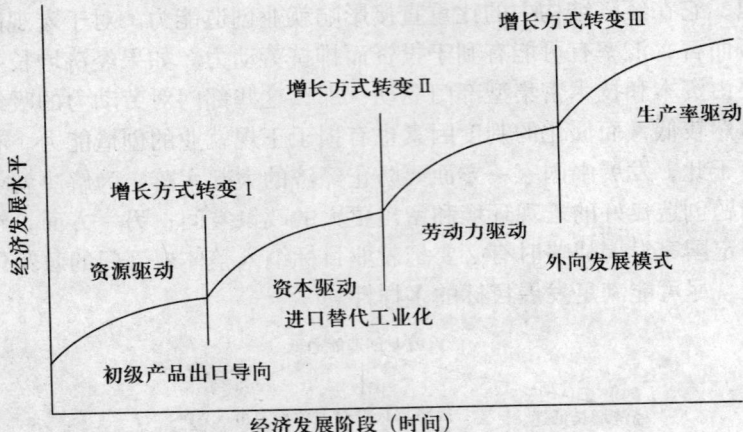

图 8-3 经济增长方式转变过程示意图

第一阶段是初级进口替代阶段，其发展模式要求政府通过实
施保护性政策来促进幼稚工业的发展，因此在很大程度上减小了
市场机制的作用，人为规定了偏低的资本价格（利率和汇率），
导致技术选择是资本密集型的，减少了就业吸纳，实际上妨碍了
二元经济的转化和劳动力转移。

在完成初级进口替代阶段之后，可能采取的战略包括次级进
口替代和初级出口替代①。这两种选择的就业效果是不尽相同
的。在次级进口替代的情况下，资本的密集程度进一步提高，经
济增长对农业剩余劳动力的吸纳能力进一步减少，不仅影响整个

---

① 出口替代战略是外向型经济发展战略的产物。它是指一国采取各种措施扩大
出口，发展出口工业，逐步用轻工业产品出口替代初级产品出口（初级阶段），用
重、化工业产品出口替代轻工业产品出口（次级阶段），以带动经济发展，实现工业
化的政策。

经济向现代增长阶段的转变，而且扩大了二元经济结构的对立。20 世纪 70 年代拉美国家进口替代工业化所呈现的"生产性吸纳相对不足"便是这种现象的反映。1973 年以后拉美国家普遍实行"负债增长"战略，用借债投资的方式维持了"非耐用消费品—耐用消费品—中间产品—资本品"逐级替代的跨越式发展路径。在这种背景下，投资更多地倾向于资金密集型和技术密集型的行业，从而无益于对劳动力需求的增加，最终造成非正规部门迅速膨胀。而在初级出口替代战略中，市场机制发挥了作用，要素价格更能反映资源的相对稀缺程度，有利于形成具有相对价格优势的产业结构和出口结构，促进了劳动力密集型产业的发展，因此能加快农业劳动力的转移和二元经济结构的改善。东亚国家由于在 60 年代适时转换模式取得了很大成功。因此，对于劳动力无限供给的发展中国家，根据比较优势原则配置资源、发展外向型经济可以比实施进口替代战略创造更多的就业机会。

开放二元经济的第三阶段是次级进口替代和次级出口替代并存的阶段。由于剩余劳动力已被吸收殆尽，劳动力成本上升，作为初级出口替代主要优势的劳动密集型产品失去了竞争力，要求转向实施资本、技术密集型产品的出口替代，从而在要素流动上形成初步的良性循环，整个经济开始进入现代增长时期。因此，不同的经济发展模式在转化人口因素作用方面具有特殊的重要性，合理的经济发展模式不仅可以消除人口压力带来的不利影响，而且可以将其转化为经济发展的动力，并最终促成人口和经济的协调发展。

第三，重视农村和农业发展，缓解农村剩余劳动力转移和城市化之间的矛盾。

农村向城市的人口迁移既可能产生于城市经济发展的有利条件，也可能产生于农村落后的不利条件。托达罗模型不强调劳动力转移对经济发展的积极作用，而侧重于研究如何放慢农村劳动力转移的进度，以缓解城市的失业压力。其相应的政策含义有两点值得重视。一是应当减轻因发展战略偏重城市而引起的城乡之间就业机会不平衡的现象；二是应当重视农业和农村的发展，鼓励农村的综合开发，增加农村的就业机会，提供教育和卫生设施，发展电力、供水和交通，改善农村的生活条件等等，从而缓解农村人口向城市的流动。

第二次世界大战以后，在"以农养工"指导思想和"重工轻农"实际政策的配合下，拉美农业长期以来受到"冷落"，处于弱势地位。造成这种状况的偏向措施主要包括：向工业部门倾斜的信贷政策；多重汇率政策（如进口资本货和收购农业部门的外汇采用不同的汇率）；重城市与工业基础设施建设，轻农村与农业基础设施建设；工、农产品差价政策，特别是粮食、原料的低价政策，等等。工业部门在很大程度上是靠农业部门提供的廉价食品、廉价原料（也包括矿业部门的廉价能源与矿物原料）以及由大量农业剩余劳动力所形成的低工资成本来获取利润，本身并不注重提高效益和劳动生产率，结果形成一种高消耗、低效益的工业。而且，拉美国家的农业现代化走的是所谓技术变革道路，即在没有进行相对彻底的土地制度变革、基本保持传统的大地产制度的情况下，通过采用农业机械和现代耕作技术，通过资本主义生产方式向农业部门的渗透来改变传统农业的面貌。这种农业现代化模式的直接后果就是土地资源被高度垄断、农业技术化进程加速，导致大量劳动力迅速被排挤出来。这种过快转移与人口爆炸相结合，给城市造成巨大的就业压力。

因此，无论是在进口替代工业化时期，还是结构改革时期，相对于丰富的农业资源禀赋，拉美农业的发展都是不足的。尤其是面对经济开放带来的竞争，农业内部分化严重、异质性逐渐增加。这样一来，在农村社会底层就形成了庞大的潜在的流动群体，主要包括农村雇佣劳动者阶层和小农阶层。前者具有两种流动性：一是持续地向城市流动；二是在雇用劳动者阶层与小农阶层之间来回流动。后者中的印第安人群体值得关注。在拉美地区印第安人有 3500～4000 万，在墨西哥、危地马拉、厄瓜多尔、秘鲁和玻利维亚等国的不少地区，印第安人占农民人口的多数。他们长期受到压迫和歧视，从总体上说处于农村最恶劣的境地。因此，为了缓解农村剩余劳动力转移和城市化之间的矛盾，必须重视农村和农业的发展。拉美的历史教训已经证明，就业问题是无法单纯依靠工业化和城市化这一途径解决的。政府要实施促进乡村发展的长远计划，改善农村基础设施，通过发展农村中的非农产业来增加农民收入，进而缩小城乡收入差距。只有这样，才能在一定程度上抑制人口向城市迁移的倾向。

第四，积极开拓城镇就业途径，通过制度创新规范城市非正规就业。

尽管不应该忽视农村发展努力对于稳定农村劳动力流动规模的作用，但更不能把需要城市方面解决的问题推卸得一干二净。许多国际范围的研究表明，旨在减缓劳动力外流，而在农村发展方面付出的努力，遇到城市的拉力作用时，往往只能取得事倍功半的效果。[1] 因此，发展中国家必须积极开拓城镇就业途径，通过制度创新规范并促进非正规就业的发展。

1950 年到 1980 年，拉美国家面临着劳动力快速增长和农村劳动力大量向城市转移所带来的双重就业压力，而进口替代工业化的生产性吸纳能力相对于日益增长的劳动力供给是不足的。因此，非正规部门成为解决就业的另一重要渠道。这个时期尽管城市非正规部门就业在绝对数量上有很大增长，但由于同期正规就业也有大幅增加，两者的相对比重并没有发生明显变化，因此，非正规就业没有引起足够的重视，该时期的就业战略仍片面强调

---

[1]　蔡昉：《中国流动人口问题》，社会科学文献出版社 2007 年版，第 193 页。

具有"生产性吸纳"特征的正规就业。但是，自 1980 年以来，由于正规就业大幅缩减，非正规就业的比重呈现明显上升的趋势，其作为缓解社会冲突的"排气阀门"作用终于体现出来。债务危机期间，城市非正规部门就业的年均增长速度（6.8%）远远高于城市正规部门（2%）。进入增长低迷的 90 年代，城市非正规部门成为新增就业的主体。1990～1998 年非正规部门（自谋生计者、家庭服务和微型企业）对新增就业的贡献率达到61%，其中自谋生计者占到 29%，而正规就业（公共部门、私营企业）贡献率仅占 39%。从这个意义上讲，非正规部门就业具有了反经济周期的特征。

拉美各国对非正规就业的态度经历了一个转变，体现在城市就业政策从 70 年代看重正规就业而轻视非正规就业演变到 80 年代关注非正规就业上面来。但是，即使这样，就业政策依然摆脱不了"滴漏机制"所形成的固定思维模式，例如，80 年代对非正规部门的生产性支持（市场准入和资源分配）仍然强调只能倾向于该部门的核心组织，因此效果也不理想。从目前世界就业的变化趋势和拉美实际情况看，非正规就业在相当长时期内还将持续存在或有增长。因此，拉美国家应该从劳动者角度探悉非正规就业产生的原因，从宏观角度把握政策效果的平衡，重点是要把就业目标明确列入拉美国家的长期发展议程。现实的政策选择是通过制度创新，政府"承认"、"支持"和"管理"非正规就业。

首先，应当给予非正规就业相应的法律地位。这一方面是对此类经济活动进行规范的需要，也是维护保障其权益的需要，同时政府各部门间就非正规就业问题进行协调也需要法律依据。其次，"支持"政策体现在对待非正规就业的积极态度上。漠然、敌视、甚至打压都是不可取的，政府应该利用而不是消灭非正规就业。政府可以从改善商业环境（信贷支持、税费减免）、保障劳动者权益、发展社会保障和福利项目等方面采取行动。最后，针对非正规就业带来的问题，政府也应当采取适当的策略进行"管理"，完善相关法律法规，整合劳动力市场，以促进非正规就业的发展。

第五，培育动态比较优势，抵消贸易与投资自由化对劳动力吸纳的不利影响。

根据比较优势原理，拉美国家面向出口的生产将比面向国内市场的生产更倾向于劳动密集型产品，从而使劳动力受益。而且，因为对低技术劳动力的需求相对于熟练劳动力而言在增加，低技术劳动力的工资将比熟练劳动力的工资增加更多，从而能改善一直困扰拉美国家的收入分配不平等状况。但是，出口导向发展战略并没有带来理论预期中的就业和经济的同步增长。尽管墨西哥的客户工业展示出强大的出口和产出活力以及吸纳劳动力的能力，但是，客户工业的生产率并没有增长，而且由于大量使用进口的投入品而较少使用国内的投入品，对经济的前、后向联系较差，制造业出口的经济效果对整个国家经济增长的贡献有限。而且，自 2000 年以来面对来自中国和其他中美洲和加勒比国家的竞争，墨西哥的客户工业急剧缩减，目前也面临着"第三代改革"的压力。

除此之外，21 世纪初在主要国家的制造业生产结构中不约而同地出现了主要出口产品向自然资源密集型初级产品"回归"的征兆。无论是阿根廷、巴西，还是墨西哥，劳动密集型产品在制造业结构中的比重都下降了，这意味着制造业对劳动力的吸纳能力直接受到影响。阿根廷和巴西的生产结构转向以自然资源加工和食品生产，而墨西哥的自然资源密集型产业所占比重 30 年来虽有下降，但变化不大。这是否会再次引发新一轮初级产品出口的竞争从而影响就业总体水平还有待进一步观察。对于投资而言，除了客户工业，FDI 没有按照标准经济理论预想的那样大规模流入劳动密集程度高的产业。整个 90 年代 FDI 所青睐的服务业创造的就业很少，主要是受服务业本身性质制约以及追逐经济效率的结果，特别是在国有企业和银行私有化方面这种特征更加突出。

为了抵消贸易和投资自由化对劳动力吸纳的不利影响，拉美国家要培育自己的动态比较优势。具体而言，就是要充分发挥本国原有的自然资源、低廉的劳动力成本优势和价格比优势，将这种天然的比较优势进行不断的培养和创新，使之成为动态性的比较优势。换言之，就是将资源密集型和劳动密集型产业逐步培养成资本密集型和技术密集型产业，实现产品结构向低成本、高附加值和高技术含量的方向升级。国际竞争力既可以反映在最终产品中，也可以反映在某些零部件中，关键是看产品的技术含量和自有技术的比率。拉美的客户工业最有可能在延长产业链或进行产品深加工方面挖掘并创造出竞争力。只有这样，客户工业才能通过产业集群效应创造出更多的直接和间接就业。而 2009 年的国际金融危机也给拉美国家提供了产业结构调整的外在压力，南美国家可能更多地需要考虑如何使本国制造业融入亚洲的产业链，以扩大其制造业部门与亚洲国家间的产业内贸易。

第六，探索城市化道路，防止劳动力"不完全转移"导致的"隐性城市化"。

鉴于农业现代化过程伴随着农村中农民与土地的尖锐矛盾，拉美各国几乎都把农村向城市移民视为缓解农村社会冲突的"阀门"，因而缺乏对城市化的规划和管理，于是，拉美出现大规模的自发移民潮。由于拉美各国在工业化高潮到来之前就已经形成经济布局与城市布局高度集中的特点，这股移民潮就沿着小城市——中等城市——大城市的"三级跳"路径，迅速向大城市集中。按照国际通行的城市首位度指标衡量，从 1950 年到 1990 年，阿根廷、智利、墨西哥、秘鲁、哥伦比亚的首位城市指数都超过 2（高于 2 则表明有过度集中的趋势）。其中阿根廷和秘鲁情况最为严重，在 1980 年两者的指数达到 10。正如前文所述，地域转移的社会经济影响远比迁移者个体行为重要。拉美人口向大城市集中的严重后果就是城市贫困凸现。从 1980 年到 1999年，城市中贫困家庭和贫困人口比例分别增加 4.5 和 7.3 个百分点，而同期农村贫困家庭和贫困人口比例分别增加 0.4 和 3.8 个百分点。这说明随着劳动力由农村向城市流动，贫困问题也由农村转移到城市，结果形成"贫民窟包围城市"这道拉美独特的"灰色"风景线。因此，发展中国家应该确定符合国情的城市化模式，对城乡移民合理规划、有序引导，防止盲目搞"超大城市"。

所谓"隐性城市化"是指，农村劳动力在非农化过程中未能实现由"乡"到"城"的地域转移，或者虽然实现了地域转移，但其农民身份并未改变。[①] 劳动力这种职业身份和社会地位的"不完全转移"注定他们不能进入城市正规就业体系，其所从事的工作绝大部分集中在非正规部门。他们享受不到一般正规就业者享有的社会福利，就连基本的劳动标准也难以达到，比如工时、最低工资、失业保险、医疗保险等等。因此，完善农村向城市迁移的流动人口的社会保障、建立有效的人口流动机制是十分必要的。

第七，实现劳动力市场双重目标，因地制宜处理灵活性和保障性关系。

劳动力市场有别于其他商品市场，它的制度规范要实现双重目标：其一，提高市场的效率；其二，保护处于结构性弱势的群体，使他们享有充足的工作条件。相对于贸易和金融等领域的改革，劳动力市场改革起步较晚，范围有限，争议较大。

---

① 苏振兴：《谨防城市化过程的负面后果：拉美国家城市化进程的若干启示》，载于《中国社会科学院学术咨询委员会集刊 2007（第三辑）》，社会科学文献出版社2007 年版，第 585 页。

实践表明，截至 90 年代末旨在推进更大灵活性的劳动力市场改革并不令人满意。但对其解释原因却各有不同。一部分人认为，尽管有些变化，但是劳动力市场改革是不充分的，因为刺激经济增长和就业创造需要更广泛的放松管制。与其他任何一项改革一样，劳动力市场改革也应该遵循相同的逻辑。而另一部分人认为，劳动力市场改革应对 90 年代拉美国家出现的工作条件恶化、生产性就业创造能力弱化负有责任。这里的关键问题是，改革的任务并不是放松管制，而是发展一种合适的制度安排。自 2000 年以来，整体而言拉美国家没有再推进更广泛的旨在扩大灵活性的改革，一些国家关注的重点是在个人和集体劳动关系上向工人提供更大的保护。这足以说明，拉美国家在实现劳动力市场的双重目标（既要鼓励市场效率又要保护结构性弱势群体）上正在寻求一种务实的发展路径。

在处理劳动力市场灵活性和保障性的关系上，一个恰当的政策顺序也许会有助于提高劳动力市场的运行效果。特别是在一个宏观经济不稳定、信任度低的社会环境中，任何一项触及法律所赋予的工人权利的改革尝试都将对工人就业和收入形成冲击。因此，在改革劳动力市场中那些有可能阻碍适应性调整的"刚性"要素之前，或许首先引入保障性要素（例如与积极劳动力市场政策相协调的失业福利体系）是有利的。"灵活保障"并不存在唯一的模式，也不存在唯一的实现路径。拉美国家应该根据历史、文化特征，结合经济、社会和政治现实探索各自的劳动力市场模式以适应外部环境变化的需要。

第八，发展教育，促进人力资本投资和劳动力流动的良性互动。

人力资本是任何经济得以持续发展的关键，它包括两方面内容，即"天生能力"和"可获得性能力"。后者通过一生中所获得的正规教育、非正规教育和累积性经验进行培养。劳动力的人力资本差别，对其就业的稳定性和劳动报酬高低有较大影响。拥有较高人力资本的劳动力，容易获得较好报酬的职位，失业的风险较小；拥有较低人力资本的劳动力获得的报酬相对较低，在经济结构调整中往往处于不利地位。农村劳动力进入城市、从农业部门转入非农部门，需要借助人力资本实现行业阶梯和职业阶梯的两次飞跃。根据现代人力资本理论，劳动力流动对人力资本也会产生积极的影响。有的人甚至认为劳动力流动本身就是人力资本投资的一种形式。舒尔茨认为，随着经济发展，经济增长中所含人力因素的经济价值进一步提高，社会中某些与劳动力因素相关的制度滞后会阻碍人力资本作用的发挥。

20世纪90年代以来，作为人力资本投资的重要方面——教育，在整个社会流动中的作用弱化。例如，教育程度与职业收入发生"错配"现象。而在国际移民中，由于存在劳动力市场分割，高技能劳动力遭遇"教育贬值"型就业的情况也很严重。因此，拉美国家一方面要继续加大教育投入，发挥人力资本投资对就业的积极作用，另一方面要努力消除抑制劳动力流动的"显性"和"隐性"制度障碍，促进劳动力流动和人力资本提升的良性互动。

除此之外，从代际社会流动看，来自家庭社会经济背景的先赋因素（如父母受教育水平）而不是自致因素在决定后一代教育成就上起到更大的作用，进而间接影响到子女的职业选择和收入水平。在中长期内，拉美国家应该降低先赋因素在社会流动机制中所占的比重，同时提升自致因素的地位，使其逐渐成为社会流动机制中的主导规则，从而促进社会流动变得更加公正、合理和开放，并在此基础上加快形成一个与经济发展和经济结构变化相适应的现代社会阶层结构。首先，建立公平的竞争机制和强有力的监督机制，为社会分层与流动提供有序的环境。其次，协调产业结构调整和职业结构升级，为非正规就业向上流动开通渠道。再次，发展教育、提高人力资本投资，减少由此产生的代际不平等。最后，有必要制定长期的扶贫计划和措施，关注新出现的新贫困阶层。

第九，完善劳动力市场立法，从制度上保障劳动者权益。

首先，为解决长期、艰巨而复杂的就业问题，不仅需要有综合性法律的原则性要求，而且需要有专门的就业促进立法。目前国际社会对政府必须承担促进就业和治理失业的主要责任已形成共识，促进就业已成为各国政府施政纲领的重要内容。拉美国家也从 2008～2009 年的全球金融危机中吸取了重要经验，就是要把"创造有质量的就业"放在经济复苏的核心地位。而这必然要求政府将就业目标纳入长期的国家发展战略。进而，需要通过就业促进立法，将实践证明行之有效的促进就业政策上升为法律规范，将促进就业措施明确为法律上的职责，形成促进就业的制度保证和长效机制。其次，必须大力完善制度建设，保障劳动者权益，为维护劳动者权益搭建好制度平台。劳动力市场制度包括劳动合同制度、集体谈判制度、解雇制度、工资制度和社会保障制度等内容，其制度化的最终目的是实现既提高市场效率又保护处于结构性弱势的群体的双重目标。最后，必须提升广大劳动者的社会保障水平，尤其是对于非正规就业而言，要通过制度创新在承认其合法性的基础上保障其权益，让经济增长的成果和社会公正惠及到每一个人。

主要参考文献

中文参考文献

1. ［英］维克托·布尔默—托马斯著：《独立以来拉丁美洲的经济发展》，张凡，吴洪英译，中国经济出版社 2000 年版。

2. 蔡昉：《中国流动人口问题》，社会科学文献出版社 2007 年版。

3. 陈宗德，丁泽霁主编：《改造传统农业的国际经验》，中国人民大学出版社 1992 年版。

4. ［美］费景汉，古斯塔夫·拉尼斯著：《增长和发展：演进观点》，洪银兴等译，商务印书馆 2004 年版。

5. 高德步：《英国的工业革命与工业化——制度变迁与劳动力转移》，中国人民大学出版社 2006 年版。

6. 高佩义：《中外城市化比较研究》，南开大学出版社 1991 年版。

7. 韩俊：《跨世纪的难题——中国农业劳动力转移》，山西经济出版社 1994 年版。

8. 江时学等：《拉美与东亚发展模式比较研究》，世界知识出版社 2001 年版。

9. 江时学：《拉美发展模式研究》，经济管理出版社 1996 年版。

10. ［美］西蒙·库兹涅茨著：《现代经济增长》，北京经济学院出版社 1989 年版。

11. 郎永清：《二元经济结构条件下的结构调整与经济增长》，经济科学出版社 2007 年版。

12. 李春辉，苏振兴，徐世澄主编：《拉丁美洲史稿（下卷）》，商务印书馆 2001 年版。

13. 刘乃全：《劳动力流动对区域经济发展的影响分析》，上海财经大学出版社 2005 年版。

14. ［美］阿瑟·刘易斯：《二元经济论》，北京经济学院出版社 1989 年版。

15. ［美］坎贝尔·R·麦克南，斯坦利·L·布鲁，大卫·A·麦克菲逊著：《当代劳动经济学（第七版）》，刘文等译，人民邮电出版社 2006 年版。

16. 美洲开发银行：《拉美改革的得与失》，江时学等译，社会科学文献出版社 1999 年版。

17. ［阿根廷］劳尔·普雷维什著：《外围资本主义：危机与改造》，苏振兴等译，商务印书馆 1990 年版。

18. ［美］钱纳里等著：《工业化和经济增长的比较研究》，上海三联书店 1989 年版。

19. ［英］大卫·桑普斯福特，泽弗里斯·桑纳托斯著：《劳动力市场经济学》，王询译，中国税务出版社 2005 年版。

20. ［英］大卫·桑普斯福特，泽弗里斯·桑纳托斯主编：《劳动经济学前沿问题》，卢昌崇，王询译，中国税务出版社、北京腾图电子出版社 2000 年版。

21. 世界银行编写组：《2006 年全球经济展望：移民及其汇款的经济影响》，中国财政经济出版社 2006 年版。

22. ［美］芭芭拉·斯托林斯，威尔逊·佩雷斯著：《经济增长、就业与公正》，江时学等译，中国社会科学出版社 2002 年版。

23. 苏振兴：《谨防城市化过程的负面后果：拉美国家城市化进程的若干启示》。见中国社会科学院学术咨询委员会编：《中国社会科学院学术咨询委员会集刊 2007（第三辑）》，社会科学文献出版社 2007 年版。

24. 苏振兴主编：《拉丁美洲的经济发展》，经济管理出版社

2000 年版。

25. 苏振兴主编：《拉美国家现代化进程研究》，社会科学文献出版社 2006 年版。

26. 苏振兴，袁东振：《发展模式与社会冲突——拉美国家社会问题透视》，当代世界出版社 2001 年版。

27. 谭崇台主编：《发展经济学的新发展》，武汉大学出版社 1999 年版。

28. ［美］托达罗著：《经济发展》，中国经济出版社 1998 年版。

29. 王章辉等：《欧美农村劳动力的转移与城市化》，社会科学文献出版社 1999 年版。

30. 魏燕慎，陆龙文，张森根编著：《拉丁美洲农业》，农业出版社 1984 年版。

31. 吴国平主编：《21 世纪拉丁美洲经济发展大趋势》，世界知识出版社 2002 年版。

32. 徐文渊，袁东振：《经济发展与社会公正》，经济管理出版社 1997 年版。

33. ［美］伊兰伯格，史密斯著：《现代劳动经济学：理论与公共政策（第六版）》，潘功胜等译，中国人民大学出版社 1999 年版。

34. 张宝宇：《巴西现代化研究》，世界知识出版社 2002 年版。

35. 朱农：《中国劳动力流动与"三农"问题》，武汉大学出版社 2005 年版。

外文参考文献

1. Acevedo, Dolores and Thomas J. Espenshade: "Implications of a North American Free Trade Agreement for Mexican Migration into the United States", *Population and Development Review*, Vol. 18, No. 4, 1992.

2. Alegría, Tito, Jorge Carrillo and Jorge Alonso Estrada: "Restructuring of production and territorial change: a second industrialization hub in Northern Mexico" (Original Spanish), *CEPAL Review* 61, April 1997.

3. Angotti, Thomas: "Latin American Urbanization and Planning: Inequality and Unsustainability in North and South", *Latin American Perspectives*, Vol. 23, No. 4, The "Urban Question" in Latin America, 1996.

4. Arriagada, Irma: "Changes in the urban female labour market", *CEPAL Review* 53, August 1994.

5. Baer, Werner: "Import Substitution and Industrialization in Latin America: Experiences and Interpretations", *Latin American Research Review*, Vol. 7, No. 1, 1972.

6. Bayón, María Cristina: "Social precarity in Mexico and Argentina: Trends, manifestations and national trajectories", *CEPAL Review* 88, April 2006.

7. Behrman, Jere R., Alejandro Gaviria and Miguel Székely: "Intergenerational Mobility in Latin America", *Economía*, Vol. 2, No. 1, 2001.

8. Buitelaar, Rudolf M., Ramón Padilla and Ruth Urrutia: "The in - bond assembly industry and technical change", *CEPAL Review* 67, April 1999.

9. Bustamante, Jorge A.: "Mexico – United States Labor Migration

Flows", *International Migration Review*, Vol. 31, No. 4, Special Issue: Immigrant Adaptation and Native – Born Responses in the Making of Americans, 1997.

10. Byerlee, Derek: "Rural – Urban Migration in Africa: Theory, Policy and Research Implications", *International Migration Review*, Vol. 8, No. 4, 1974.

11. Campero, Guillermo: "Macroeconomic reforms, labour markets and labour policies: Chile, 1973 – 2000", *Employment Strategy Papers*, Employment Analysis Unit, Employment Strategy Department, ILO, 2004.

12. Carlson, Beverley: "Education and the labor market in Latin America: confronting globalization", *CEPAL Review* 77, August 2002.

13. Castillo, Victoria, Marta Novick, Sofía Rojo and Gabriel Yoguel: "Labour mobility in Argentina since the mid – 1990s: the hard road back to formal employment", *CEPAL Review* 89, August 2006.

14. Cerrutti, Marcela and Rodolfo Bertoncello: "Urbanization and Internal Migration Patterns in Latin America", Centro de Estudios de Población Argentina, Paper prepared for Conference on African Migration in Comparative Perspective, South Africa, 2003.

15. Cook, Maria Lorena: "Review: Trends in Research on Latin American Labor and Industrial Relations", *Latin American Research Review*, Vol. 34, No. 1, 1999.

16. Couriel, Alberto: "Poverty and underemployment in Latin America", *CEPAL Review No. 24*, December 1984.

17. Dirven, Martine: "Rural non – farm employment and rural diversity in Latin America", *CEPAL Review* 83, August 2004.

18. ECLAC: 1980 *Statistical yearbook for Latin America*, 1981.
——1990 *Statistical Yearbook for Latin America and the Caribbean*,

1991.

——2001 *Statistical Yearbook for Latin America and the Caribbean*, 2002.

——2002 *Statistical Yearbook for Latin America and the Caribbean*, 2003.

——2005 *Statistical Yearbook for Latin America and the Caribbean*, 2006.

19. ECLAC: 2009 *Social panorama of Latin America* (briefing paper), November 2009.

20. ECLAC/ILO: *the employment situation in Latin America and the Caribbean: Crisis in the labour markets and countercyclical responses*, September 2009.

21. ECLAC: *the reactions of the Governments of the Americas to the international crisis: an overview of policy measures up to 31 July 2009*, July 2009.

22. ECLAC/ILO: *the employment situation in Latin America and the Caribbean: Crisis and the labour market*, June 2009.

23. ECLAC: 2008 – 2009 *Economic Survey of Latin America and the Caribbean: Policies for creating quality jobs*, 2009.

24. ECLAC: *Labour Markets, Worker Protection, and Lifelong Learning in a Global Economy: Experiences and Perspectives of Latin America and the Caribbean*, April 2008.

25. ECLAC: *International Migration, Human Rights and Development In Latin America and the Caribbean: Summary and Conclusions*, March 2006.

26. ECLAC: 2006 *Social Panorama of Latin America*, 2006.

27. ECLAC: Migración internacional, *América Latina y el Caribe Observatorio Demográfico*, April 2006.

28. ECLAC: "Latin America: Urbanization and urban Population Trends 1950 – 2000", *Demographic Bulletin*, January 2005.

29. ECLAC: *A decade of social development in Latin America* 1990 – 1999, Chile, 2004.

30. ECLAC: *The sustainability of development in Latin America and the Caribbean: challenges and opportunities*, July 2002.

31. ECLAC: *Social Panorama of Latin America* 1999 – 2000, Nov. 2000.

32. ECLAC Economic Projections Centre: "Productive Absorption of the Labour force: an ongoing Controversy", *CEPAL Review No.* 24, December 1984.

33. Edwards, Sebastian and Nora Claudia Lustig (eds): *Labor Markets in Latin America: Combining Social Protection with Market Flexibility*, Brookings Institution Press, 1997.

34. Ernst, Christoph: "The FDI – employment link in a globalizing world: The case of Argentina, Brazil and Mexico", *Employment Strategy Papers*, Employment Analysis Unit, Employment Strategy Department, ILO, 2005.

35. Ernst, Christoph: "Trade liberalization, export orientation and employment in Argentina, Brazil and Mexico", *Employment Strategy Papers*, ILO, 2005.

36. Ernst, Christoph, Janine Berg and Peter Auer: "Employment Challenges and Policy Responses in Argentina, Brazil and Mexico", *CEPAL Review* 91, April 2007.

37. Franco, Rolando and Pedro Sáinz: "The Latin American social agenda in the year 2000", *CEPAL Review* 73, Apr. 2001.

38. Friedberg, Rachel M. and Jennifer Hunt: "The Impact of Immigrants on Host Country Wages, Employment and Growth", *The Journal of Economic Perspectives*, Vol. 9, No. 2, 1995.

39. García, Norberto E. : "Growing labour absorption with persistent underemployment", *CEPAL Review*, Dec. , 1982.

40. García and Tokman: "Changes in employment and the crisis",

CEPAL Review No. 24, December 1984.

41. Ghose, Ajit K. : "Trade and international labour mobility", *Employment Paper*, ILO, 2002.

42. Gurrieri, Adolfo and Pedro Sainz: "Employment and structural mobility: Revisiting a Prebischian theme", *CEPAL Review* 80, August 2003.

43. Harris, John R. and Michael P. Todaro: "Migration, Unemployment and Development: A Two – Sector Analysis", *American Economic Review*, 1971 (60) .

44. Hofman, Andre A. : "Economic Growth and Performance in Latin America", *CEPAL Serie*, March 2000.

45. ILO: 2005 *Labour Overview: Latin America and the Caribbean*, 2005.

46. ILO: *World Employment Report* 2004 – 05: *Employment, productivity and Poverty Reduction*, 2005.

47. Infante, Ricardo and Emilio Klein: "The Latin American labour market, 1950 – 1990", *CEPAL Review No.* 45, Dec. 1991.

48. Katz, Jorge: "Structural change and domestic technological capabilities", *CEPAL Review* 89, Aug. , 2006.

49. Katz, Jorge: "Structural changes and productivity in Latin American industry, 1970 – 1996" (Original: Spanish), *CEPAL Review* 71, August 2000.

50. Kaztman, Rubén: "Sectoral transformations in employment in Latin America", *CEPAL Review No.* 24, December 1984.

51. Kemper, Robert V. : "Rural – Urban Migration in Latin America: A Framework for the Comparative Analysis of Geographical and Temporal Patterns", *International Migration Review*, Vol. 5, No. 1. 1971.

52. Klein, Emilio and Víctor Tokman: "Social stratification under tension in a globalized era", *CEPAL Review* 72, 2000.

53. Ledent, Jacques: "Rural – Urban Migration, Urbanization, and Economic Development", *Economic Development and Cultural Change*, Vol. 30, No. 3, Third World Migration and Urbanization: A Symposium, 1982.

54. Loayza, Norman V. , Luis Servén, and Naotaka Sugawara: "Informality in Latin America and the Caribbean", *Policy Research Working Paper* 4888, World Bank, March 2009.

55. Macario, Carla: "Restructuring in manufacturing: case studies of Chile, Mexico and Venezuela", *CEPAL Review* 67, April 1999.

56. Morley, Samuel A. : *The Income Distribution Problem in Latin America and the Caribbean*, CEPAL, 2001.

57. Morley, Samuel A. , Roberto Machado and Stefano Pettinato: "Indexes of Structural Reform in Latin America", *Reformas económicas series*, No. 12, ECLAC, Santiago, Chile, January 1999.

58. Musgrove, Philip: "Household Size and Composition, Employment, and Poverty in Urban Latin America", *Economic Development and Cultural Change*, Vol. 28, No. 2, 1980.

59. Ocampo, José Antonio: "A new look at the development agenda", *CEPAL Review* 74, 2001.

60. Ocampo, José Antonio, Fabio Sánchez, and Camilo Ernesto Tovar: "The labour market and income distribution in Colombia in the 1990s", *CEPAL Review* 72, 2000.

61. Perz, Stephen G. : "The Rural Exodus in the Context of Economic Crisis, Globalization and Reform in Brazil", *International Migration Review*, Vol. 34, No. 3, 2000.

62. Pinto, Cunha and José Marcos: "Urbanización, Redistribución Espacial de la Pobalción y Transformaciones Socioeconómicas en América Latina". Santiago: CEPAL, *Serie Población y Desarrollo*, 2002.

63. Portes, Alejandro and Lauren Benton: "Industrial Development and Labor Absorption: A Reinterpretation", *Population and Development Review*, Vol. 10, No. 4, 1984.

64. Portes, Alejandro and Kelly Hoffman, "Latin American Class Structures: Their Composition and Change during the Neoliberal Era", *Latin American Research Review*, Vol. 38, No. 1, 2003.

65. Portes, Alejandro and Saskia Sassen – Koob: "Making it Underground: Comparative Material on the Informal Sector in Western Market Economies", *The American Journal of Sociology*, Vol. 93, No. 1, 1987.

66. Portes, Alejandro and Richard Schauffler : "Competing Perspectives on the Latin American Informal Sector", *Population and Development Review*, Vol. 19, No. 1, 1993.

67. Prebisch, Raúl: "Towards a theory of change", *CEPAL Review No.* 10, April 1980.

68. Ramos, Joseph: "A development strategy founded on natural resource – based production clusters" (Original: Spanish), *CEPAL Review* 66, Dec. 1998.

69. Ramos, Joseph: "Urbanization and the labour market", *CEPAL Review No.* 24, December 1984.

70. Rhoda, Richard: "Rural Development and Urban Migration: Can We Keep Them down on the Farm?", *International Migration Review*, Vol. 17, No. 1, 1983.

71. Rodgers, Gerry: "Labour Market Flexibility and Decent Work", *DESA Working Paper No.* 47, July 2007.

72. Rogers, Andrei and Jeffrey G. Williamson: "Migration, Urbanization, and Third World Development: An Overview", *Economic Development and Cultural Change*, Vol. 30, No. 3, Third World Migration and Urbanization: A Symposium, 1982.

73. Schejtman, Alexander: "The Peasant Economy: Internal Logic,

Articulation and Persistence", *CEPAL Review* No. 11, August 1980.

74. Schejtman, Alexander: "Urban dimensions in rural development", *CEPAL Review* 67, April 1999.

75. Sheahan, John: "Effects of Liberalization Programs on Poverty and Inequality: Chile, Mexico, and Peru", *Latin American Research Review*, Vol. 32, No. 3. 1997.

76. Solimano, Andrés: "Globalization and international migration: the Latin American experience", *CEPAL Review* 80, 2003.

77. Solimano, Andrés: "Remittances by emigrants: issues and evidence", *SERIE Macroeconomía del desarrollo* 26, ECLAC, 2003.

78. Solimano, Andrés: "Globalization, history and international migration: a view from Latin America", *Working Paper No. 37*, ILO, July 2004.

79. Solimano, Andrés: "Reassessing social policies in Latin America: Growth, middle classes and social rights", *CEPAL Review* 87, December 2005.

80. Solimano, Andrés and Nathalie Watts: "International migration, capital flows and the global economy: a long run view", *Macroeconomía del desarrollo*, Economic Development Division, CEPAL, February 2005.

81. Stallings, Barbara and Wilson Peres: *Growth, Employment, and Equity: The Impact of the Economic Reforms in Latin America and the Caribbean (Summary)*, Washington, D. C. : The Brookings Institution Press and ECLAC, 2000.

82. Stallings, Barbara and Jürgen Weller: "Job Creation in Latin America in the 1990s: The Foundation for Social Policy", *CEPAL Serie*, 2001.

83. Stromberg, Per: "The Mexican Maquila Industry and the Environment: An Overview of the Issues", *Estudios y perspectivas*, In-

dustrial Development Unit, ECLAC, Mexico, D. F. , December 2002.

84. Thomas, Jim: "Decent Work in the Informal Sector: Latin America", *Working Paper on the Informal Economy*, ILO, 2002.

85. Tokman, Victor E. : "Economic Development and Labor Markets Segmentation in the Latin American Periphery", *Journal of Interamerican Studies and World Affairs*, Vol. 31, No. 1/2, 1989.

86. Tokman, Víctor E. : "The development strategy and employment in the 1980s", *CEPAL Review No.* 15, Dec. 1981.

87. Tokman, Víctor E. : "Wages and employment in international recessions: Recent Latin American experience", *CEPAL Review No.* 20, August 1983.

88. Tuman, John P. : "Labor Markets and Economic Reform in Latin America: A Review of Recent Research", *Latin American Research Review*, Vol. 35, No. 3. 2000.

89. United Nations: *The Millennium Development Goals: A Latin American and Caribbean Perspective*, 2005.

90. Weller, Jürgen: *Economic Reforms, Growth and Employment: Labour Markets in Latin America and the Caribbean*, ECLAC, Chile, 2001.

91. Weller, Jürgen: "Tertiary sector employment in Latin America: between modernity and survival", *CEPAL Review* 84, December 2004.

博士论文后记

人生就是一种选择。重要阶段的决策往往形成对某种路径的"依赖",因为"人们过去做出的选择决定了他们现在可能的选择"。记得在 2003 年硕士毕业的时候,我曾在论文的后记中这样写道:"值得欣慰的是,虽然离开了校园,但是,我没有离开所钟爱的学术之路"。因为那一年我有幸进入社科院拉美所,继续从事我所喜欢的有关经济方面的研究工作。从此,我的角色发生了两种转换。首先,身份从"躲进小楼成一统"的苦读学生变为理论联系实际的科研工作者。其次,研究领域也从硕士阶段熟悉的国内农业经济扩展到世界经济专业中的拉美经济。这种转换速度之快,跨度之大使我来不得半点儿马虎。为了更好地适应新的角色、进一步完善知识结构,2005 年我考取了拉美系在职博士研究生。这也是我人生中的一个梦想。与单纯做学生不同,这一次虽然不必为负担学费而烦恼,但是学业和工作的兼顾让我体会到求学历程的艰辛。然而,付出的这份辛苦对于即将完成的这篇博士论文而言又是值得的。

2006 年我参与了由社科院国际学部委员苏振兴主持的院重大课题《构建和谐社会面临的挑战——拉美人均 GDP1000 到 3000 美元阶段的经验教训》,并承担了其中"劳动力与就业"和"经济增长与社会发展互动关系"两项子课题的研究。在写作过程中,我逐渐对拉美劳动力流动问题产生了兴趣,并最终把它作为博士论文的选题。我尝试着建立一种理论分析框架,以拉美国家普遍存在的双重二元经济为逻辑起点,将劳动力流动的三层含义有机地联系在一起。这种思路显然是一种跨越人口学、经济学和社会学的交叉研究方法,因而它所要求的知识储备超出了我的想象。因此，即使在收笔的那一刻文本仍然存在着许多不足。我丝毫不敢懈怠，争取在后续的研究中不断将它完善。

我一直认为，人生关键阶段的重要选择将决定一个人的发展方向。而恰恰在人生选择的关键时刻，我能够得到许多良师益友的关心与帮助。所以，我常常感慨，人应该学会感恩——感谢生命，感谢生活，感谢所有关心爱护我的人。

首先诚挚地感谢我的导师苏振兴老师，三年来他的悉心培养与言传身教让我受益匪浅。尤其是自 2006 年以来我有幸成为苏老师的学术秘书，更多的接触机会使我进一步深切感受到他那"待人以诚，为学以严"的治学处世态度。他总是以他宽容、爱护之心原谅和包容我工作上的疏忽与冒失，并且自始至终对我的学习和生活诸方面关怀备至。从选题、开题再到我撰写论文的整个过程，苏老师都投入了大量的精力。尤其在审阅阶段，字字句句的圈点，无不凝聚着老师的心血。虽然因写作思路堵塞而彻夜难眠的经历是痛苦的，但是，能够得到苏老师及时的"传道、授业、解惑"，我又是幸运的。每逢思绪困顿之时，总能得到苏老师高屋建瓴式的点拨；每当对人生和治学充满迷茫之时，总能听到苏老师"安于平凡，成于勤奋"的鼓励，这些都使我信心倍增。感激之情无以言表，只能默默深藏于心，化为日后克服困难、勇于挑战的动力。

感谢郑秉文、江时学、宋晓平三位所领导对我学习生活的关心，感谢他们为我顺利完成学业创造了良好的条件。还要感谢经济学科主持人吴国平主任以及经济室同仁，因为有了经济学科的资助，我的负担大大减轻。感谢参加博士论文开题报告会的江时学、吴国平、徐世澄、宋晓平等各位老师，他们从不同角度对我的论文提纲提出了宝贵的意见。在论文写作过程中，还要感谢信息文献室的各位老师，我在收集文献资料时给他们增添了不少麻烦。在这里，特别感谢系主任江时学老师，是他给予我学术上最多的鼓励；感谢杨志敏副研究员，是他使我与拉美研究结缘，并在生活中给予我最大的帮助；感谢与我同年入所、并成为室友的黄志龙博士，近三年的西坝河集体生活成为我走出校门以后美好的一段回忆。同时，感谢中国社科院研究生院的老师，感谢博5班的同学以及拉美系师兄师姐师弟师妹一直以来给我的信任、鼓励与支持。我对研究生院三年的回忆无不与他们交织在一起。

最后我要感谢父母，如果没有他们对我学业的支持和理解，我很难在漂泊和孤独中坚定信念、不懈追求。对于多年在外求学、工作而无法尽到做子女的责任，我深感内疚。可父母从来没有责怪过我，因为他们每次看到我的进步，即使是那么一点点儿，都很容易满足。在我心里，眼前的这份成绩单远远抵不过他们给予我的爱。我惟一能做的只有继续努力工作、认真学习，在学术之路上踏实前进。

谈到学术之路，我记得王国维曾对苦涩的治学经验给予诗意般的概括，第一阶段是"昨夜西风凋碧树，独上高楼，望尽天涯路"；第二阶段是"衣带渐宽终不悔，为伊消得人憔悴"；第三阶段是"众里寻他千百度，蓦然回首，那人正在灯火阑珊处"。可见做学问，要具有"蓦然回首"的功夫，就非要有"独上高楼"的勇气和"终不悔"的决心才行。我还是拉美研究领域的一名"新兵"，"路漫漫其修远兮，吾将上下而求索"。对于至高境界，我惟有敬畏之心，虽不能至，心向往之。

2008 年 4 月 18 日
北京北太平庄

本书后记

　　本书是中国社科院院重点课题《20 世纪 70 年代以来拉美劳动力流动研究》的最终成果，也是我在博士论文基础上的扩展研究。本书以劳动力流动的三条主线（产业转移、地域转移和社会流动）为经，以拉美国家存在的双重二元经济为纬，重点探讨了经济发展模式转化、开放经济条件下以及社会结构中劳动力流动与就业问题，而且增加了 2008～2009 年全球金融危机对拉美劳动力市场的冲击和应对危机的就业政策等内容。即使到完稿的那一刻，本书仍有许多不足之处，这将激励我在学术研究之路上继续前行。

　　感谢我的导师苏振兴老师，他不仅在我博士论文的写作过程中给予悉心指导，而且在本项课题研究中给予我莫大的帮助和鼓励。我距离苏老师的期望还有很大的距离，今后还要倍加努力。感谢郑秉文、宋晓平和吴白乙三位所领导对我从事课题研究的大力支持。还要感谢经济室柴瑜主任及各位同仁，即使是闲暇中对研究方法的非正式讨论都让我受益匪浅。

　　未及盛夏，偶得清凉，些许释怀，但丝毫不敢懈怠。

2010 年 5 月 13 日
于北京北太平庄